Chengshi Gonggong Jiaotong

城市公共交通

Qiye Xuanchuan Sixiang Wenhua Gongzuo Duben

企业宣传思想文化工作读本

北京公共交通控股(集团)有限公司　编

人民交通出版社股份有限公司
China Communications Press Co.,Ltd.

内 容 提 要

　　本书主要针对城市公共交通管理人员、政工人员编写,内容包括城市公共交通企业宣传思想文化工作概述、企业思想政治工作、企业精神文明建设、企业文化建设、企业新闻宣传工作、企业宣传思想文化队伍建设等内容。

　　本书可作为公共交通企业内部各类管理岗位培训、政工人员培训以及继续教育的首选教材,同时也可作为高等职业教育院校的专业教材和各级管理人员的参考书。

图书在版编目(CIP)数据

　　城市公共交通企业宣传思想文化工作读本 / 北京公共交通控股(集团)有限公司编. — 北京：人民交通出版社股份有限公司, 2019.8

　　ISBN 978-7-114-15714-1

　　Ⅰ.①城…　Ⅱ.①北…　Ⅲ.①城市运输—公共运输—交通运输企业—企业文化—宣传工作—中国　Ⅳ.①F512.6

　　中国版本图书馆 CIP 数据核字(2019)第 146047 号

书　　　名：城市公共交通企业宣传思想文化工作读本
著 作 者：北京公共交通控股(集团)有限公司
责任编辑：李　喆
责任校对：赵媛媛
责任印制：张　凯
出版发行：人民交通出版社股份有限公司
地　　址：(100011)北京市朝阳区安定门外外馆斜街 3 号
网　　址：http://www.ccpress.com.cn
销售电话：(010)59757973
总 经 销：人民交通出版社股份有限公司发行部
经　　销：各地新华书店
印　　刷：北京印匠彩色印刷有限公司
开　　本：787×1092　1/16
印　　张：12.25
字　　数：281 千
版　　次：2019 年 8 月　第 1 版
印　　次：2019 年 8 月　第 1 次印刷
书　　号：ISBN 978-7-114-15714-1
定　　价：40.00 元

《城市公共交通企业宣传思想文化工作读本》

编写委员会

主　　任：王春杰　朱　凯

副 主 任：沙　勇

主　　编：杜　跃　邵　丹

副 主 编：高　阳　宿　月

编写人员：（按姓氏笔画排序）

王　超　田青霞　冯　林　张东宁　张福顺

孟　涵　赵诗雯　崔　健　崔媛媛　寇　静

前言

　　党的十八大以来，以习近平同志为核心的党中央高度重视宣传思想文化工作，提出了一系列宣传思想文化工作新思想、新观点、新论断，深刻阐明了宣传思想文化工作的地位作用、目标任务、职责使命、实践要求，科学回答了一系列方向性、全局性、战略性重大问题，为我们做好新形势下宣传思想文化工作指明了方向，提供了根本遵循。当前，做好城市公共交通宣传思想文化工作，要坚持以习近平新时代中国特色社会主义思想为指导，深入学习贯彻党的十九大精神，深入学习贯彻习近平总书记关于宣传思想文化工作重要论述，进一步增强"四个意识"，坚定"四个自信"，做到"两个维护"，抓住统一思想、凝聚力量这个中心环节，把握宣传思想工作由正本清源进入守正创新阶段的新形势，全面落实"举旗帜、聚民心、育新人、兴文化、展形象"使命任务，凝聚广泛的思想共识，熔铸坚实的精神支撑，全面推动宣传思想文化工作强起来。

　　为进一步深入学习和贯彻习近平新时代中国特色社会主义思想和党的十九大精神，做好新时代公共交通企业宣传思想文化工作，推动公共交通企业管理人员和思想政治工作人员掌握新知识、熟悉新领域、开拓新视野，不断增强其把握正确方向、巩固壮大主流思想文化、强化意识形态阵地管理、加强网上舆论宣传和斗争、提升处理复杂问题和突发事件的能力，努力打造一支政治过硬、本领高强、求实创新、能打胜仗的公共交通企业宣传思想工作队伍，奋力开创公共交通企业宣传思想文化工作新局面,北京公共交通控股集团有限公司(以下简称"北京公交集团")组织编写了《城市公共交通企业宣传思想文化工作读本》一书。

全书共分六章,第一章城市公共交通企业宣传思想文化工作概述,对宣传思想文化工作的概念特征、地位作用、方针原则进行了阐释;第二章城市公共交通企业思想政治工作,包括党委理论学习中心组学习、牢牢掌握意识形态工作领导权、培育和践行社会主义核心价值观、加强思想道德建设、围绕企业中心任务开展宣传教育等方面的内容;第三章城市公共交通企业精神文明建设,从社会主义精神文明的概念内涵、企业精神文明建设的基本内容到推动企业精神文明建设向纵深发展,对做好企业精神文明工作进行论述;第四章城市公共交通企业文化建设,对北京公交集团企业文化建设的体系效果、经验成果进行总结研判;第五章城市公共交通企业新闻宣传工作,包括新闻宣传工作概述、企业新闻宣传工作、《北京公交报》编辑、新媒体编辑、突发事件及舆情危机的应对和管理等内容;第六章城市公共交通企业宣传思想文化队伍建设,包括宣传思想文化队伍建设的意义、宣传思想文化队伍建设的途径、宣传思想文化干部素质能力要求、宣传思想文化工作常用文书写作等内容。

本书在编写过程中大量参考并吸收了专业理论和行业著作、教材、论文等文献资料,在此对这些作者表示感谢。本书可作为北京公交集团管理人员、职工在职教育和岗位培训教材,也可用于公共交通行业内学习交流。由于编者水平有限、时间仓促,书中难免有错误和不足之处,恳请广大读者批评指正。

在本书的立项和编写过程中,得到了北京公交集团领导的高度重视和大力支持,在此谨向所有关心、支持编写和出版此书的领导和同事们致以衷心的感谢。

编写组
2019 年 4 月

目录

第三章 城市公共交通企业精神文明建设

第六章　城市公共交通企业宣传思想文化队伍建设

参考文献

引言

宣传思想文化工作，事关旗帜道路，事关国家发展，事关民族复兴。城市公共交通企业宣传思想文化工作，要以习近平新时代中国特色社会主义思想为指导，认真学习贯彻习近平同志关于宣传思想文化工作的一系列重要论述，用时代发展的要求审视宣传思想文化工作，用发展的眼光研究宣传思想文化工作，用改革的精神推动宣传思想文化工作，不断提高宣传思想文化队伍的能力和水平，努力开创新时代宣传思想文化工作的新局面。

第一章

城市公共交通企业宣传思想文化工作概述

宣传思想文化工作的首要政治任务,就是坚持不懈用习近平新时代中国特色社会主义思想武装全党、教育人民,做到学思用相结合、知信行相统一。宣传思想文化战线要树牢"四个意识",坚定"四个自信",坚决做到"两个维护",肩负起"举旗帜、聚民心、育新人、兴文化、展形象"的使命任务,奋力开创崭新局面,为党和国家发展提供坚实思想保证和强大精神力量。

第一节　宣传思想文化工作的概念及特征

中国共产党成立 90 多年来,党的宣传思想文化工作根据党的工作重心转移和社会历史条件变化,在战略性调整和适应性转变中发展,积累了宝贵的历史经验,为中国特色社会主义建设不断向前发展提供了重要的理论引领、文化支撑、思想保证和智力支持。

一、宣传思想文化工作的概念

宣传思想文化工作是党的工作的重要组成部分,包括宣传工作、思想政治工作、文化工作三个方面,同属于意识形态工作,其工作内涵和发挥作用有较大的相容与交叉,同时又有各自的侧重点。

(一)宣传工作的概念及内涵

宣传从字面上理解,"宣"就是公开说出来,如"宣布、宣告、宣扬"等;"传"就是传播出去,如"传播、传达、传授"等。两者结合,就是公开说出来并传播出去。《现代汉语词典》对"宣传"的解释是:对群众说明讲解,使群众相信并跟着行动。

党的宣传工作肩负着宣传群众、教育群众、动员群众、服务群众的职责,对党和人民事业的发展,具有引导、支持、保障等功能。

党的宣传工作作为党的"喉舌",具有自身鲜明的性质和特点。党的宣传工作是党和人民群众的舆论工具,从根本上体现人民群众利益。这一性质要求:宣传工作要站在党的立场上,向群众宣传党的政策、路线、方针,巩固马克思主义在意识形态领域的指导地位,巩固全党全国人民团结奋斗的共同思想基础。要用科学的理论帮助群众深化对客观世界的认识,从而更好地从事改造客观世界的实践活动。要通过宣传活动激发人们建设中国特色社会主义的热情,调动群众的积极性,使广大群众对党和国家目标的实现充满信心。要倾听群众的要求、愿望和呼声,为党和政府与人民群众之间沟通建立联系。要帮助人们正确处理个人与集体和国家、局部与全局、眼前利益与长远利益的关系。

在长期的实践中,宣传工作形成了三个鲜明特点:一是坚持党性和人民性相统一。宣传工作必须坚持党性原则,把握正确导向,把体现党的主张和反映人民心声统一起来。只有坚持党性,站在党的立场上,才能更好、更全面地反映人民的愿望。二是坚持真实性和科学性相统一,这是马克思主义世界观和方法论在宣传工作中的具体体现。党的宣传工作必须坚持真实性,宣传的内容必须符合客观实际,反映客观事物的真相,讲实情、说真话。同时,党的宣传工作必须坚持科学性,宣传的内容不仅要客观实在,而且要符合事物发展的客观规律,反映事物发展的方向,全面、深刻地揭示事物的本质。三是坚持战斗性和策略性相统一。宣传工作必须坚持战斗性,为维护党和人民的利益,要勇于坚持真理,敢于批评错误,旗帜鲜明地坚持党性原则。同时,宣传工作必须坚持策略性,要根据不同的时间、地点、条件和政治形势,认真区分不同性质的矛盾,采取宣传效果最佳的方式方法。只有全面把握这些特点,才能认识和把握宣传工作的内在规律,充分发挥宣传工作在贯彻党的路线方针政策、统一全党和全国各族人民思想、完成党在各个时期任务的保证作用。

企业宣传工作是党的宣传工作在企业中的体现和落实,同时具有明显的企业属性。企业宣传工作承担着宣传党的理论、路线、方针、政策,宣传企业面临的形势任务,对职工进行正确思想引导,为企业生产经营营造良好氛围,凝聚企业发展力量,为企业生产经营活动提供精神动力和思想保证的重要职责。企业的宣传工作分为对内宣传工作和对外宣传工作两个方面。对内宣传工作,即切实履行宣传、教育、动员、服务干部职工的职责,加强党的思想理论建设、干部职工的思想道德建设、企业文化建设、精神文明建设,营造企业内部良好的思想舆论环境,为企业生产经营和改革发展提供思想保证和智力支持。对外宣传工作,主要是要做好企业新闻宣传工作,依托媒介和其他手段宣传企业形象和产品品牌,宣传企业社会公益责任,扩大企业的知名度和社会影响力;及时、正确、客观地回应社会关切,做好舆情监测工作;等等。做好企业宣传工作,要保证党的路线方针政策、国家的法律法规、社会治理的政策措施在企业贯彻落实,坚持以生产经营为中心,面向企业改革、结构调整、科技进步,针对工作中的难点热点,从理论上做好论证说明,从思想上做好说服教育,从政策上做好宣传解释,扫清前进路上的思想障碍;要面向生产经营管理,找准宣传工作为企业发展服务的结合点、切入点,积极培育和践行社会主义核心价值观,全面提高员工的思想道德素质,培育知荣辱、讲正气、做奉献、促和谐的良好风尚;要坚持团结鼓劲、正面宣传为主的方针,凝心聚力,使员工目标明确、思想统一、步调一致;要加强拓展对外宣传,充分发挥对外宣传报道的作用,宣传企业文化理念,宣传企业形象和企业产品品牌,宣传提高服务质量的举措,让社会了解企业、熟悉企业。

(二)思想政治工作的概念及内涵

思想政治工作是我们党的政治优势和优良传统,是经济工作和其他一切工作的生命线。在革命、建设和改革发展的不同历史时期,党的思想政治工作始终与时代同步伐、与人民共命运,为推动党和国家事业的发展提供坚强的政治思想保证,在建设中国特色社会主义伟大进程中发挥着不可替代的重要作用。

思想政治工作有着丰富的内涵和明确的要求。一般而言,思想政治工作是指一定的阶级和政治集团,为实现一定的政治目标,为引导和促进人们认同,有目的地进行宣传、动员、教育等方面的全部工作。我们党的思想政治工作,是以马克思主义为指导,以人为工作对象,用人类历史上最先进、最科学的世界观、方法论去教育人、启发人,解决人的思想、观点、政治立场问题,为提高人们思想觉悟而开展的政治动员、理论宣传、思想教育等方面的工作。

思想政治工作是坚持党的领导的重要保证。党的领导主要是政治领导、思想领导和组织领导。政治领导是政治方向、政治原则、重大决策的领导,集中体现在党的路线、方针、政策方面。党发挥政治领导的作用,根据历史发展的进程,制定和执行正确的路线、方针、政策，及时提出政治目标、政治口号，以动员全体党员和群众一致行动，为实现既定目标而共同奋斗。思想领导是理论观点、思想方法以至精神状态的领导，即坚持以马克思列宁主义、毛泽东思想、邓小平理论、"三个代表"重要思想、科学发展观、习近平新时代中国特色社会主义思想作为党和国家的指导思想，教育和武装广大党员和人民群众，向人民群众宣传党的理论、路线、方针、政策，把党的主张变成人民群众的自觉行动。组织领导是指党的各级组织、党的干部和广大党员，组织和带领人民群众为实现党的任务和主张而奋斗。党的组织领导表现在发挥党组织领导的核心作用上，表现在发挥党的干部的骨干作用上，表现在发挥基层党组织的战斗堡垒作用和共产党员的先进模范作用上。加强党的政治领导、思想领导、组织领导，都离不开强有力的思想政治工作，思想政治工作肩负着重要的责任和使命。

思想政治工作的对象是广大党员和人民群众。党的思想政治工作本质上是群众工作，是宣传群众、教育群众、引导群众、提高群众的工作。人民群众既是思想政治工作的对象，又是思想政治工作的参与者。人民群众的实践为思想政治工作提供了丰富生动的教育资源，并不断拓展思想政治工作的方式方法。做好思想政治工作，要坚持以人民为中心的工作导向，把服务群众同教育引导群众结合起来，牢固树立群众观点，充分认识人民群众的伟大创造力，尊重人民群众的首创精神，用人民群众在实践中创造的新经验、新业绩充实思想政治工作的内容，丰富人民群众精神世界，增强人民群众精神力量，满足人民群众精神需求。要采取多种形式，运用多种载体，吸引群众广泛参与，启发群众自我教育、自我提高，相互教育、共同提高。

思想政治工作的基础性作用是科学理论的宣传和教育。思想政治工作的本质特征是政治性和思想性，这一本质特征决定了用科学理论武装人是党的思想政治工作的核心。只有用科学的理论武装人，才能把理想信念建立在对历史发展规律的深刻认识上，保持理想信念的科学性；才能清醒地面对革命和建设过程中遇到的困难和挫折，保持理想信念的坚定性和一贯性；才能对人生价值有深刻的认识和把握，形成健康向上的价值导向和道德规范。因此，思想政治工作归根到底是用科学的理论武装人。

党的十八大以来，以习近平同志为核心的党中央高度重视思想政治工作，采取一系列有力举措加强和改进思想政治工作。习近平同志多次对思想政治工作作出重要论述，提出一系列新思想、新观点、新论断。他强调面对复杂变化的国内外形势，思想政治工作只能加强不能削弱，只能前进不能停滞，只能积极作为不能被动应对；强调要高度重视思想政治工作，改革推进到哪一步，思想政治工作就要跟进到哪一步，要有的放矢开展思想政治工作，引导大家争当改革促进派；强调要抓好思想理论建设这个根本，加强理想信念教育，深入开展中国特色社会主义和中国梦宣传教育，把全国各族人民团结和凝聚在中国特色社会主义伟大旗帜下；强调把培育和弘扬社会主义核心价值观作为凝魂聚气、强基固本的基础工程，通过教育引导、舆论宣传、文化熏陶、实践养成、制度保障等，使社会主义核心价值观内化为人们的精神追求，外化为人们的自觉行动；强调要把思想政治工作贯穿所开展的各种活动，多做组织群众、宣传群众、教育群众、引导群众的工作，多做统一思想、凝聚人心、化解矛盾、增进感情、激发动力的工作。习近平同志的一系列重要论述，深刻阐明了新形势下思想政治工作的重大意义、根本任务、方针原则、基本要求，丰富和发展了党对思想政治工作规律性的认识，是做好思想政治工作的强大思想武器，要认真学习领会，深入贯彻落实。

(三)文化工作的概念及内涵

文化是指人类创造的一切物质产品和精神产品的总和,它涵盖政治、经济和社会的各个领域。常用的文化定义,特指意识形态领域所创造的精神财富,包括宗教信仰、思想观念、风俗习惯、道德情操、文学艺术、科学技术、各种制度等。文化是一种社会现象,它是人类长期创造形成的文明成果,同时又是一种历史现象,是人类社会在历史发展过程中的不断积淀。文化凝结在物质之中又游离于物质之外,是能够被传承的国家或民族的历史、地理、风土人情、传统习俗、生活方式、文学艺术、行为规范、思维方式、价值观念等社会意识形态。

文化工作就是中国特色社会主义文化建设的工作。中国特色社会主义文化源于中华民族五千多年文明历史所孕育的中华优秀传统文化,熔铸于党领导人民在革命、建设、改革中创造的革命文化和社会主义先进文化,植根于中国特色社会主义伟大实践。发展中国特色社会主义文化,就是以马克思主义为指导,坚守中华文化立场,立足当代中国现实,结合当今时代条件,发展面向现代化、面向世界、面向未来的、民族的、科学的、大众的社会主义文化,推动社会主义精神文明和物质文明协调发展。建设中国特色社会主义文化,坚定文化自信、建设社会主义文化强国,要坚持以马克思主义为指导,牢牢掌握意识形态工作领导权、管理权、话语权;高度重视理论建设,加快构建中国特色哲学社会科学;培育和践行社会主义核心价值观,加强思想道德建设,提高全民族思想道德水平;坚持以人民为中心的创作导向,繁荣发展社会主义文艺;推动文化事业繁荣和文化产业发展。

党的十八大以来,以习近平同志为核心的党中央高度重视社会主义文化建设。习近平同志围绕社会主义文化建设发表的一系列重要论述,立意高远、内涵丰富,思想深刻、意义重大,对于巩固马克思主义在意识形态领域的指导地位,巩固全党全国人民团结奋斗的共同思想基础,加快建设社会主义文化强国,提高国家文化软实力,坚定文化自信,推动物质文明和精神文明均衡发展、相互促进,夺取全面建成小康社会决胜阶段的伟大胜利,实现"两个一百年"奋斗目标,实现中华民族伟大复兴的中国梦,具有十分重要的指导意义。要认真学习、理解、掌握习近平同志关于社会主义文化建设的一系列重要论述,认真落实党的十九大提出的坚定文化自信,推动社会主义文化繁荣兴盛的战略任务,坚持中国特色社会主义文化发展道路,激发全民族文化创新创造活力,建设社会主义文化强国。

企业文化是企业在一定条件下,在生产经营和管理活动中所创造的具有该企业特色的精神财富和物质财富的总和。它是企业意识形态、物质形态、制度形态的文化复合体,包括该企业的价值观念、精神、制度、道德规范、行为准则、历史传统、文化环境、企业产品等。企业的文化工作,是中国特色社会文化建设在企业的具体体现,也是干部职工参与文化建设、分享文化成果的途径和方式,主要是指融于企业生产经营各个领域的企业文化建设和满足企业员工精神文化需求的各项文化工作。企业的文化工作,是企业精神文明建设的一个重要组成部分。做好企业文化工作,加强企业文化建设,开展好职工文化活动,有利于提高职工素质,丰富职工的精神文化生活,构建和谐企业,推进各项工作持续、科学发展。

二、宣传思想文化工作的特征

随着时代条件、发展环境、工作对象、作用范围、方式手段的变化,宣传思想文化工作面临的挑战和困难越来越大、任务和责任越来越重、标准和要求越来越高。这就要求我们牢牢把握新时代宣传思想文化工作的特点和规律,在继承优良传统的基础上,要不断实践创新,使宣传思想文化工作跟上形势、贴近实际、发挥威力、保持生机、增强活力,在夺取新时代中国特色社会主义伟大胜利、实现中华民族伟大复兴中国梦的奋斗征程中发挥其应有的作用。

(一) 宣传思想文化工作属于意识形态工作

宣传思想文化工作是为我党和国家意识形态服务的重要工作,宣传思想文化部门在意识形态工作中承担着十分重要的使命。高度重视和切实做好意识形态工作,是党和国家性质和事业发展要求决定的,也是在新形势下做好宣传思想文化工作必须高度重视和需要认真解决好的问题。

意识形态属哲学范畴,可以理解为对事物的理解、认知。它是一种对事物的感观思想,是观念、观点、概念、思想、价值观等要素的总和。意识形态不是人脑中固有的,而是源于社会存在。人的意识形态受思维能力、环境、信息(教育、宣传)、价值取向等因素影响。不同的意识形态,对同一种事物的理解、认知不同。

意识形态工作是党的一项极端重要的工作,关乎旗帜、关乎道路、关乎国家政治安全。做好意识形态工作,必须牢牢掌握意识形态工作的领导权、管理权、话语权,落实意识形态工作责任制,巩固马克思主义在意识形态领域的指导地位,巩固全党全国人民团结奋斗的共同思想基础。这"两个巩固"同时是宣传思想文化工作的根本任务。

意识形态决定文化前进方向和发展道路。建设中国特色社会主义现代化强国,必须建设具有强大凝聚力和引领力的社会主义意识形态,做好理论武装、舆论导向、网络建设和治理、阵地建设和管理等意识形态工作。这些工作同时也是宣传思想文化工作的职责和任务,宣传思想文化工作是意识形态工作的主体部分和前沿阵地。

(二) 宣传思想文化工作本质上是群众工作

我们党是马克思主义政党,群众观点是马克思主义政党的根本观点,群众路线是党的根本工作路线。坚持人民群众是历史真正创造者的唯物史观,密切联系群众,全心全意为人民服务,是党的性质和宗旨的集中体现。宣传思想文化工作作为党的工作的重要组成部分,承担着宣传引导群众、动员激励群众和服务群众的职责,本质上就是群众工作。

纵观人类社会发展历史,无论是作为观念形态的思想理论、价值体系、道德规范,还是作为艺术形式的音乐舞蹈、书法绘画、诗词歌赋,无不源自人民群众的实践创造。可以说,宣传思想文化工作根基在群众、智慧在群众、力量在群众。

做好宣传思想文化工作,必须坚持党性和人民性的统一,解决好"为了谁、依靠谁、我是谁"的根本问题,坚持以人民为中心的工作导向,把服务群众同教育引导群众结合起来,把满足群众需求同提高群众素质结合起来,丰富人民的精神世界,增强人民的精神力量,满足人民的精神需求。

宣传思想文化工作要始终把群众呼声作为第一信号,把群众需要作为第一选择,把群众利益放在第一位置,把群众满意作为第一标准。充分发挥人民群众的主体作用,激发群众创造,集中群众智慧,使群众真正成为文化繁荣发展的主角,使文化成为人民共建共享的文化,让全社会的文化创造源泉充分涌流。

(三)创新是宣传思想文化工作保持生机和活力的灵魂

创新是社会进步的活力源泉。做好宣传思想文化工作,同样要靠创新驱动。宣传思想文化工作是做人的工作,是最需要创新的领域。90多年来,从革命时期"一支笔"唤起工农千百万到真理标准大讨论推动改革开放大幕开启,从"二为方向""双百方针"到"三贴近""走转改",党的宣传思想文化工作不断在实践中探索,在改革中发展,在继承中创新,始终保持着不竭动力和旺盛生命力。当前,宣传思想文化工作的外部环境、社会条件、工作对象都在不断发生着变化,做好宣传思想文化工作,比以往任何时候都更加需要创新。

以创新精神做好新形势下宣传思想文化工作,需要用时代要求审视宣传思想文化工作,以改革精神推动宣传思想文化工作,更好地体现时代性、把握规律性、富于创造性。

要在总结经验的基础上推进创新。在长期实践中,我们党的宣传思想文化工作积累了十分丰富的经验,这些经验来之不易、弥足珍贵,是做好今后工作的重要遵循,必须认真总结、长期坚持,并在实践中不断创新、丰富和发展。

要积极推进理念创新。做宣传思想文化工作要始终保持思想的敏锐度和开放度,要打破传统思维定式,自觉把思想观念从不适应时代要求、不利于科学发展的桎梏中解放出来,在思想教育、舆论引导、文化发展、阵地建设等方面自觉创新理念,以新思路推动宣传思想文化工作实现新发展。

要积极推进手段创新和基层工作创新。手段创新是提升宣传思想文化工作质量和水平的重要保证。要适应社会主义市场经济深入发展和社会信息化持续推进的新情况,适应人们在互联网时代接受信息的新变化,积极探索有利于破解工作难题的新举措、新办法,加快传统媒体和新兴媒体融合发展,充分运用新技术、新应用创新媒体传播方式,占领信息传播的制高点。基层工作创新,就是要把创新的重点放在基层,努力创造群众喜闻乐见的宣传思想教育形式和文化活动方式。

第二节　宣传思想文化工作的地位及作用

增强中国特色社会主义道路自信、理论自信、制度自信、文化自信,牢牢掌握意识形态工作的领导权、管理权、话语权,做好新形势下的宣传思想文化工作,必须深化对宣传思想文化工作的地位和作用的认识。

一、宣传思想文化工作的地位

宣传思想文化工作在中国特色社会主义事业全局中具有重要地位。做好宣传思想文化工作,关系中国特色社会主义事业发展、关系党的前途命运、关系国家长治久安、关系中华民族的伟大复兴。

宣传思想文化战线是事关党的前途命运和国家长治久安的极其重要的战线,日益成为意识形态斗争的前沿。近几十年来,从美苏争霸到"一超独霸"、多极并存,从东欧剧变到"颜色革命"再到"阿拉伯大动荡",西方霸权主义国家主导策划的意识形态斗争掀起海啸狂澜,引发世界战略格局大地震。历史告诉我们,军事上打不败社会主义,经济上搞不垮社会主义,但意识形态斗争却使世界社会主义运动一度陷入低谷。苏联解体以后,我国成为西方"和平演变"战略的重点目标,宣传思想文化战线成为战略角力的关键领域。随着我国逐渐走向世界舞台中心,不同制度模式和发展道路的博弈更加激烈,敌对势力对我国意识形态的渗透和斗争必然变本加厉。我们能否在日益复杂的国内外环境下坚持中国共产党的领导、坚持和发展中国特色社会主义,成为宣传思想文化领域必须解决的重大时代课题。宣传思想文化战线已经成为必须引起全党高度关注的"前沿阵地",这个阵地一旦失守,病毒就会长驱直入,侵蚀党和政府的肌体,甚至逆转人们的思想和精神基因,我们就可能"自毁长城"。这绝不是危言耸听,必须时刻牢记挑战,始终保持警醒。

宣传思想文化工作是凝聚党心民心的极其重要的工作,面临多重考验。宣传思想文化工作是掌握"思想主权"、巩固"精神长城"、扩大党执政的群众基础、满足人民群众精神需求的工作。这项工作做好了,中国特色社会主义事业就有稳步发展的坚实基础。在新形势下,这一工作正面临许多前所未有的挑战和考验,随着经济体制深刻变革、社会结构深刻变动、利益格局深刻调整,经济成分、组织形式、就业方式、分配方式、生活方式日益多样化,社会思想文化和价值观念也呈现多元、多样、多变的特征,客观上使宣传思想文化工作的难度空前增大。一些矛盾在很大程度上已经超越宣传思想文化工作本身的能力范围,只有全党"一盘棋",齐心抓,形成"大宣传"格局,才能有效应对挑战,经受考验。

宣传思想文化领域是需要运用新技术、掌握新技能的领域,迫切需要主动作为。科学技术是第一生产力,其在意识形态领域的运用,正在深刻改变着意识形态斗争的样式和效果。当今世界,谁掌握了最先进的科学技术,特别是最先进的信息技术,谁就能抢占意识形态斗争的制高点和主动权。由于西方霸权主义国家拥有最先进的网络技术,把持着全球互联网根服务器,因而他们也就拥有了互联网的绝对优势,有了实施思想渗透和政治颠覆的重要载体和工具,并能够凭借这种优势开展全方位思想文化战争。面对这种新的舆情态势和斗争形势,我们必须迎难而上,下大力研究新技术,掌握新技能,积极抢占网络意识形态领域制高点。

企业的宣传思想文化工作,肩负着统一思想、宣传企业、教育职工、推动工作的重要职责,在企业发展进程中发挥着不可替代的作用,做好企业宣传思想文化工作,有利于培养集体意识,增强企业的凝聚力。企业的宣传思想文化工作倡导的是以企业长远发展为目标的共同价值观念。这种价值观念一经树立,就会产生一种强烈的向心力和凝聚力,把企业每个员工的力量凝聚成一股强大的合力,激发员工与企业共荣辱的主人翁责任感,从而推动企业不断发展。企业的宣传思想文化工作倡导每个职工按照全体成员共同认可的价值观念调整自己的日常行为。这种以尊重个人为基础进行的自我控制,比制度化的硬约束更具有现实性和持久性,从而使全体职工的行为自觉地服从企业发展目标,促进企业全面发展。企业的宣传思想文化工作是以尊重人、理解人、关心人为前提的,这就使它能在协调和改善全体干部职工相互之间人际关系方面发挥作用,使干部职工在相互尊重中互相信赖、在相互理解和相互关心中增进友谊,形成团结和谐的工作环境,有利于改善人际关系,激发职工为企业增光添彩的积极性和主动性。因此,企业的宣传思想文化工作,在企业党的建设、员工队伍建设和企业文化建设中具有不可替代的重要作用,是企业生产经营和健康发展的重要保证。

二、宣传思想文化工作的作用

宣传思想文化工作在改革中前行,在创新中发展,不断开拓工作新领域,丰富工作新内涵,创新工作新机制,改进工作新方法,在推动经济发展、促进社会和谐、提升人员素质、建设精神文明等方面发挥着突出的作用。宣传思想文化工作的作用主要是导向作用、凝聚作用、支撑作用和服务作用。

(一) 导向作用

高举旗帜、引领导向,是宣传思想文化工作的重要职责,也是其发挥作用的主要工作内容。导向正确,就能凝聚人心、凝聚力量,推动事业的发展;导向错误,就会动摇人心,瓦解斗志,危害党和人民事业。宣传思想文化工作所做的一切,都要有利于坚持中国共产党的领导和社会主义制度,有利于推动改革发展,有利于全国各族人民团结,有利于维护社会和谐稳定。这些就是最重要、最根本的导向。

思想舆论引领导向,贯穿宣传思想文化工作的始终。做好理论武装,坚持向人民群众宣传党的理论、路线、方针、政策,就是"引领导向"党员和群众坚定理想信念,把党的主张变成人民群众自觉行动的体现。通过多种形式宣传人民群众的伟大奋斗和火热生活,宣传人民群众中涌现的先进典型和感人事迹,就是"引领导向"舆论,唱响主旋律,增强正能量的体现。创作并传播讴歌党、讴歌祖国、讴歌人民、讴歌英雄的文艺作品,就是"引领导向"全社会坚定中国特色社会主义文化自信,弘扬民族精神,增强精神力量的体现。

宣传思想文化工作要把导向摆在首位,无论是理论研究、宣传报道,还是文艺创作、思想教育,都要坚持正确的导向。要始终坚持讲导向不含糊,抓导向不放松,通过加强思想引领、价值引领、导向引领和文化引领,发挥宣传思想文化工作的导向作用。

(二) 凝聚作用

凝聚精神、凝聚力量,是宣传思想文化工作发挥作用的重要体现。我们党之所以能够取得革命、建设和改革的伟大胜利,进而开创中国特色社会主义的伟大道路,朝着建设社会主义强国、实现中华民族伟大复兴中国梦的目标奋勇前进,就是因为我们党始终和人民群众站在一起,赢得了人民群众的信任、拥护和支持,凝聚起全党全国各族人民的力量。宣传思想文化工作承担着团结群众、动员群众、组织群众的重要职责,发挥着凝心聚力的重要作用。

我们党把人民对美好生活的向往作为奋斗目标,提出实现中华民族伟大复兴中国梦的伟大梦想。党的十九大进一步作出从全面建成小康社会到基本实现现代化,再到全面建成社会主义现代化强国的中国特色社会主义发展战略安排。这一伟大梦想凝聚全国人民的思想力量。宣传思想文化工作要深入宣传党的十九大精神,使全国人民深刻认识到我们现在比历史上任何时期都更接近中华民族伟大复兴的目标,比历史上任何时期都更有信心、有能力实现这个目标。要教育、引导人民聚焦中国梦,为实现梦想而奋斗,进一步发挥伟大梦想的凝聚作用,在党的领导下,坚定中国特色社会主义的道路自信、理论自信、制度自信和文化自信,齐心协力、团结奋斗,走上建成社会主义现代化强国,实现中华民族伟大复兴的光明之路。

文化是民族生存和发展的重要力量。在五千多年文明发展中孕育的中华民族优秀传统文化,在党领导人民伟大斗争中孕育的革命文化和社会主义先进文化,积淀了中华民族的精神追求,代表着中华民族独特的精神标识,文化自信凝聚人民精神,激发巨大的社会精神力量。宣传思想文化工作要通过扎实有效的工作,大力传承中华民族优秀传统文化,大力宣传中国特色社会主义文化,大力丰富社会精神文化财富,以高度的文化自信凝聚人民精神,不断增强全党全国人民的精神力量。

社会主义核心价值观是当代中国精神的集中体现,凝结着全体人民的价值追求,是当代中国社会的最大公约数,是以爱国主义为核心的民族精神和以改革创新为核心的时代精神的重要社会思想基础,具有凝聚共识、汇集力量的巨大能量和作用。宣传思想文化工作承担着培育和践行社会主义核心价值观的重要职责。我们要按照党的十九大要求,以培养担当民族复兴大任的时代新人为着眼点,强化教育引导、实践养成、制度保障,发挥社会主义核心价值观对国民教育、精神文明创建、精神文化产品创作传播的引领作用,把社会主义核心价值观融入社会发展各方面,转化为人们的情感认同和行为习惯。

(三)支撑作用

建成社会主义强国,实现中华民族的伟大复兴,需要强大的物质力量,也需要强大的精神力量。文化支撑是中华民族伟大复兴的重要条件,没有中华文化的繁荣兴盛,就没有中华民族的伟大复兴。习近平同志反复强调文化自信,因为文化自信是坚定道路自信、理论自信、制度自信的应有之义,是对道路自信、理论自信、制度自信的重要支撑。

宣传思想文化工作要围绕坚定文化自信,加强理论武装和理论创新工作,使科学理论成为广大党员干部和群众的思想武器、精神食粮,以增强思想理论支撑。

宣传思想文化工作要围绕坚定文化自信,做好培育和践行社会主义核心价值观的各方面工作,广泛宣传教育,广泛探索实践,使社会主义核心价值观成为引导人们前进的强大精神动力,以增强理想信念支撑。

宣传思想文化工作要围绕坚定文化自信,加强全社会思想道德建设,大力加强社会公德、职业道德、家庭美德、个人品德建设,营造全社会崇德向善的浓厚氛围,加强党风政风、社风家风建设,以增强道德支撑。

宣传思想文化工作要围绕坚定文化自信,繁荣发展社会主义文艺,唱响主旋律,传播正能量,用优秀文艺作品弘扬中国优秀传统文化,宣传人民群众中的先进思想和感人事迹,满足人民群众的精神需求,丰富人民群众的精神生活,以增强精神支撑。

(四)服务作用

宣传思想文化工作属于党的意识形态工作,同时又是以人民为中心,为满足人民群众精神文化需要而服务人民的重要工作。宣传思想文化工作的服务作用主要体现在围绕中心服务大局和服务人民群众两个方面。

宣传思想文化工作的根本任务是巩固马克思主义在意识形态领域的指导地位,巩固全党全国人民团结奋斗的共同思想基础。其基本职责是围绕中心、服务大局。因此,要胸怀大局、把握大势、着眼大事,找准工作的切入点和着力点,做到因势而谋、应势而动、顺势而为,切实服务党和国家的大局,把全国各族人民团结在党中央的周围、凝聚在中国特色社会主义伟大旗帜下。要坚定宣传党的理论和党的路线、方针、政策,坚定宣传中央重大工作部署,坚定宣传中央关于形势的重大分析判断,坚决同党中央保持高度一致,坚决维护党中央权威。要牢牢掌握意识形态的领导权、管理权、话语权,坚持巩固壮大主流思想舆论,弘扬主旋律、传播正能量,在事关大是大非和政治原则问题上,增强主动性、掌握主动权、打好主动仗。

坚持党性和人民性相统一,充分体现宣传思想文化工作服务人民群众的职能和作用。我们党来自人民,为了人民,要以全心全意为人民服务为宗旨,坚持实行群众路线,一切为了群众,一切依靠群众,从群众中来,到群众中去,把体现党的主张和反映人民心声统一起来,把党的正确主张变为群众的自觉行动。宣传思想文化工作要坚持以人民为中心的工作导向,把服务群众同教育引导群众结合起来,把满足精神文化需求同提高思想文化道德素养结合起来,不断丰富人民的精神世界,增强人民的精神力量,满足人民的精神需求,更好地为人民群众提供思想文化方面的服务。

第三节 宣传思想文化工作的方针及原则

工作方针是指导事业向前发展的纲领,是引导事业前进的方向、目标和总要求,能有针对性地指导工作发展。工作原则就是从事工作所依据和遵循的准则。坚持遵循党的宣传思想文化工作方针和原则,是做好宣传思想文化工作的基础。宣传思想文化工作干部要明确党的宣传思想文化工作方针和原则,认真坚持、自觉遵循,毫不动摇、砥砺前行。

一、宣传思想文化工作的方针

(一) 坚持团结稳定鼓劲、正面宣传为主的方针

时代的发展、社会的进步,总是充盈着积极的主流,彰显着向上的精神。坚持团结稳定鼓劲、正面宣传为主的方针,是我党在长期实践中得出的规律性认识,是宣传思想文化工作必须长期遵循的重要方针。

无论是革命战争年代还是和平建设时期,我们党都注重运用正面宣传引导舆论、振奋精神、鼓舞士气,推动党和人民事业的发展。之所以要坚持团结稳定鼓劲、正面宣传为主的方针,是因为:一方面,社会积极正面的事物是主流,消极负面的东西是支流。宣传思想文化工作要集中反映社会健康向上的本质,客观展示发展进步的全貌,使之同我国改革发展蓬勃向上态势相协调。另一方面,我们正在进行具有许多新的历史特点的伟大斗争,面临的挑战和困难前所未有,必须凝聚全党全社会团结奋进、攻坚克难的强大力量,调动各方面的积极性、主动性、创造性。做宣传思想文化工作的同志,要充分认识遵循这一方针

对于做好宣传思想文化工作的重要性、必要性。

坚持团结稳定鼓劲、正面宣传为主的方针,要增强做好正面宣传的自觉性和坚定性。当前,国际形势风云变幻,国内经济社会变革变动,各种思想文化相互激荡,宣传思想文化工作面临的挑战和困难前所未有,任务更加繁重。历史和现实一再告诉我们,越是面对巨大挑战和困难,越要深化改革、攻坚克难,越要坚持正面宣传为主,用主流思想引领时代前进,用良好氛围支撑和谐稳定,用进步力量推动社会发展。

坚持团结稳定鼓劲、正面宣传为主的方针,要增强底线思维和阵地意识,积极开展舆论斗争;要敢于亮剑、敢于担当。面对事关大是大非和政治原则的问题,必须增强主动性、掌握主动权、打好主动仗,有理、有利、有节地开展舆论斗争,帮助干部群众划清是非界限、澄清模糊认识。要把网上舆论工作作为宣传思想文化工作的重中之重来抓,全面贯彻"积极利用、科学发展、依法管理、确保安全"的方针,推动各类宣传力量向网上聚集、在网上发声,打通传统媒体、新媒体两个舆论场,使网上网下的正面声音相互呼应,抢占制高点,放大正能量,在互联网战场上顶得住、打得赢。

坚持团结稳定鼓劲、正面宣传为主的方针,关键是要提高正面宣传的质量和水平,增强吸引力和感染力。要摸透传播规律、讲究宣传艺术、对接群众需求,把握好时、度、效,引导大家多看主流,多看本质,多看光明面,充分发挥正面宣传鼓舞人、激励人的作用。

(二)坚持解决思想问题与解决实际问题相结合的方针

坚持解决思想问题与解决实际问题相结合的方针,不仅凝聚着党的宣传思想文化工作的丰富经验,还是宣传思想文化工作发挥优势、卓有成效的关键所在。宣传思想文化工作是解决思想问题的,但解决思想问题必须同解决实际问题相结合。加强宣传思想文化工作,既意味着要加大解决思想问题的力度,也意味着要加大为群众办实事,解决实际问题的力度。

解决思想问题必须同解决实际问题相结合,首先是基于认识思想问题产生和消除规律性。人的思想问题不是生来就有的,也不是天上掉下来的,而是外部世界在头脑中反映的结果。因此,谈人的思想问题,不能抛开外部世界的实际问题。思想问题表现在思想领域,以思想的形式出现,但归根结底和实际问题有着千丝万缕的联系,只不过这种联系有的明显、有的隐匿、有的直接、有的间接而已。而且,面对同一个实际问题,由于人的素养、境界、视角、胸襟的不同,也会有不同的态度和看法,态度和看法片面、偏激、不正确,就成为思想问题。思想问题的产生,一是由于有实际问题的存在。二是由于不能正确对待存在的实际问题。宣传思想文化工作解决人的思想问题,引导人们正确认识存在的实际问题,是必要的、重要的;在解决思想问题的同时解决产生思想问题的实际问题,同样是必要、重要的。不能说只有解决了实际问题,才能解决思想问题,但可以说只有解决实际问题,思想问题才能解决得更快、更好、更彻底。

解决思想问题同解决实际问题相结合,是我们党的优良传统。早在革命战争年代,毛泽东同志就指出:"解决群众的穿衣问题,吃饭问题,住房问题,柴米油盐问题,疾病卫生问题,婚姻问题。总之,一切群众的实际问题,都是我们应当注意的问题。假如我们注意了、解决了,满足了群众的需要,我们就真正成了群众生活的组织者,群众就能真正围绕在我们的周围，热烈地拥护我们。"①在建设和改革时期，关心和解决群众的实际问题同样受我们党的高度重视。邓小平同志说："要坚决批评和纠正各种脱离群众、对群众疾苦不闻不问的错误。"②习近平同志强调："要面对面、心贴心、实打实做好群众工作，把人民群众安危冷暖放在心上，雪中送炭、纾难解困，扎扎实实解决好群众最关心最直接最现实的利益问题、最困难最忧虑最急迫的实际问题。"③我们党之所以能够把群众动员起来、组织起来、团结起来，在革命、建设、改革的不同历史时期，排除各种艰难险阻，取得一个又一个的伟大胜利，一个重要原因就在于我们党始终把解决思想问题同解决实际问题结合起来，关心群众生活、帮助群众解决各种实际问题。

坚持把解决思想问题和解决实际问题结合起来，要深入群众，了解群众，围绕群众关心的"难点""热点"问题做工作。要坚持从实际出发，坚持实事求是的科学态度。解决思想问题和解决实际问题要双管齐下，能够解决的问题要马上解决，绝不能拖延；不能马上解决的问题，也要向群众讲清楚，并积极创造条件加以解决。这样，才能使宣传思想文化工作做到家，做到位。

(三)坚持教育引导和强化管理相结合的方针

教育引导和强化管理，两者实质上是遵循"从他律(服从外部的规范要求)发展到自律(听从内心命令)"的基本路径，是做好人的工作的重要手段。管理要以其权威性和强制性规范社会成员的行为，教育引导要以其说服力和劝导力提高社会成员的思想道德觉悟。坚持教育引导和强化管理相结合，对于夯实国家治理的制度基础和思想道德基础，具有重要的现实意义和深远的历史意义。

坚持教育引导和强化管理相结合，是落实依法治国的基本方略，是坚持依法治国和以德治国相结合在宣传思想文化工作中的体现。法律是成文的道德，道德是内心的法律，法律和道德都具有规范社会行为、维护社会秩序的作用。对于宣传思想文化工作来说，教育引导和强化管理如车之两轮、鸟之两翼，不可偏废。在工作实践中，必须把教育引导和强化管理的力量和功能紧密结合起来，把自律和他律紧密结合起来，共同发力、相互促进，相辅相成、相得益彰。要更加自觉地坚持教育引导和强化管理相结合，构筑坚实的道德思想基础，形成强化管理的浓厚氛围。只有这样，才能更好地发挥宣传思想文化工作的作用。企业宣传思想文化工作落实这一方针，要把教育引导、提升素质和严格管理、落实规范结合起来，以企业生产经营为中心，与落实企业规章制度相结合，提高工作的针对性和有效性。

(四)坚持处理矛盾与积极疏导相结合的方针

坚持处理矛盾与积极疏导相结合的方针，对于解决宣传思想文化工作软弱无力、提高实效性具有十分重要的意义。当前，我们国家既处于重要战略机遇期，又处于矛盾凸显期，这就要求我们一方面要靠前解决问题，正面处理矛盾，及时化解纠纷，使容易引发矛盾的"热点"降温、"疑点"化解、"难点"消除。另一方面要运用深化改革、加快发展、完善制度、协调利益等手段化解社会利益矛盾；要综合运用思想教育、正面引导等办法，做好教育

① 《毛泽东选集》第一卷，第137页。
② 《邓小平文选》第二卷，第368页。
③ 《习近平谈治国理政》第二卷，第364页。

疏导工作,充分发挥宣传思想文化工作在化解矛盾、凝聚力量、统一意志中的重要作用。

在处理矛盾时,要处理好事前预防与事后处理的关系。抓事前预防就是未雨绸缪,防患于未然,及时发现矛盾和问题,切实把矛盾化解在基层,化解在萌芽状态;抓事后处理就是及时解决矛盾和问题,防止矛盾激化和扩大。要做到事前预防、事后处理两手抓,两手都要硬。一方面,要面向基层,超前防范。矛盾绝大多数发生在基层,只有把基层工作抓实、抓牢了,各种矛盾就能发现得了,处置得早,控制得住,解决得好。要强化前瞻性、超前性、主动性,坚持工作重心下移、工作任务前移,不断夯实基层基础工作。另一方面,要主动化解矛盾,抓好事后处理。对已经出现的矛盾和问题,一定要高度重视,及时处理,主动化解。

在积极疏导时,要处理好堵截与疏导的关系。在防范和化解矛盾上,堵截只能治标,疏导才是治本之策。民意如水,宜"疏"不宜"堵",应更多地采取疏导的方式来防范和化解矛盾。要加强思想教育疏导,改进和完善做群众工作的方式方法,引导群众用发展的眼光看待前进中的困难,正确认识和处理利益得失问题。引导群众用正确的方式表达利益诉求,按照法定程序、依据政策法规维护自身的合法权益。对一些有意见的群众,要耐心帮助、细心开导,把政策讲明,把道理讲透,把路径讲清。对一些有过分要求的群众,也应该动之以情、晓之以理、明之以法。对于已经发生的矛盾,要敢于正视、勇于面对,坚决克服消极、厌烦和畏难情绪,做到不拖、不躲、不回避。只有这样,矛盾和问题才能切实得到平息和化解,从而不使矛盾激化升级。要在矛盾的疏导和化解上坚持走群众路线,特别是在一些政策性、法律规定性很强的热点难点问题处置上,必须把政策法规原原本本交给群众,在广大群众中达成共识,奠定坚实的群众基础,形成平息化解矛盾的良好氛围和强大合力,达到有效化解矛盾的目的。

二、宣传思想文化工作的原则

(一)坚持党性原则

党性原则是党的宣传思想文化工作的根本原则。坚持党性原则,最根本的是坚持党对宣传思想文化工作的领导。无论时代如何发展、媒体格局如何变化,党管宣传、党管意识形态、党管媒体的原则和制度都不能变。

坚持党性原则,就是对于党的基本政治路线、重大原则问题、重要方针政策,要有正确的立场、鲜明的观点、坚定的态度。要旗帜鲜明、理直气壮讲党性原则,增强政治意识、大局意识、核心意识、看齐意识。在思想上、政治上、行动上要同以习近平同志为核心的党中央保持高度一致。党的宣传思想文化部门是凝聚全党全社会思想共识的重要职能部门,要时时把职责使命扛在肩上,善于从政治上看问题,善于把政治导向、政治要求体现到工作中去,把党管宣传、党管意识形态、党管媒体的原则贯彻到宣传思想文化战线的全部领域。党的宣传思想文化干部做的是高举旗帜、引领导向的工作,理所当然要讲党性原则,把党性当作安身立命之本,始终爱党、护党、为党。无论社会环境怎么变化、社会思潮多么复杂,都要保持清醒头脑,坚定理想信念,不忘初心、不忘根本、不忘方向,让党的旗帜在宣传思想文化战线高高飘扬。党的宣传思想文化干部一言一行都事关政治方向、事关原则立场,理所当然要把讲政治、讲党性作为首要要求,在大是大非面前站稳脚跟,在关键问题上有担当、有战斗力，做到守土有责、守土负责、守土尽责。主流媒体必须姓党。党和政府主办的媒体是党和政府的宣传阵地，必须姓党，就是一定要是党的面孔，发党的声音，树党的形象，维护党的权威，坚持党的立场，坚守党的政治纪律和政治规矩，坚持党性和人民性相统一，始终做党和人民的喉舌。要把坚持马克思主义新闻观作为"定盘星"，把坚持正确舆论导向作为"导航仪"，并且体现在新闻舆论工作各个方面、各个环节，引导广大宣传新闻工作者做党的政策主张的传播者、时代风云的记录者、社会进步的推动者、公平正义的守望者。

(二)坚持"三贴近"原则

宣传思想文化工作必须坚持贴近实际、贴近生活、贴近群众的"三贴近"原则。贴近实际，就是坚持立足于建设中国特色社会主义这个最大的实际，把回答和解决实践提出的重大课题作为中心任务，使宣传思想文化工作更好地体现时代性、规律性和创造性。贴近生活，就是深入火热的现实生活中去，关注生活中的重大问题，使宣传思想文化工作富于生活气息，反映生活本质。贴近群众，就是深深扎根群众，把握群众脉搏，了解群众愿望，使宣传思想文化工作可亲可信、深入人心。"三贴近"是一个相互联系的有机整体，实际是根基，生活是源泉，群众是出发点和落脚点。

"三贴近"贯穿马克思主义的世界观和方法论。"三贴近"体现了实践第一的观点，体现了人民群众是历史创造者的观点，体现了以人为本的观点。党的宣传思想文化工作在实践中产生，又推动实践的发展；反映社会生活，又服务社会生活；是人民群众的创造，又要能满足人民群众的需求。落实"三贴近"，就是在深入实际、深入生活的过程中反映实际、反映生活，在了解群众、引导群众的过程中教育群众、服务群众。

"三贴近"反映着新形势、新任务对宣传思想文化工作的新要求。全面建成小康社会是一个伟大的历史进程，这是一个大变革、大发展、大跨越的战略机遇期，也是一个新情况、新问题、新矛盾层出不穷的时期，是一个新创造、新经验、新成果不断涌现的时期。宣传思想工作只有坚持"三贴近"，才能抓住机遇，迎接挑战，打好主动仗，在多元中求主导，在多样中成主体，在多项选择中争主流，才能不断增强针对性、实效性和吸引力、感染力，顺应时代要求，满足群众需要，提供有力保证，推动社会进步。

"三贴近"催生着无愧于时代的优秀作品。实际、生活、群众始终是优秀作品的活力与魅力所依、价值和意义所在。人类文化发展史表明，凡称得上名著、名曲、名画的，无一例外都深刻地表现了当时的社会生活和人民群众的真实情感。

归根结底，坚持"三贴近"，是宣传思想文化工作的必然要求，是宣传思想文化工作必须坚持的重要原则。

(三)坚持实事求是原则

党的思想路线是一切从实际出发，理论联系实际，实事求是，在实践中检验真理和发展真理。党章要求，全党必须坚持这条思想路线，积极探索，大胆试验，开拓创新，创造性地开展工作，不断研究新情况，总结新经验，解决新问题，在实践中丰富和发展马克思主义，推进马克思主义中国化。宣传思想文化工作必须坚持党的思想路线，坚持实事求是原则。

坚持实事求是原则做好宣传思想文化工作，基础是以马克思主义为指导，掌握辩证唯物主义和历史唯物主义的基本理论和方法论,特别是要把习近平新时代中国特色社会主义思想这一马克思主义中国化的最新成果作为强大思想武器,深入认识共产党执政规律、社会主义建设规律、人类社会发展规律,提高战略思维能力、辩证思维能力、综合分析能力、驾驭全局能力。

坚持实事求是原则做好宣传思想文化工作,要把调查研究作为基本工作方法。要真实掌握社会舆论动态,了解基层群众思想动态,了解社情民意,从实际出发,把握好时、度、效,开展有针对性的工作,争取宣传思想文化工作的最佳效果。

坚持实事求是原则做好宣传思想文化工作,要树立光明磊落、无私无畏、以事实为依据、敢于说出事实真相的勇气和正气,及时发现和纠正思想认识上的偏差、决策中的失误、工作中的缺点,及时发现和解决存在的各种矛盾和问题,使我们的思想和行动更加符合客观规律、符合时代要求、符合人民愿望。要树立以人民为中心的工作导向,坚决克服脱离生活、不接地气、同群众贴得不够紧密的问题,坚决克服一味迎合市场的低俗化现象。

(四) 坚持问题导向原则

问题导向就是以解决问题为方向,聚焦问题、破解问题,以真正解决问题为工作目的。我们的各方面工作,都必须坚持问题导向的原则,在不断解决问题中推动改革发展和社会进步。宣传思想文化工作只有坚持问题导向原则,才能切实担当职责和使命。

坚持问题导向是马克思主义的鲜明特点。辩证唯物主义和历史唯物主义认为,问题是矛盾的外化,是事物内在矛盾运动的外在呈现。矛盾无时不在、无处不有,不以人的意志为转移。问题就是事物的矛盾,哪里有矛盾,哪里就有问题。实践发展永无止境,矛盾运动永无止境,旧的问题解决了,又会产生新的问题;正视问题就是正视矛盾,就是坚持实事求是。同时,事物是在矛盾运动中向前推进和发展的,推动经济社会发展必须把握事物发展的内在矛盾及其运动规律,抓住关键问题、难点问题,抓住牵一发而动全身的问题。实践证明,只有坚持辩证唯物主义和历史唯物主义,才能正确认识问题、解决问题。

坚持问题导向要强化问题意识,善于发现问题、勇于正视问题、力戒回避问题。从某种程度上讲,问题比答案更重要,发现问题是分析解决问题的前提和基础。任何一项工作如果找不准问题,就没有针对性,也就失去了重点和方向。问题底数摸清了,才能有的放矢、因地制宜。因此,坚持问题导向,必须主动揭短亮丑,有动真碰硬的勇气、深挖根源的决心。面对思想认识问题与现实利益问题的交织,面对叠加的长期积累的问题与新出现的问题,要能够不为"成绩"遮望眼,盯住"痛点"下苦功,敢向"老大难"问题开刀。如此,才能跨过沟坎,闯出新天地。

坚持问题导向要抓住问题的关键,寻求解决方案和办法,真抓实干解决问题。问题总是包含各种具体内容,即使同一问题在不同地区、不同领域差别也很大。要坚持具体问题具体分析的辩证思维方法,分清哪些是思想层面问题,哪些是操作层面问题,哪些是历史遗留问题,哪些是新产生的问题,等等。在分析某个问题时,要着重把握事物的主要矛盾和矛盾的主要方面,抓住主要矛盾和矛盾的主要方面也就抓住了问题的关键,这对于解决问题能起到至关重要的作用。在形成解决问题的工作思路,找到解决问题的正确办法以后,要坚持以解决问题为工作导向,追着问题走,盯着问题推进,攻坚克难,锲而不舍,一张"路线图"走到底,把化解矛盾、破解难题作为履职尽责的第一要务。

(五) 坚持创新原则

创新是一个民族进步的灵魂,是一个国家兴旺发达的不竭动力。宣传思想文化工作在宣传弘扬创新精神,营造全社会创新生态和创新思想舆论氛围的同时,自身也必须创新,才能适应社会发展的要求。

现在,宣传思想文化工作的环境、对象、范围、方式都发生了很大变化。与宣传思想文化工作关联度最高、影响最显著和最深远的,莫过于改革开放和市场经济的环境条件、信息即时传播的互联网环境条件,以及受此环境条件影响的人。改革开放、市场经济、互联网技术广泛应用,这些重大的社会环境条件变化要求宣传思想文化工作必须坚持创新,在理念思路、体制机制、内容形式、方法手段、组织管理上与之相适应。宣传思想文化工作唯有创新,才能够把握住时代特征和时代的脉搏,才能在意识形态斗争中掌握主动权,打好主动仗,才能更好地围绕中心,服务大局,服务人民群众。

宣传思想文化工作的创新,重点是理念创新、手段创新、基层工作创新。理念创新,就是要保持思想的敏锐性和开放度,打破传统思维定式,努力以思想认识新飞跃打开工作新局面。党的十八以来,以习近平同志为核心的党中央围绕时代发展的重大课题,进行艰辛理论探索,取得重大理论创新成果,形成了习近平新时代中国特色社会主义思想。习近平同志围绕治国理政,提出许多新思想、新观点、新论断,集中展示了党中央的治国理念和执政方略。宣传思想文化工作要向习近平同志和党中央看齐,针对新变化、新情况、新事物,锐意进取,大胆探索,敢于和善于分析回答现实生活中和群众思想上迫切需要解决的问题,不断推进理论创新、实践创新、制度创新。手段创新,就是要积极探索有利于破解工作难题的新举措、新办法,特别是要适应社会信息化持续发展的新情况,加快传统媒体和新兴媒体融合发展,充分应用新技术创新媒体传播方式,占领信息传播制高点。要创新改进网上宣传,运用网络传播规律,弘扬主旋律,激发正能量。要把握好网上舆论引导的时、度、效,使网络空间清朗起来。基层工作创新,就是把创新的重心放在基层一线,扎实做好抓基层、打基础的工作。宣传思想文化工作的服务对象在基层,工作主体在基层,任务落实靠基层。推动宣传思想文化工作创新必须高度关注和重视基层工作的丰富实践活动,高度关注和重视群众的智慧和首创。实践证明,基层的宣传思想文化工作和群众的智慧,永远是创新的源头和动力。

第四节　宣传思想文化工作的类型及职能

一、宣传思想文化工作的基本类型

把宣传思想文化工作的内容范围进行归类,可以大致分为理论宣传、政治宣传、文化宣传和对外宣传。

(一) 理论宣传

理论宣传,就是采用宣传教育的方法手段,使马克思主义基本原理在广大人民群众中被广泛了解吸收,将科学理论转变为群众思想的过程。理论宣传是推进马克思主义中国化、时代化、大众化,建设具有强大凝聚力和引领力的社会主义意识形态的有效途径,是宣传思想文化工作的重要任务。

做好理论宣传工作,要切实加强党的思想建设。要原原本本系统学习马克思主义、毛泽东思想、邓小平理论、"三个代表"重要思想、科学发展观,特别是要学习习近平新时代中国特色社会主义思想。要做好党委理论学习中心组学习,弘扬马克思主义学风,理论联系实际,使领导干部自觉运用马克思主义立场、观点、方法观察和解决问题,坚定理想信念,坚持正确政治方向,提高战略思维能力、综合决策能力、驾驭全局能力,团结带领群众不断取得工作的新业绩。要做好面向全体党员的学习教育活动,推进"两学一做"学习教育常态化、制度化,开展"不忘初心、牢记使命"主题教育,用党的创新理论武装头脑,推动全党更加自觉地为实现新时代党的历史使命不懈奋斗。

做好理论宣传工作,要面向干部职工宣传好党的基本理论。运用通俗语言向干部职工宣传讲解马克思主义基本原理,宣传讲解习近平新时代中国特色社会主义思想,让真理武装干部职工的头脑,让真理指引干部职工的理想,让真理坚定干部职工的信仰。要把党的基本理论宣传同加强思想道德建设有机结合,广泛开展理想信念教育,深化中国特色社会主义和中国梦的宣传教育,弘扬民族精神和时代精神,加强爱国主义教育、集体主义教育、社会主义教育,引导干部职工树立正确的历史观、民族观、国家观、文化观。

做好理论宣传工作,企业党组织要抓好本企业的理论宣传教育工作。企业理论宣传工作主要包括:开展好企业党委理论学习中心组学习,提高领导班子成员的理论素养、政策水平、领导能力,推动领导班子建设,促进企业健康发展;抓好党员的理论教育,运用"三会一课"日常教育形式和主题教育实践活动,组织党员学习党的基本理论,学习党的路线方针政策,学习党章,增强党员队伍的先进性,充分发挥党员的先锋模范作用;组织开展职工政治理论教育、党的路线方针政策教育、社会主义核心价值观教育、中国特色社会主义共同理想教育,培养有理想、有道德、有文化、有纪律的职工队伍。

(二) 政治宣传

政治宣传,主要是指围绕着宣传党的理论和路线方针政策,宣传中央重大工作部署,宣传中央关于形势的重大分析判断,开展有目的、有计划、有组织的宣传工作,团结和凝聚干部职工,保证党的路线方针政策贯彻落实。我们党每项关系国家和民族发展的重大方针政策都是着眼国内外形势的发展变化而制定的,每次重大方针政策的贯彻落实都通过各级党组织的宣传教育和舆论正确引导来确保的,政治宣传就是宣传党的主张。

政治宣传要强化正面宣传,强化正面引导,壮大主流声音,唱响主旋律。当前,要深入宣传党的十九大精神,深入宣传习近平新时代中国特色社会主义思想,宣传党的十八大以来党中央提出的一系列治国理政新理念、新思想、新战略,宣传党和国家在统筹推进"五位一体"总体布局和协调推进"四个全面"战略布局上取得的重大成就,宣传广大干部群众为实现"两个一百年"奋斗目标、实现中华民族伟大复兴的中国梦而扎实工作的实际行动。要加强对干部群众关心的热点、难点问题的解疑释惑,让党的主张成为时代最强音,把广大干部群众的精神振奋起来。

政治宣传要坚持正确舆论导向,牢牢掌握意识形态工作的主动权。坚持以正确舆论引导人,要对各种错误思想敢于亮剑,着眼于团结和争取大多数,有理、有利、有节开展舆论斗争,帮助人们明辨是非界限,澄清模糊认识。深入开展网上政治宣传和舆论斗争,严密防范和抑制网上攻击渗透行为,对网上出现的错误思想观念要进行批驳,构建清朗的网络空间。

政治宣传要落实到基层,把党的路线方针政策宣传教育和形势任务教育落到实处。基层的政治宣传可以覆盖全员,具有针对性、互动性强、便于组织落实的优势,特别是宣讲的形式、学习讨论的方式,是群众了解党的路线方针政策,了解国家政治经济发展形势,了解本单位贯彻落实党的路线方针政策和上级要求具体措施的主要渠道。基层政治宣传要遵循宣传规律,讲求宣传艺术,在吸引力、说服力、感染力上下功夫,用活宣传教育方法,创新宣传教育载体,把握群众认知方式和接受习惯,确保群众愿意听、听得懂、记得住;要统一思想,凝聚力量,使党的主张变成群众的自觉行动。

(三) 文化宣传

文化宣传是围绕建设社会主义文化强国,提高全党全国人民文化自信,推动社会主义文化繁荣兴盛,增强人们精神力量的宣传教育工作。文化宣传是意识形态工作中的一项重要工作。

文化宣传要紧紧围绕坚定文化自信这条主线,努力增强文化自觉和文化自信。党的十八大以来,党中央高度重视社会主义文化建设,习近平同志反复强调文化自信。他指出:"文化是一个国家、一个民族的灵魂。历史和现实都表明,一个抛弃了或者背叛了自己历史文化的民族,不仅不可能发展起来,而且很可能上演一幕幕历史悲剧。文化自信,是更基础、更广泛、更深厚的自信,是更基本、更深沉、更持久的力量。坚定文化自信,是事关国运兴衰、事关文化安全、事关民族精神独立性的大问题。"① 文化宣传,就是要大力宣传坚定文化自信的重大意义,宣传中国特色社会主义文化的内涵和产生的巨大精神力量,宣传建设社会主义文化强国的目标,在全社会大力弘扬中华民族优秀传统文化,大力发展社会主义先进文化,不断增强全党和全体人民的精神力量。

文化宣传要着力于大力弘扬中国精神,巩固全党全国人民团结奋斗的共同思想基础。人无精神则不立,国无精神则不强。中国精神就是以爱国主义为核心的民族精神,就是以改革创新为核心的时代精神。要实现中华民族伟大复兴的中国梦,必须大力弘扬中国精神。中国精神体现在社会主义先进文化引领之中,体现在为实现梦想的奋斗实践之中,体现在延绵五千多年中华优秀传统文化之中,体现在几千年来中华民族产生的一切优秀作品之中。文化宣传要在大力弘扬中国精神上下足功夫,做足文章,运用一切宣传手段和方式,宣传中国精神、培育中国精神、弘扬中国精神,让中国精神回荡在神州大地,成为时代的主旋律和激发人民胜利前行的强大精神力量。

文化宣传工作要推动全社会培育和践行社会主义核心价值观,筑牢凝聚中国力量的思想道德基础。社会主义核心价值观是当代中国精神的集中体现,凝结着全体人民共同的价值追求。培育和践行社会主义核心价值观,是社会主义文化建设的重要方面,同时是文化宣传的重要任务。要加强教育引导,区分层次,突出重点,在全社会广泛开展社会主义核心价值观教育。要广泛开展社会主义核心价值观社会实践活动,使其融入社会生活,让人们在实践中感知它、领悟它,达到"百姓日用而不知"的程度。要总结宣传先进人物

---

① 《在中国文联十大、中国作协九大开幕式上的讲话》,2016 年 11 月 30 日,人民出版社单行本,第 6 页。

和集体模范践行社会主义核心价值观的事迹,用他们的模范行为和高尚人格感召群众、带动群众。要运用各类文化形式,生动具体表现社会主义核心价值观,用高质量、高水平的精神文化产品潜移默化地影响人们、感染人们。

(四)对外宣传

对外宣传,从党的宣传思想文化工作整体来讲,是面向国际社会的宣传。在全面对外开放的条件下,对外宣传是一项重要的任务,发挥着维护国家利益和形象,促进国际交往和文化交流,提高国家文化软实力,增强国际话语权,推动"让世界了解中国、让中国走向世界"的重要作用。

党和国家的对外宣传,就是要着力推进国际传播能力建设,创新对外宣传方式,加强话语体系建设,着力打造融通中外的新概念、新范畴、新表述,讲好中国故事,传播好中国声音,增强中国在国际上的话语权。就是要注重塑造我们的国家形象,重点展示中国历史底蕴深厚、各民族多元一体、文化多样和谐的文明大国形象;展示中国政治清明、经济发展、文化繁荣、社会稳定、人民团结、山河秀美的东方大国形象;展示中国坚持和平发展、促进共同发展,维护国际公平正义、为人类负责任的大国形象;展示中国对外更加开放、更加具有亲和力,充满希望、充满活力的社会主义大国形象。就是要提高对外文化交流水平,开展深层次、多样化、重实效的思想情感交流;用外国民众容易接受的方式,让他们更好地了解和体会中华文化;综合运用大众传媒、群体传播、人际传播等多种方式,展示中华文化的魅力。

就一般企业来说,对外宣传是相对于对内宣传而言的,对外宣传工作的对象是社会公众。企业对外宣传主要是通过媒体新闻报道和广告、展览等方式,向社会宣传企业的形象,宣传企业产品品牌的形象,宣传企业发展的成就,宣传企业中对社会有影响的典型,宣传企业服务社会公众的有关事项,营造良好的企业外部环境。在高度市场化、国际化、信息化环境下,企业对外宣传的作用更加重要。企业产品和服务的质量是形成品牌的关键,而对企业产品和服务的宣传则是形成品牌的重要因素。企业要高度重视对外宣传工作,遵循对外宣传规律,创新对外宣传方式,在宣传产品和服务实用价值的同时,突出其文化内涵和社会价值,注重用诚信、情感、关爱赢得社会公众对企业及其产品、服务品牌的信任,增强企业的竞争力和品牌生命力。

二、宣传思想文化工作的基本职能

宣传思想文化工作的基本职能,是指其发挥作用基本的主要的功能。根据宣传思想文化工作规律,宣传思想文化工作具有以下几方面基本职能。

(一)思想灌输、正面教育

灌输是输送、注入的意思。思想灌输是指通过各种方法,不断向人民群众灌输党的理论、路线、方针、政策,灌输先进的思想文化理念。在宣传思想文化工作中,特别是在政治理论教育中,思想灌输是一种最基本的职能和方法。

灌输理论最早是由俄国革命家普列汉诺夫提出的观点,列宁在领导"十月"革命的过程中,结合实际,进行了新的理论创造,形成了科学的、完整的灌输论观点体系,使之成为马克思主义的重要原理。马克思主义认为,通过灌输使无产阶级获得"精神武器",是实现人类解放的必然之途。马克思主义是工人阶级的科学思想体系,但是它不可能从自发的工人运动中产生,工人阶级的革命意识只能"从外面"灌输进去。

思想灌输是我们党重要的历史经验。党在领导革命、建设、改革的伟大实践中,让真理武装人民群众的头脑,让真理指引人民群众的理想,让真理坚定人民群众的信仰,让党的主张变成人民群众的自觉行动,思想灌输发挥了重要作用。在改革开放和社会主义市场经济条件下,宣传思想工作的环境、对象、范围、方式发生了很大变化。但是,巩固马克思主义在意识形态领域的指导地位,巩固全党全国人民团结奋斗的共同思想基础这一根本任务没有变,也不能变,思想灌输的职能和作用同样不能削弱,只能强化。组织党员和群众学习贯彻党的十九大精神,推动习近平新时代中国特色社会主义思想深入人心,广泛开展理想信念教育,深化中国特色社会主义和中国梦的宣传教育,推进党员"两学一做"学习教育常态化、制度化,在全党开展"不忘初心、牢记使命"主题教育,都要充分发挥思想灌输的职能。

正面教育是思想灌输的实现方式,通过正面教育实施思想灌输,实现思想灌输的职能和作用。正面教育是遵循坚持团结稳定鼓劲、正面宣传为主的宣传思想文化工作方针最直接的体现。以入党校、上党课、举办报告会、举办学习培训、坚持日常学习等形式,灌输政治理论,学习党的路线方针政策,进行理想信念教育、社会主义核心价值观教育、爱国主义教育、集体主义教育、社会主义教育、思想道德教育、民主法治教育、形势任务教育等,这些教育都是正面教育。通过媒体和其他教育载体,宣传社会积极正面的事物,传播社会正能量,坚持正确思想舆论导向,这也属于正面教育的范畴。

发挥思想灌输、正面教育的职能,一是要把握思想灌输、正面教育的说理性。思想灌输和正面教育的核心是以理服人,即对科学理论、思想进行传播,使受教育者信服,并自觉运用掌握的道理去指导自己的行动。说理是打开人们心灵的钥匙,思想灌输、正面教育离不开说理,要把理论讲清楚,把道理讲明白。讲理论要接地气,要让马克思讲中国话,让大专家讲家常话,让基本原理变成生动道理,让根本方法变成管用办法。二是要把握思想灌输、正面教育的针对性。有的放矢是思想灌输和正面教育的灵魂。要区分层次,依据教育对象需要与诉求差异,分类地、有针对性地进行思想灌输。要进行正面教育,将总体上的"漫灌"和因人而异的"滴灌"结合起来。具体到企业,对于党员、特别是各级党员干部,要通过多种形式的学习教育,将思想统一到党的路线、方针、政策上来,做到坚定理想信念、讲政治、懂规矩、守纪律,保证企业的正确方向。对于职工群众,则要找准职工所思所盼的契合点、解决实际问题的共鸣点、知行统一的共振点,力求把形势讲清、道理讲透、优势讲准、问题讲够、前景讲明、任务讲实、信心讲足,最大限度增强正面教育的实际效果,为推进企业科学发展,建设和谐企业提供有力的思想保障。三是要把握思想灌输、正面教育的系统性。思想灌输、正面教育是向人们系统地灌输先进思想意识,不能一阵风,要持之以恒。尽管在不同时期教育主题会有不同,侧重点会有变化,但是从思想灌输、正面教育的功能和作用看,必须强调系统性,要有计划、有步骤地进行,循序渐进,久久为功。

(二)旗帜鲜明,舆论引导

舆论历来是影响社会发展的重要力量。旗帜鲜明地做好舆论引导工作,是新的时代条件下党的新闻舆论工作职责和使命的要求,也是宣传思想文化工作的重要职能。

习近平同志指出:"舆论导向正确是党和人民之福,舆论导向错误是党和人民之祸。好的舆论可以成为发展的'推进器'、民意的'晴雨表'、社会的'黏合剂'、道德的'风向标',不好的舆论可以成为民众的'迷魂汤'、社会的'分离器'、杀人的'软刀子'、动乱的'催化剂'"。[①] 习近平同志重要论述深刻阐明了舆论引导的重要性和职能作用。

发挥舆论引导职能,坚持正确政治方向是第一位的。必须坚持以马克思主义为指导,牢牢掌握意识形态工作的领导权、管理权、话语权。必须坚持党管媒体的原则不动摇,确保舆论阵地、舆论工具牢牢掌握在党的手中。要高度重视网络意识形态安全风险问题,掌控网络意识形态主导权。各级党委和党员干部要把维护网络意识形态安全作为守土尽责的重要使命,切实履行意识形态责任制,坚决打赢网络意识形态斗争。

发挥舆论引导职能,要弘扬主旋律,打好主动仗,加强正面引导。要用习近平新时代中国特色社会主义思想引导舆论,用社会主义核心价值观凝聚人心,壮大主流思想舆论,做到舆论引导的所有工作都有利于坚持党的领导和社会主义制度,有利于推动改革发展,有利于增进全国各族人民团结,有利于维护社会和谐稳定。要具有强烈的思想舆论阵地意识,对思想舆论领域三个地带采取不同的策略。对以主流媒体和网上正面力量构成的"红色地带",要巩固和拓展,不断扩大其社会影响。对网上和社会上一些负面言论构成的,包括各种敌对势力制造的舆论"黑色地带",要勇于进入,进行斗争,逐步推动其改变颜色。对于处于"红色地带"和"黑色地带"之间的"灰色地带",要大规模开展工作,加快使其转化为红色地带,防止其向"黑色地带"蜕变。

发挥舆论引导职能,要把握好新闻舆论工作的时、度、效,做到因势而谋、应势而动、顺势而为。一是要把握好舆论引导的时机。"时"就是时间。"时机",是掌握舆论引导主动权的时间因素。对一些舆论事件,如果不能第一时间作出反应、在恰当时间给予回应,就可能时时落后、处处被动,掌握好时间、时机,就能够抢占先机、掌握主动,引导舆论发展走向。"势"就是形势、走势、态势、趋势。"因势而谋",就是要提高洞察力,对那些趋势性、苗头性的问题敏锐观察,作出科学判断。"应势而动",就是要提高应变力,根据对事物发展形势和趋势的判断分析,及时行动、沉着应对、加强引导。"顺势而为",就是要提高驾驭力,既发挥主观能动性,又借助事物自身发展的力量,有所作为,有效作为。二是要把握好舆论引导的度。"度"就是分寸,就是解决好怎么说、说到什么程度的问题。提高舆论引导的艺术,根据客观实际讲究分寸,是舆论引导成功的关键。三是要注重舆论引导的工作实效。"实效"就是是否真正达到了舆论引导的目的,是否取得了实实在在的效果。

(三) 阐明大义、解疑释惑

宣传思想文化工作者被称为"人类灵魂工程师",就是因为宣传思想文化工作是以人为中心,做解决人的思想问题的工作。阐明大义、解疑释惑是宣传思想文化工作的基本职能和经常性的工作。

宣传思想文化工作阐明大义、解疑释惑的职能是由人的思想形成、发展、转化的规律和人们所处的社会环境决定的。社会存在决定社会意识,人们各种思想都是特定社会存在的反映。人们在现实社会中面对着某种客观存在,就必然相应地产生思想反映,这是一

---

① 《在党的新闻舆论工作座谈会上的讲话》,2016 年 2 月 19 日,中央文献出版社,《习近平关于社会主义文化建设论述摘编》,第 38 页。

种能动的反映,每个人都是基于自己原有的思想基础、知识经验、认识方法和价值取向,有分析、有选择地反映客观现实的。人受各种因素的影响,在头脑中既有积极因素又有消极因素,既有正确的认识又有不正确的认识,既有健康的情绪,又有不健康的情绪,甚至同一个人在同一个问题上也会出现相互矛盾的观念冲突。人在社会生活中会遇到种种矛盾和问题,当不能正确对待和解决矛盾和问题时,就会在思想上产生疑虑和困惑,这种疑虑和困惑得不到正确、合理的解答,就容易产生错误观念和不健康情绪,影响人的行为。因此,解疑释惑是满足人们思想需求,诊疗人们心理疾患,引导人们思想健康向上的工作,是宣传思想文化工作的一项基本职能。

阐明大义是打开人们心灵窗口的钥匙,是解疑释惑的思想武器。阐明大义、解疑释惑,就是用真理的力量引导人们把握客观规律,掌握科学认识事物的方法,学会运用辩证唯物主义和历史唯物主义的世界观和方法论认识问题、分析问题、处理问题。阐明大义、解疑释惑,就是要把社会主义核心价值观作为判断是非曲直的社会标准和社会共同的价值标准,作为全社会处理各种关系的准则,用大道理管小道理,用正确的思想观念转变不正确的思想观念,解决人们的思想难点问题。阐明大义、解疑释惑,就是要做好思想和情绪的疏导工作,用中华民族优秀文化的哲理和体现正能量的事例启迪思想,引导工作对象在困难和挫折面前树立信心。

(四)传播信息、满足需求

人的精神文化需求突出表现在对信息传播的需求。互联网的发展使新闻信息传播和舆论生态发生了深刻变化。网络新媒体大量涌现,使各种信息迅速传播,在方便人们及时了解各类信息的同时,又存在网络安全威胁和风险日益突出的问题,网络已成为当前意识形态斗争的最前沿。宣传思想文化工作一直发挥着传播信息,满足人们精神文化需求的职能作用,适应时代发展,要运用好现代传媒新手段、新方法,占领信息传播制高点,打造健康清朗的网络空间。

发挥传播信息,满足人们精神文化需求的职能作用,既要认识新媒体发展构成复杂舆论场的自发性、突发性、公开性、多元性、冲突性、匿名性、无界性、难控性等特点,增强坚守意识形态阵地的责任意识,又要认识新媒体发展为做好党的新闻舆论工作提供的机遇,创新新闻舆论工作理念、方法、手段,适应人们阅读习惯和信息需求的深刻变化,主动借助新媒体传播优势,完善运用体制机制,加快传统媒体和新媒体融合发展,打通并用好同群众信息交流的新渠道。

发挥传播信息,满足人们精神文化需求的职能作用,要加强网上舆论引导,改进网上宣传,运用网络传播规律,弘扬主旋律,激发正能量,巩固和拓展思想舆论阵地的"红色地带"。要加强网络空间内容建设,做强网上正面宣传,培育积极健康、向上向善的网络文化,用社会主义核心价值观和人类优秀文明成果滋养人心、滋养社会,为广大网民营造风清气正的网络空间。

发挥传播信息满足人们精神文化需求的职能作用,要利用网络传播优势提升信息服务水平。利用互联网为人们提供真实可靠的社会服务信息,介绍诚实守信企业的产品和服务,治理虚假广告宣传,推动"互联网+"经济创新模式的发展,满足人们多方面的需要。

(五) 发动群众、同心协力

宣传群众、发动群众、振奋精神、凝聚力量、同心协力,是宣传思想文化工作的重要职能。在中国特色社会主义进入新时代,在党领导全国人民建设富强民主文明和谐美丽的社会主义现代化强国,实现中华民族伟大复兴中国梦的伟大实践中,宣传思想文化工作更需要充分发挥发动群众,同心协力的职能。

发动群众、同心协力的职能,体现在实现具体任务、具体目标、具体工作要求上。推进每一项工作,都要做好宣传发动,讲清意义、目的、目标、要求、方法、步骤,进而统一思想、统一意志、统一行动。宣传发动做到位,才能把群众发动起来,把各方面积极性调动起来,同心协力开展工作。发动群众、同心协力的职能不是只体现在工作的初始,而是贯穿工作的全过程。任何一项工作都不可能一帆风顺,在推进的过程中都会遇到阻力、困难、挫折、影响人们的情绪和斗志。在这种情况下,要进一步做好宣传发动工作,鼓舞斗志、坚定信心、同心协力、攻坚克难,直至达到胜利的彼岸。

发动群众、同心协力的职能,是宣传思想文化工作多重作用、多种职能综合作用的体现。宣传思想文化工作的导向作用、凝聚作用、支撑作用、服务作用,以及与发动群众、同心协力职能密切联系的思想灌输、正面教育、舆论引导、解疑释惑、传播信息等职能的综合作用,都体现了发动群众、同心协力。深化理想信念教育,加强思想道德建设,抓好意识形态工作,培育和践行社会主义核心价值观,就是用富有时代气息的中国精神凝聚中国力量。要坚持正确舆论导向,舆论导向正确就能凝聚人心、凝聚力量。坚持团结稳定鼓劲、正面宣传为主的方针,巩固壮大主流思想舆论,弘扬主旋律,传播正能量,就能激发全社会团结奋进的强大力量。可以说,宣传思想文化工作的全部都体现了发动群众、同心协力的职能。

复习题

一、思考题

1. 简要说明宣传工作、思想政治工作、文化工作的概念。

2. 怎样理解宣传思想文化工作的地位和作用?

3. 怎样理解宣传思想文化工作应坚持的方针?

4. 怎样理解宣传思想文化工作应坚持的原则?

二、简答题

1. 宣传思想文化工作有哪些方面的作用?

2. 宣传思想文化工作基本类型是哪四种宣传?

3. 宣传思想文化工作的五项基本职能是什么?

第二章

城市公共交通企业
思想政治工作

思想政治工作是我们党的政治优势和优良传统,是经济工作和其他一切工作的生命线。企业思想政治工作是党的思想政治工作任务在企业的全面落实,是实现《党章》规定的党的基层党组织的基本任务,是发挥企业党委领导作用、落实基层党支部工作职责的重要工作领域,是加强党对意识形态工作的领导在企业的具体体现,对企业生产经营、改革发展起提供重要思想政治保证的作用。本章从党委理论学习中心组学习、牢牢掌握意识形态工作领导权、培育和践行社会主义核心价值观、加强思想道德建设、围绕企业中心任务开展宣传教育五个方面,对城市公共交通企业思想政治工作进行阐述。

第一节 党委理论学习中心组学习

党的十八大以来,以习近平同志为核心的党中央,十分重视通过思想理论建设来加强党的执政能力建设,自觉地把思想理论建设放在党的建设的首位,坚持马克思列宁主义、毛泽东思想、邓小平理论、"三个代表"重要思想、科学发展观,顺应时代发展,推进理论创新,形成习近平新时代中国特色社会主义思想,为全党提供了科学的理论依据,是中国特色社会主义实践的思想理论基础,为实践指明方向,提供智慧与精神源泉。

党委理论学习中心组学习,是党委领导班子和领导干部在职理论学习的重要组织形式,是严肃党内政治生活、强化党性修养的重要内容,是加强各级领导班子思想政治建设的重要制度,是建设学习型、服务型、创新型马克思主义执政党、提高党的执政能力和领导水平的重要途径。各级党委应当把理论学习中心组学习列入重要议事日程,纳入党建工作责任制,纳入意识形态工作责任制。

一、组织与职责

党委理论学习中心组主要由党委领导班子成员组成,可以根据学习需要,适当吸收有关部室和所属单位负责人等有关人员参加。

各级党委对本级理论学习中心组学习负主体责任,对本单位和所属单位的理论学习中心组学习负领导责任。主要职责是将理论学习中心组学习列入重要议事日程,作为党建工作责任制、意识形态工作责任制的重要内容,全面负责对理论学习中心组学习的组织领导,确保理论学习中心组学习的正确导向;定期研究部署理论学习中心组学习工作,确定年度学习计划以及阶段性和专题性安排,建立健全党委理论学习中心组学习计划、考勤、记录、督查、通报、问责等制度机制,定期对本级中心组成员和下级单位理论学习中心组学习进行检查、指导和督促,每年对理论学习中心组学习情况进行总结和通报并报上级党委。

党委书记是理论学习中心组学习的第一责任人,主要负责对理论学习中心组学习工作的部署、协调、督办,组织建立健全理论学习中心组学习制度,组织审定理论学习中心组学习的年度计划或阶段性、专题性计划安排;严把学习政治关,加强理论学习主题、内容、导向和授课人的审查;主持理论学习中心组学习,正确引导、带头发言,确保学习高质量进行。

党委理论学习中心组学习应当配备学习秘书,由党委宣传部门或者党委组织部门等部门负责人担任,由宣传部门负责人牵头。其他部门人员应当协助学习秘书共同做好学习服务工作。党委宣传部门负责制订理论学习中心组年度学习计划,确定学习内容和主题,协调安排学习时间,提出学习建议,统筹做好学习服务和指导工作,把理论学习中心组学习纳入意识形态工作责任制。党委组织部门负责把理论学习中心组学习纳入党建工作责任制,纳入领导干部和领导班子考核,共同做好学习指导工作。

二、学习内容和形式

党委理论学习中心组学习包括如下内容:

(1)马克思列宁主义、毛泽东思想、邓小平理论、"三个代表"重要思想、科学发展观,习近平新时代中国特色社会主义思想,习近平总书记视察北京的重要讲话和对北京工作的一系列重要指示。

(2)党章、党规、党纪和党的基本知识。

(3)党的路线、方针、政策和决议。

(4)国家法律法规。

(5)社会主义核心价值观。

(6)党的历史、中国历史、世界历史和科学社会主义发展史。

(7)推进新时代中国特色社会主义事业所需的经济、政治、文化、社会、生态、科技、军事、外交、民族、宗教等方面知识。

(8)改革发展实践中的重点、难点问题。

(9)党中央和上级党组织要求学习的其他重要内容。

党委理论学习中心组学习应当结合工作实际,创新学习方式、改进学习方法,增强学习的吸引力、针对性和实效性。

1. 集体学习研讨

党委理论学习中心组学习应将集体学习研讨作为学习的主要形式,把重点发言和集体讨论、专题学习和系统学习结合起来,深入开展学习讨论和互动交流。以学习成员自己学、自己讲为主,亮开嗓子、迈出步子,既做实干家,也做宣讲家;适当组织专题讲座、专题集中辅导报告(含中心组扩大和视频报告)。理论学习中心组学习每月安排1次。集体学习研讨应保证学习时间和质量,每季度不少于1次。理论学习中心组成员每年重点发言不少于1次。党委应严把理论学习中心组学习政治关,加强主题、内容和导向审查。邀请的讲课人员,应对其一贯言行和立场、观点进行考察。对于讲课期间出现的导向性错误言论,应当及时制止、当场批驳,当场肃清不良影响。

2. 个人自学

党委理论学习中心组成员应根据形势任务的要求,结合工作需要和本人实际,明确学习重点,研读必要书目,下功夫刻苦学习。理论学习中心组成员每年撰写学习心得、调研报告或者理论文章不少于1篇。

学习心得、调研报告或者理论文章选题要紧紧围绕理论学习中心组学习内容,紧紧围绕企业改革发展中心任务,着眼于学习领会党的基本理论、基本路线、基本纲领、基本经验的精神实质和深刻内涵;着眼于加强党的自身建设,全面从严治党,大力提高领导干部理论水平;着眼于学习贯彻中央经济工作会议精神,推进企业供给侧结构性改革等内容,以适应新形势、新任务、新时代的需要。

学习心得、调研报告或者理论文章要求主题鲜明,观点正确,符合企业改革发展实际;内容充实,条理清晰,有理有据;结构完整,具有较强的思想性和理论性;具有原创性、创新性、可操作性和可借鉴性。字数一般为3000~5000字,不能以领导讲话、工作总结等替代理论文章。

3.专题调研

党委理论学习中心组成员应把理论学习与专题调研结合起来,深入基层、深入职工、扎实开展调查研究,深化理论学习。

理论学习中心组成员要坚持问题导向,结合所分管工作,围绕企业改革发展实践中遇到的重点、难点、热点问题,按学习情况确定调研课题。

4.其他学习形式

理论学习中心组成员应积极参加学习讲坛、读书会、报告会等学习活动,充分利用干部教育网、宣讲家网、公交在线学习平台等网络学习平台开展学习,拓宽学习渠道,提升学习效果。围绕企业改革,发展党建中心工作,坚持问题导向,带着问题学、奔着问题去,边学习、边运用,将学习成果转化为推进企业高质量发展的思路和措施。

三、学习管理、考核与问责

(一)制订学习计划

(1)党委理论学习中心组每年年初按照党中央、市委和市国资委党委的部署要求,结合工作实际,制订年度学习计划,由党委审定后施行。

(2)党委理论学习中心组年度学习计划内容应包括学习内容、学习形式、工作要求等。要结合党的理论创新成果、路线方针、政策法规,中央、市委、市政府有关文件和重要会议精神,以及经济理论、现代企业管理相关知识,等等,制订学习计划。

(3)下级单位党委要严格按照上级党委理论学习中心组学习计划,认真制订全年党委理论学习中心组学习安排。要坚持理论联系实际,把理论学习与本单位创新发展的实践结合起来,围绕单位改革中心任务等重大理论和实践问题,探索解决问题的新方法、新思路和新途径。

(二)建立学习档案

(1)党委理论学习中心组应建立集体学习档案,包括学习制度、成员名单、学习计划、学习记录、考勤记录等内容,做好全年学习情况和学习经验的总结。上级党委将以查档案、听汇报等方式进行考核。

(2)各级党委要认真完成学习内容,使用党委理论学习中心组学习专用记录本做好学习记录。上级党委将以检查学习记录的方式进行考核。

(3)各级党委理论学习中心组成员要建立个人理论学习专用记录本,每次学习要做好个人学习记录。参加上级、支部双重组织学习活动,也要在专用记录本上做好学习记录。集团公司党委将以检查学习笔记的方式进行考核。

（4）各级党委要记录留存领导干部参加培训进修、党委理论学习中心组学习情况以及每年撰写的学习心得、调研报告或理论文章和获奖情况、考核结果等，要做好理论学习中心组成员个人学习档案。

（三）严格请假纪律，履行请假程序

（1）党委理论学习中心组要坚持开展学习，各级单位党委要积极组织中心组成员参加上级党委举办的专题辅导报告会。

（2）党委理论学习中心组成员参加本级中心组学习应保证出勤率。

（3）如因工作需要或其他原因不能出席时，应严格履行请假程序，同时要通过观看视频光盘、个人自学等方式，对请假的同志及时进行补课。

（四）学习报送

（1）下级单位党委理论学习中心组每年年初要向上级党委宣传部报送《党委理论学习中心组成员名单》《党委理论学习中心组学习秘书名单》、年度学习计划以及上一年度理论学习中心组学习情况。

（2）下级单位党委理论学习中心组成员变化后，应及时以书面形式向上级党委宣传部门报告。

（五）学习通报

（1）上级党委宣传部门每年要通报各单位党委理论学习中心组学习情况。

（2）上级党委宣传部门每年要通报理论文章的评选结果，成立评选委员会，对下级单位党委理论学习中心组成员的学习心得、调研报告或理论文章进行评选，并上报集团公司政工例会审议。通过后形成年度优秀理论文章选编。组织领导干部对优秀理论文章进行交流学习，不断提升领导干部的理论学习能力和水平，促进党委理论学习中心组学习规范化、制度化，并取得实效。

（六）学习巡听旁听

（1）党委宣传部门会同党委组织部门要不定期对下级单位党委理论学习中心组学习进行巡听旁听，了解好做法、总结好经验。

（2）党委理论学习中心组成员要不定期参加下级单位党委理论学习中心组学习，在加强检查、监督、指导的同时，紧密结合企业改革发展实际和主管工作开展辅导讲座，进一步提高各级领导干部的政治素养和业务水平。

（七）学习督查考核

（1）党委宣传部门会同党委组织部门等有关部门，负责下级单位党委理论学习中心组学习情况的督查。

（2）督查将纳入意识形态工作责任制、党建工作责任制专题督查（检查）中，采取全面自查与重点检查相结合、书面督查与现场督查相结合的方式进行。

（3）考核可以结合领导班子和领导干部年度考核进行。在年度考核述职中，要述本

人参加理论培训、党委理论学习中心组学习、在职自学和网络在线学习情况。群众民主评议领导班子和领导干部时,要对其理论学习情况一并进行评议。干部主管部门对干部进行考察、考核时,要对其学习态度、理论素养、学习效果情况进行全面考核和评价。

(4)对党委理论学习中心组学习开展不力、出现错误倾向产生恶劣影响的,应当按照有关规定问责。

第二节　牢牢掌握意识形态工作领导权

社会意识形态即社会的思想领域,意识形态是上层建筑范畴,为经济基础服务。经济基础决定上层建筑,上层建筑对经济基础具有反作用。我们要深刻认识经济基础对上层建筑的决定作用,同时深刻认识上层建筑对经济基础的反作用,在集中精力进行经济建设的同时,一刻也不能放松和削弱意识形态工作。

牢牢掌握意识形态工作领导权,是我们党领导意识形态工作长期积累的宝贵经验,特别是党的十八大以来,我们党在创造新经验基础上,把牢牢掌握意识形态工作领导权作为一项重大任务提出来,充分反映了我们党对意识形态工作规律的认识和把握达到了一个新的境界。意识形态工作是党的一项极端重要的工作,关乎旗帜、关乎道路、关乎国家政治安全。牢牢掌握意识形态工作领导权,是各级党委的职责使命,企业党委必须担当起这一职责使命,切实加强对企业意识形态工作的领导。

一、认真落实意识形态工作责任制

建立意识形态工作责任制,是加强党对意识形态工作领导的重大举措,是牢牢掌握意识形态工作领导权,决不让意识形态工作领导权旁落的重要制度安排。2015 年 10 月 3 日,中共中央办公厅印发了《党委(党组)意识形态工作责任制实施办法》,这是党的历史上第一次以党内法规形式对意识形态工作责任制作出的制度规定。企业党委和党员干部要认真落实意识形态工作责任制,在本企业保证党对意识形态工作的绝对领导,自觉做到守土有责、守土负责、守土尽责。

(一)清醒认识意识形态工作面临的形势和挑战

党的十八大以来,以习近平同志为核心的党中央高度重视意识形态工作,采取了一系列举措加强党对意识形态工作的领导。习近平同志就意识形态领域的方向性、根本性、全局性重大问题作出一系列重要论述和重大部署,指导和推动意识形态工作取得了明显成效,开创了新的局面。当前,我国意识形态领域的总体态势是积极、健康、向上的,主旋律更加响亮,正能量更加强劲,使中国特色社会主义道路自信、理论自信、制度自信、文化自信得到彰显,使主流意识形态的影响力、引导力、凝聚力不断增强。但也要清醒地认识到,意识形态领域并不平静,斗争依然复杂,各种错误思潮和错误观点仍不时出现。各种敌对势力一直企图在我国制造"颜色革命",妄图颠覆中国共产党的领导和我国社会主义制度,企图以意识形态为突破口,把人们思想搞乱,然后浑水摸鱼、乱中取胜。意识形态领域斗争复杂尖锐。这就要求我们认清意识形态工作形势和面对的挑战,必须保持清醒头脑,坚定信心、保持定力,增强忧患意识,坚持底线思维,以更有力的领导、更有效的举措,牢牢掌握意识形态工作的领导权,自觉落实意识形态工作责任制,勇于担当责任。

(二)牢牢掌握意识形态工作领导权的"六个着力"

根据党的十九大报告精神,牢牢掌握意识形态工作领导权,要在六个方面着力。

第一,推进马克思主义中国化、时代化、大众化。马克思主义是我们立党立国的根本指导思想,是社会主义意识形态的旗帜和灵魂。建设具有强大凝聚力和引领力的社会主义意识形态,使全体人民在理想信念、价值理念、道德观念上紧紧团结在一起,必须把坚持发展马克思主义统一起来。要以我们正在做的事情为中心,坚持问题导向,聆听时代声音,将马克思主义同当代中国发展的具体实际相结合,不断赋予当代中国马克思主义更加鲜明的时代特色、实践特色、理论特色、民族特色,使 21 世纪中国的马克思主义展现出更强大、更有说服力的真理力量。

第二,加强理论武装。这是掌握意识形态工作领导权的关键所在。当前加强理论武装,最重要的任务、第一位的要求,就是要推动习近平新时代中国特色社会主义思想深入人心,坚持不懈地用习近平新时代中国特色社会主义思想武装全党,教育人民,指导实践,推动工作。

第三,加快构建中国特色哲学社会科学。巩固壮大我国社会主义意识形态,离不开中国特色哲学社会科学的繁荣发展。要牢牢坚持马克思主义在哲学社会科学领域的指导地位,紧紧围绕新时代坚持和发展中国特色社会主义,立足中国、借鉴国外、挖掘历史、把握当代、关怀人类、面向未来,坚持体现继承性、民族性、原创性、时代性、系统性、专业性,繁荣中国学术,发展中国理论,加快构建中国特色哲学社会科学。

第四,高度重视传播手段建设和创新。任何一种理论要产生广泛影响,既要有独特的思想魅力,又要有先进的传播手段。从一定意义上说,意识形态建设就是传播能力的建设。要坚持正确舆论导向,适应新形势下传播形态、传播格局的深刻变革,推进传统媒体和新兴媒体深度融合,提高新闻舆论传播力、引导力、影响力、公信力,推动我国整体传播能力有一个更大的提升。

第五,营造清朗的网络空间。互联网已成为意识形态工作的主阵地、最前沿,必须把互联网建设管理工作作为意识形态工作的重中之重。要加强互联网内容建设,加强网上正面宣传,改进、创新网上正面引导,培育积极健康、向上向善的网络文化。要建立网络综合治理体系,依法依规管网治网,形成风清气正的网络生态。

第六,落实意识形态工作责任制。要坚持党管意识形态、党管宣传、党管媒体,抓好意识形态工作责任制的落实。加强阵地建设和管理,认真贯彻主管主办和属地管理原则,把意识形态工作责任制真正落到实处,使各类意识形态阵地成为传播先进思想文化的坚强阵地,决不给错误思想观点提供传播渠道。

(三)明确把握意识形态工作责任制的内容和要求

中共中央办公厅印发《党委(党组)意识形态工作责任制实施办法》后,各级地方党组织根据中央要求相继制定党委(党组)意识形态工作责任制实施细则。北京公交集团党委根据中共中央办公厅印发的《党委(党组)意识形态工作责任制实施办法》、中共北京市委办公厅印发的《北京市党委(党组)意识形态工作责任制实施细则》《北京市国资委党委关于贯彻落实意识形态工作责任制有关事项的通知》文件要求，结合城市公共交通企业实际，制定了意识形态工作责任制相关实施规定，对意识形态工作责任制的落实原则、落实责任主体、职责分工、工作机制、监督考核、责任追究作出具体要求。

一是明确按照属地管理、分级负责和谁主管谁负责的原则。北京公交集团各级党组织领导班子对本单位、本部门意识形态工作负主体责任。各级党组织书记是第一责任人，应当旗帜鲜明地站在意识形态工作第一线，带头抓意识形态工作，带头管阵地、把导向、强队伍，带头批评错误观点和错误倾向，对重要工作亲自部署，对重要问题亲自过问，对重大事件亲自处理。各级党委（党总支）分管领导是直接责任人，要协助党委（党总支）书记抓好意识形态工作统筹协调、指导工作。参与决策工作的班子其他成员应根据分工，按照"一岗双责"要求，抓好分管部门、单位的意识形态工作，对职责范围内的意识形态工作负领导责任。

二是明确北京公交集团内各级党组织意识形态工作的主体责任。把意识形态工作作为党建工作的重要内容，纳入重要议事日程，纳入党建工作责任制，纳入领导班子、领导干部目标管理，与党的建设、精神文明建设、企业文化建设、企业生产经营管理紧密结合，同部署、同落实、同检查、同考核。

三是明确各级党组织的职责分工。北京公交集团党委负责统筹部署全系统意识形态各项工作，指导各二级单位党委（党总支）贯彻落实党中央和上级党委关于意识形态工作的指示精神，牢牢把握正确的政治方向，牢牢掌握意识形态工作的领导权和话语权。各二级单位党委（党总支）负责做好本单位的意识形态工作，贯彻落实公交集团党委关于意识形态工作的各项要求，把意识形态工作与宣传思想文化工作、基层党组织建设、企业改革发展相融合，确保本单位干部职工树立形成正确的意识形态。各基层党支部按照上级党委（党总支）的安排部署，组织开展具体的意识形态工作，做好干部职工舆情监测和舆论引导。对发现在干部职工中发布传播的错误言论，第一时间进行批评教育；对发现的苗头性、倾向性问题，及时向上级党委汇报。集团公司各级党组织的组织、宣传、纪检部门和其他职能部门，都要各司其职、各负其责，切实形成党委统一领导、党政齐抓共管、党委宣传部门组织协调、有关部门分工负责的工作格局。

四是建立健全意识形态工作机制。主要是建立健全意识形态工作研究报告制度、意识形态会商研判制度、意识形态情况通报制度、意识形态主动引导和网络舆情风险防控制度、意识形态管控协同处置制度等，并对党员领导干部和从事意识形态工作或有可能涉及意识形态工作的人员的教育培训提出要求，作出制度安排。

五是对意识形态工作督察考核和责任追究作出明确规定。在监督考核方面，将意识形态工作特别是网络意识形态工作纳入年度党建考核评价；每年开展一次意识形态专题督查，对意识形态工作督查结果存在突出问题的单位、部门负责人进行约谈；建立健全意识形态工作干部考核评价制度，将意识形态工作纳入领导班子和领导干部考核，将考核结果作为年度考核和干部任职、晋升、奖惩的重要依据；把北京公交集团两级党委班子成员抓意识形态工作列入民主生活会和述职报告的重要内容，接受监督和评议。对落实上级党组织安排部署的重大宣传教育任务、重大思想舆论斗争组织开展不力的；在处置意识形态领域重大问题上态度不坚决的；在管辖范围内发生由意识形态领域问题引发群体性事件的；对所管理的党员干部公开发表违背党章、党的决定决议和政策的言论放任不管、处置不力的；在管辖范围内宣传载体出现严重错误导向的；在管辖范围内印发的出版物、编写的教材等在意识形态方面有严重错误导向的;丧失对管辖范围内报刊、网站等宣传思想文化阵地的领导权和实际控制权的;管辖范围内网络意识形态安全出现严重问题的;管辖范围内举办的报告会、研讨会、讲座、论坛、内部培训有发表否定党的领导、攻击中国特色社会主义制度言论,造成严重影响的;其他未能切实履行工作职责、造成严重后果的:对这十种情况严格进行责任追究。

二、统筹做好意识形态各项工作

意识形态工作是党的一项极端重要的工作。要按照高举旗帜、围绕大局、服务人民、改革创新的总要求,做好宣传思想文化工作,加强社会主义文化建设,壮大主流思想舆论,重点推动统一思想、凝聚力量。实现意识形态工作的总要求,必须统筹做好意识形态领域各方面的工作。

要站在关乎旗帜、关乎道路、关乎国家政治安全的政治高度,深刻认识意识形态工作是党的一项极端重要的工作,明确我们在集中精力进行经济建设的同时,一刻也不能放松和削弱意识形态工作。与此同时,还必须立足企业实际,充分认识意识形态工作在企业同样是一项极端重要的工作。企业意识形态工作是党的意识形态工作战略部署和工作要求在企业、在基层的落实。企业的意识形态脱离不开社会意识形态,社会思想舆论必然会反映、渗透到企业,影响企业干部职工的思想。企业中出现的错误思想观念如果不加以制止、纠正,任其发展蔓延,也会同社会上错误思潮、思想观念一样聚集,成为不健康、有害、负面的社会思想热点问题。企业不仅是创造社会物质财富,向社会提供产品和服务的经济组织,同时还肩负巩固党的领导的社会基础,组织群众、宣传群众、凝聚群众、服务群众的职责。因此,企业党组织必须加强对本企业意识形态工作的领导,统筹做好意识形态领域各方面的工作。

要认真做好统一思想的工作,把企业各级组织、党员干部的思想统一到习近平同志对意识形态工作一系列重要论述上来,统一到中央对我国意识形态形势重要判断和重大部署上来,站高层次,拓宽视野,提高做意识形态工作的主动性,增强落实意识形态工作责任制的自觉性。要处理好意识形态工作与企业生产经营的关系。企业要以生产经营为中心。生产经营搞不好,影响企业发展,甚至会被市场淘汰;意识形态工作抓不好,错误思想观念会侵蚀人们的思想,瓦解职工斗志,企业就会成为一盘散沙,也就不可能做好生产经营。要处理好社会意识形态大环境和企业自身小环境的关系。意识形态责任制要坚持按照属地管理、分级负责和谁主管谁负责的原则,强调守土有责、守土负责、守土尽责。也就是说要管好自家的地,种好自家的田,抓好本企业的意识形态工作。每一个企业、每一个社区、每一个社会组织,都做好自身的意识形态工作,社会主流意识形态的影响力、引导力、凝聚力就会不断得到增强。要正确处理解决思想问题与解决实际问题的关系。做好意识形态工作,不仅要解决人们的思想问题,而且要解决实际问题。在企业,解决职工思想问题和解决职工生产生活实际问题都需要企业统筹安排,发挥各级党组织和各职能部门的作用,形成解决问题的合力。

要统筹做好意识形态各项工作,找准工作的着力点、各项工作的结合点、与企业生产经营工作的契合点、干部职工思想的关注点,争取意识形态各项工作的综合效果、叠加效果、联动效果。企业意识形态工作,主要包括理论武装工作、正面宣传教育工作、针对具体问题的疏导教育工作、网络舆情引导工作、企业文化建设工作、落实意识形态责任制等具体工作。这些工作你中有我、我中有你、相互联系、相互作用,统筹协调好,就会发挥综合效力,产生更大的效果。

三、确保意识形态工作责任制落到实处

确保意识形态工作责任制落到实处,关键是要把意识形态工作的规矩立起来、挺起来,让铁规发力、制度发威。

一是压紧压实,对意识形态工作负主体责任。要坚持"三个纳入",即把认真学习贯彻落实中央有关意识形态工作的决策部署及指示精神纳入工作重点,把意识形态工作纳入党建工作责任制,把意识形态工作纳入重要议事日程。在工作中,要加强组织领导,成立意识形态工作领导机构。党委主要领导要带头抓意识形态工作,带头管阵地、管导向,带头与错误思想、错误言论作斗争;重要工作要亲自部署,重要问题要亲自过问,重大事件要亲自处置。要结合中心工作,抓好重大主题宣传工作,密切关注舆情态势,有效加强对社会热点的舆论引导。要聚焦维护党的领导和中国特色社会主义制度两个方面,主动设置议题,放大正面声音,澄清模糊认识,引领整合社会思潮,有效凝聚社会共识。要因事施策、讲究方法,针对不同受众设置不同议题,善于用微观视角展现宏大叙事,用生动故事诠释深刻主题,让受众从具体话题中自己得出正确结论。要健全责任体系,针对不同层次、不同岗位特点,进一步细化责任边界,明确责任内容,实现责任全覆盖,构建意识形态工作责任落实的"闭合"链条,推动责任压力深度传导,确保意识形态工作责任制落地生根。

二是强化阵地意识,管好网络等各类宣传思想阵地,确保意识形态阵地安全稳固。要坚持建设和管理并重,管好新闻媒体阵地,把坚持正确导向摆在首位,坚持党管宣传、党管媒体,加大管理力度、提高管理水平,确保正确的舆论导向。要把做好信息公开、提高信息发布实效提上重要工作日程,及时向外界发布权威声音,确保在应对重大突发事件及社会热点事件时不失声、不缺位。要管好文化阵地,加强对各类报告会、研讨会、讲座、论坛等阵地的监督和管理,实现可管、可控。要管好党校等课堂阵地,坚持立德树人,把培育和践行社会主义核心价值观贯穿教育的全过程。要营造繁荣清朗的网络空间,坚持正能量是总要求,管得住是硬道理,筑牢网络安全"防火墙"。

三是进一步加强督促检查,完善考核机制,强化监督问责,让意识形态工作责任制考核落在平时、重在实效。"有责必履、失责必问",这是我们党的基本政治规矩。完善知责明责的"责任链",形成横向到边、纵向到底的责任链条,即各级党委(党组)对意识形态工作负总责,党组织书记是第一责任人,分管领导是直接责任人,其他班子成员要认真履行"一岗双责",抓好分管部门、单位的意识形态工作,切实守好自己的门、站好自己的岗。坚持以上率下、上下联动,把责任压力传导下去,形成一级抓一级、层层抓落实的工作格局,防止出现"边际效应递减"等现象。加强督促考核,着眼"督实""考准",结合本单位、本部门实际,完善意识形态工作责任制的检查考核制度,建立健全考核机制,明确检查考核的内容、方法、程序,推动考核工作规范化、常态化。坚持把意识形态工作纳入干部考察考核、执行党的纪律监督检查范围,强化结果运用。严格追责问责,坚持有错必纠、有责必问,强化问责刚性和"硬约束",既查失职、渎职,也查"为官不为""为官慢为"。对导致意

识形态工作出现不良后果的,要严肃追究相关责任人责任。像抓党风廉政建设责任制落实一样,意识形态工作的责任追究也要实行"一案三查"。除了严肃查处当事人,还要对党组织负责人、直接分管的领导班子成员进行责任倒查,确保意识形态工作责任制落到实处。

第三节　培育和践行社会主义核心价值观

社会主义核心价值观是当代中国精神的集中体现,凝结着全体人民共同的价值追求。倡导富强、民主、文明、和谐,倡导自由、平等、公正、法治,倡导爱国、敬业、诚信、友善,是社会主义核心价值观的基本内容。富强、民主、文明、和谐是国家层面的价值要求,自由、平等、公正、法治是社会层面的价值要求,爱国、敬业、诚信、友善是公民个人层面的价值要求。这个概括,实际上回答了我们要建设什么样的国家、建设什么样的社会、培育什么样的公民的重大问题。党的十八大以来,以习近平同志为核心的党中央把社会主义核心价值观建设作为基础工程和战略任务摆在突出位置,作出了一系列重大部署。各地区、各部门认真贯彻落实中央精神,着力在贯穿、结合、融入上下功夫,在落细、落小、落实上下功夫,不断创新教育载体,持续深化工作措施,大大增强了人们对社会主义核心价值观的认同感、自信心和践行力,凝聚了团结一致、奋发进取的强大力量。贯彻落实党的十九大精神,培育和践行社会主义核心价值观,要以培养担当民族复兴大任的时代新人为着眼点,强化教育引导、实践养成、制度保障,发挥社会主义核心价值观对国民教育、精神文明创建、精神文化产品创作生产传播的引领作用,把社会主义核心价值观融入社会发展各个方面,转化为人们的情感认同和行为习惯。培育和践行社会主义核心价值观,是企业宣传思想文化工作的重要任务和重点工作内容。

一、培育和践行社会主义核心价值观的重要意义

习近平总书记所作的党的十九大报告,深刻阐述了社会主义核心价值观的丰富内涵和实践要求,对培育和践行社会主义核心价值观作出新的重大部署,充分反映了我们党在价值理念和价值实践上达到了一个新的高度。面对新时代、新要求,面对新征程、新任务,持续深入地培育和践行社会主义核心价值观,意义重大而深远。

(一)培育和践行社会主义核心价值观是新时代坚持和发展中国特色社会主义的重大任务

中国特色社会主义是改革开放以来党的全部理论和实践的主题。经过40多年探索实践,中国特色社会主义的外延不断拓展,布局日益完善,内涵更加丰富。无论是作为一条道路、一个理论体系,还是作为一种制度、一种文化,中国特色社会主义都需要有一套与其经济基础和政治制度相适应并能形成广泛社会共识的核心价值观。社会主义核心价值观的鲜明提出和广泛实践,使我们对中国特色社会主义的认识,从思想理论、实践运动、社会制度层面,进一步发展到价值理念层面。现在,中国特色社会主义进入新时代,我国发展正处于新的历史方位,面对世界范围思想文化交流、交融、交锋形势下价值观较量的新

态势,面对改革开放和发展社会主义市场经济条件下思想意识多元、多样、多变的新特点,只有把培育和践行社会主义核心价值观作为一项既具基础性、内在性、又具目标性、规定性的重大任务来认识、来落实,才能增强人们的道路自信、理论自信、制度自信、文化自信,确保中国特色社会主义始终沿着正确方向顺利前进,不断展现更加强大的生命力。

(二)培育和践行社会主义核心价值观是进行伟大斗争、建设伟大工程、推进伟大事业、实现伟大梦想的铸魂工程

党的十九大报告系统阐述了新时代中国共产党的历史使命,明确提出要进行伟大斗争、建设伟大工程、推进伟大事业、实现伟大梦想。这"四个伟大",彰显目标的宏伟、前景的壮阔、历程的艰辛、使命的光荣。核心价值观是一个民族赖以维系的精神纽带,是一个国家共同的道德基础。伟大斗争需要众志成城,伟大工程需要坚定一致,伟大事业需要聚力推进,伟大梦想需要同心共筑,这就要求我们激发全体人民的信心和热情,凝聚团结奋进的强大力量。深培厚植、广泛践行社会主义核心价值观,传承中华优秀传统文化、弘扬时代精神,这样就一定能够铸牢理想信念,坚守反映中国特色、民族特性、时代特征的价值追求,聚合磅礴之力,掌握价值观念领域的主动权、主导权、话语权,从而在中国特色社会主义道路上越走越坚定、越走越自信,以一往无前的奋斗姿态胜利抵达光辉的彼岸。

(三)培育和践行社会主义核心价值观是在世界文化激荡中保持民族精神独立、挺起民族精神脊梁的战略支撑

当今世界正处于大发展、大变革、大调整时期,各种观念碰撞激荡不断加剧,各种文化交流交融交锋日益频繁,特别是一些西方国家利用长期积累的经济科技优势和话语强势,对外推销以所谓"普世价值"为内核的思想文化,企图诱导人们"以西为美""唯西是从",淡化乃至放弃对本民族精神文化的认同。文化是一个国家、一个民族的灵魂,文化自信是一个国家、一个民族发展中最基本、最深沉、最持久的力量。价值观是文化最深层的内核,价值观自信是文化自信最本质的体现。中国独特的文化传统、独特的历史命运、独特的基本国情,注定我们必然要坚守根植于中华文化沃土又具有当代中国特色的价值观。只有持续培育和践行社会主义核心价值观,振奋起人们的精气神,增强全民族的精神纽带,大力传承和延续中华民族思想精髓、精神基因、文化血脉,才能更好地构筑中国精神、中国价值、中国力量,使中华民族以更加昂扬的姿态屹立于世界民族之林。

企业不仅要为社会提供物质财富,而且还要为社会提供丰富的精神财富。培育和践行社会主义核心价值观,国有企业肩负着光荣的历史责任。作为公益性服务型的国有企业,城市公共交通企业服务于社会经济发展和人民群众的公交出行,是关系民生的重要行业。培育和践行社会主义核心价值观,是企业不容置疑的政治责任、不可替代的发展动力、不能或缺的文化之魂。国有企业作为继承中国传统文化和创新时代精神的重要载体,应该成为推进社会主义核心价值体系建设的重要力量,应该发挥示范和表率作用。

二、加强社会主义核心价值观宣传教育

培育社会主义核心价值观,要强化教育引领。要进行社会主义核心价值观宣传教育,

使人民群众实现思想上、情感上的认同,真切感受到社会主义核心价值观与自己日常生活和切身利益息息相关,从而使社会主义核心价值观内化于心、外化于行,把核心价值观的要求变成日常行为准则,进而形成自觉奉行的理想信念。

价值观建设是在人的心灵搞建设,是一个潜移默化的过程,必须持续用力、久久为功。坚持不懈做好社会主义核心价值观宣传教育工作,是培育和践行社会主义核心价值观常态性、长期性、持久性的工作。企业加强社会主义核心价值观教育,要在进行宣传教育使干部职工清楚、熟记社会主义核心价值观基本内容的基础上,重点抓好中国特色社会主义和中国梦教育、爱国主义教育和中国精神教育。

(一)开展中国特色社会主义和中国梦的宣传教育

核心价值观承载着一个民族、一个国家的精神追求。中国进入社会主义新时代,全面建设社会主义现代化国家,是党的十九大作出的重大战略部署,是我们党在综合分析国际国内形势和我国发展基础上作出的必然选择,对动员全党全国各族人民万众一心实现中华民族伟大复兴的中国梦具有重要意义。到 21 世纪中叶,把我国建设成为富强、民主、文明、和谐的社会主义现代化强国,是一项鼓舞人心的战略部署,是一幅催人奋进的宏伟蓝图,其所包含的事业更伟大、任务更艰巨、工作更繁重、结果更辉煌、影响更深远。要深入开展中国特色社会主义和中国梦宣传教育,用社会主义核心价值观引领社会思潮、凝聚社会共识,不断增强人们的道路自信、理论自信、制度自信、文化自信,使社会主义核心价值观成为引导人们前进的强大精神动力,坚定实现中华民族伟大复兴中国梦的意志和决心。

要结合党的十九大精神宣传贯彻,深入开展中国特色社会主义和中国梦宣传教育。把干部群众的思想统一到党的十九大精神上来,明确目标,振奋精神,鼓舞斗志,凝聚力量,动员党员和群众为实现建设中国特色社会主义强国、实现中华民族伟大复兴的中国梦而努力奋斗。

要把深入开展中国特色社会主义和中国梦宣传教育,纳入理论武装工作。坚持不懈用习近平新时代中国特色社会主义思想武装全党、教育人民,深刻领会习近平新时代中国特色社会主义思想的时代背景、科学体系、精神实质、丰富内涵、实践要求、历史地位,切实做到学而信、学而用、学而行,坚定政治方向,坚定理想信念,指导实践,推动工作。

要把深入开展中国特色社会主义和中国梦宣传教育,作为培育和践行社会主义核心价值观持久的正面教育内容。结合企业实际和干部职工思想实际,加强对干部群众关心的热点、难点问题的解疑释惑,把干部群众的精神振奋起来。

(二)开展爱国主义教育和中国精神教育

进行社会主义核心价值观宣传教育,要把爱国主义教育作为永恒的主题。爱国主义是个人或集体对祖国的情感和忠诚,集中表现为民族自尊心和民族自信心,表现为保卫祖国和争取祖国独立富强而献身的奋斗精神。爱国主义不仅体现在政治、法律、道德、艺术、宗教等各种意识形态和整个上层建筑中,还渗透社会生活各个方面,成为影响民族和国家命运的重要因素。爱国主义是中华民族精神的核心,爱国主义精神深深植根于中华民族心中,是中华民族的精神基因,维系着各族人民的团结统一,激励着一代又一代中华儿女为祖国发展繁荣而不懈奋斗。弘扬爱国主义精神,必须坚持爱国主义和社会主义相统一。

我国爱国主义始终围绕着实现民族富强、人民幸福而发展,最终汇流于中国特色社会主义。开展爱国主义教育,要同开展中国特色社会主义和中国梦宣传教育紧密结合。要深化中国特色社会主义和中国梦宣传教育,弘扬民族精神和时代精神,加强爱国主义、集体主义、社会主义教育,引导人们树立正确的历史观、民族观、国家观、文化观。

培育社会主义核心价值观,要进行社会主义核心价值观宣传教育,大力弘扬中国精神。习近平同志指出:"人无精神则不立,国无精神则不强。精神是一个民族赖以长久生存的灵魂,唯有精神达到一定的高度,这个民族才能在历史的洪流中屹立不倒、奋勇向前。"①中国精神是以爱国主义为核心的民族精神和以改革创新为核心的时代精神。中国精神贯穿中华民族五千年历史、积蕴于近现代中华民族复兴历程,特别是在中国的快速崛起中迸发出来的具有很强的民族集聚、动员与感召效应的精神及其气象,是中国文化软实力的重要显示。实现中华民族伟大复兴的中国梦,必须弘扬中国精神。在社会主义核心价值观宣传教育中,要高扬主旋律,唱响正气歌,宣传中国精神,弘扬中国精神,振奋中国精神,用中国精神凝聚力量。

三、开展涵养社会主义核心价值观的实践活动

培育和践行社会主义核心价值观,靠教育引导、实践养成、制度保障。其中实践养成是把社会主义核心价值观融入社会发展各方面,转化为人们的情感认同和行为习惯的必经途径。开展涵养社会主义核心价值观的实践活动是实践养成的重要方式。涵养,是指滋润养育;培养,大多是对修身养性方面而言,也指道德、学问等方面的修养。开展涵养社会主义核心价值观的实践活动主要是指以社会主义核心价值观为主要内容,采用实践的形式,进行的丰富多彩、多种多样的社会活动,使社会主义核心价值观在人们的日常生活中广为传播。企业开展涵养社会主义核心价值观的实践活动,需要精心谋划、周密部署,全方位融入、全覆盖普及,着力在结合、贯穿、融入上下功夫,在落细、落小、落实上下功夫,形成崇德向善、见贤思齐、德行天下的良好风尚。

(一)广泛开展道德实践活动

企业开展道德实践活动,要以诚信建设为重点,加强社会公德、职业道德、家庭美德、个人品德教育,形成修身律己、崇德向善、礼让宽容的道德风尚。大力宣传先进典型,评选表彰道德模范,形成学习先进、争当先进的浓厚风气。组织道德论坛、道德讲堂、道德修身等活动,增强干部职工主动提高自身道德修养的自觉性。加强企业诚信建设,解决在生产经营中与诚信背离的突出问题,形成守信光荣、失信可耻的氛围。加强企业文化建设,制定、落实企业员工职业行为规范。把开展道德实践活动与培育廉洁价值理念相结合,崇尚廉洁,加强党风廉政建设。

(二)深化学雷锋志愿服务活动

结合公交企业服务大众出行的工作性质,大力弘扬雷锋精神,广泛开展形式多样的学雷锋实践活动。要教育职工坚持在服务百姓的具体工作中岗位学雷锋,把公交车建成传

---

① 《在纪念红军长征胜利八十周年大会上的讲话》,2016 年 10 月 21 日,人民出版社单行本,第 9 页。

播社会主义精神文明的"窗口",践行北京公交集团"一心为乘客、服务最光荣、真情献社会、责任勇担当"的企业精神。积极参加社会组织的以城乡社区为重点,以相互关爱、服务社会为主题,围绕扶贫济困、应急救援、大型活动、环境保护等方面,围绕空巢老人、留守妇女儿童、困难职工、残疾人等群体的社会公益活动和志愿服务活动,彰显北京公交人践行社会主义核心价值观的带头示范作用。

(三)深化群众性精神文明创建活动

发挥社会主义核心价值观对精神文明创建的引领作用,在创建文明行业、文明单位、文明车队、文明班组活动中,要突出社会主义核心价值观的思想内涵,提升精神文明创建活动的水平,求得提升职工文明素质和企业文明程度的实际效果。开展礼节礼仪教育,在重要场所和重要活动中升挂国旗、奏唱国歌,把礼节礼仪的养成作为培育社会主流价值的重要方式。

(四)发挥重要节庆日传播社会主流价值的独特优势

开展革命传统教育,加强对革命传统文化时代价值的挖掘,发扬党领导人民在革命、建设、改革中形成的优良传统,弘扬民族精神和时代精神。挖掘各种重要节庆日、纪念日蕴藏的丰富教育资源,利用"五四""七一""八一""十一"等政治性节日,"三八""五一"等国际性节日,党史国史上的重大事件、重要人物的纪念日,等等,举办庄严庄重、内涵丰富的群众性庆祝和纪念活动。利用党和国家成功举办大事、妥善应对难事的时机,因势利导地开展各级各类教育活动。

开展涵养社会主义核心价值观的实践活动,要全面系统、分层面、有重点地开展,加强分类设计,梳理出各个阶段、各个领域的工作重点,一步一步地向前推进,积少成多,聚沙成塔,垒石成峰,功到渠成,引导人们不断加深对社会主义核心价值观的理解,融化在心灵里,体现在行为中。

四、把培育和践行社会主义核心价值观落实到企业生产经营活动中

一种价值观要真正发挥作用,必须融入社会生活,让人们在实践中感知和领悟。企业培育和践行社会主义核心价值观,必须融入企业生产经营活动,通过规章制度和行为规范体现社会主义核心价值观要求,在工作实践中固化为行为习惯。以社会主义核心价值观为引领,建设具有本企业特色的企业文化,是社会主义核心价值观落实到企业生产经营活动中的重要抓手。

北京公交集团把社会主义核心价值观融于企业文化建设之中,继承中华民族优秀传统文化,积淀百年企业在发展实践中形成的"吃苦耐劳、乐于奉献、勇挑重担、先进引领"的优秀品格,凝聚形成"一心为乘客、服务最光荣、真情献社会、责任勇担当"的企业精神,塑造形成"一路同行、一心为您"的品牌特质,培育"同行文化"的价值理念与行为准则。通过坚持不懈地建设企业文化,在全体员工中形成真诚、奉献的精神风貌和优良作风;把真诚作为服务工作的第一要义,以诚挚的爱心、热忱的态度、和善的语言、文明的举止服务广大乘客。坚守国企职责,忠实于公交事业,在急难险重任务中迎难而上,在平凡岗位上

坚持往复,以强烈的政治责任感和社会责任感奉献首都发展。制定体现社会主义核心价值观要求的具有广泛群众基础的行为公约和囊括各岗位的行为规范,并狠抓落实,把社会主义核心价值观落实到生产经营之中。

第四节　加强思想道德建设

我们党历来高度重视思想道德建设。党的十八大以来,习近平同志对加强思想道德建设作出一系列重要论述,提出一系列新思想、新观点、新要求,强调"国无德不兴,人无德不立""精神的力量是无穷的,道德的力量也是无穷的"。各地区、各部门认真贯彻落实中央精神,加强思想道德建设,相继推出一大批时代楷模、道德模范、最美人物、身边好人,大力宣传重大先进典型,着力加强青少年思想道德建设,扎实开展精神文明创建活动,深入推进诚信建设和学雷锋志愿服务制度化,强化对道德领域群众反映强烈问题的专项整治。这些工作有力促进了国民素质和社会文明程度的提高,使良好的社会风气日益浓厚。同时也要看到,社会思想道德领域还存在一些这样那样的问题,如一些人世界观、人生观、价值观扭曲;一些领域道德失范、诚信缺失现象比较突出;一些人是非不分、善恶不分,使拜金主义、享乐主义、极端个人主义有所滋生;以权谋私、造假欺诈、见利忘义、损人利己现象时有发生。对这些问题,应引起高度重视,采取更加有效的举措,切实加以解决。党的十九大对加强思想道德建设作出了新的部署,要认真贯彻十九大精神,扎实做好思想道德建设工作,进一步提升国民素质和社会文明程度。

一、抓好理想信念教育的根本

理想信念是人的精神生活的一种内在需求和巨大精神能量,是世界观、人生观、价值观在奋斗目标上的集中反映。我们正在进行伟大斗争,正在推进伟大事业,正在实现伟大梦想,因此必须把坚定的理想信念作为重大政治责任和党的思想建设的首要任务。

(一)充分认识理想信念的极端重要性

对马克思主义的信仰,对社会主义和共产主义的信念,是共产党人的政治灵魂。坚定理想信念,坚守共产党人的精神追求,始终是共产党人安身立命的根本。党的十九大主题是:不忘初心,牢记使命,高举中国特色社会主义伟大旗帜,决胜全面建成小康社会,夺取新时代中国特色社会主义伟大胜利,为实现中华民族伟大复兴的中国梦不懈奋斗。"不忘初心,牢记使命",就是坚定理想信念,牢记党的宗旨,坚定"四个自信",增强"四个意识",自觉做共产主义远大理想和中国特色社会主义共同理想的坚定信仰者和忠实践行者。从当前党的思想建设状况看,党的思想建设的首要任务是要解决理想信念问题。目前,大多数党员干部理想信念是坚定的,政治上是可靠的。党的十八大以来,党和国家事业新局面的全面开创,党群关系、干群关系不断融洽,与加强理想信念教育取得的成效和全面从严治党有很大关系。但是,仍有少数党员干部对共产主义心存怀疑,有的热衷算命看相、烧香拜佛,理想信念动摇,宗旨意识弱化,是非观念淡化,正义感退化,浑浑噩噩过日子;有的向往西方社会制度和价值观,在政治性、原则性问题上态度暧昧;等等。这些现象和问题,归根结底是在理想信念上出了问题,丢了魂,忘了本,忘记了初心。在党的思想建设中,抓住解决理想信念问题,就牵住了"牛鼻子",拧住了"总开关"。因此,党的思想建设核心是解决思想建党的问题,必须高度重视和切实抓好理想信念教育。

(二)切实抓好理想信念教育

坚定理想信念要坚持不懈地进行理想信念教育。一是加强理论学习。要组织广大党员认真学习马克思主义、毛泽东思想、邓小平理论、"三个代表"重要思想、科学发展观,尤其要认真学习习近平新时代中国特色社会主义思想,学习和运用马克思主义立场、观点、方法,观察问题、分析问题、解决问题,牢固树立正确的世界观、人生观、价值观,不断提高对重大、复杂问题的认识水平。二是加强思想教育。注重思想引导,把深层次理论问题和复杂的道理,用朴实和简洁的语言讲清楚,帮助党员站稳政治立场,分清是非界限。三是注意做好经常性思想政治工作。党员不是生活在真空之中,难免会遇到问题和挫折,产生思想问题。党组织要及时发现苗头性问题,通过耐心细致、有针对性的思想工作,帮助党员解疑释惑、理顺情绪、端正认识,不给错误思想以可乘之机。四是严格党内政治生活。坚持"三会一课"、民主生活会、谈心谈话、民主评议党员等制度,通过健全有效的组织生活,使党员强化党员意识、增强党的观念、提高党性修养。要开展积极的思想斗争,让党员不断得到思想上的"体检",及时剔除"枯枝杂叶",使信仰之花盛开绽放。要严明党的政治纪律和政治规矩,进行党的纪律教育。对于那些理想信念动摇、背离党的性质和宗旨的党员,要依纪依规进行教育和处理,以维护党员队伍的纯洁性。

二、抓好道德建设的基础

道德是一种社会意识形态,是人们共同生活及其行为的准则与规范。道德往往代表着社会的正面价值取向,起判断行为正当与否的作用。道德是以善恶为标准,通过社会舆论、内心信念和传统习惯来评价人的行为、调整人与人之间以及个人与社会之间相互关系的行为规范的总和。提高人民思想觉悟、道德水准、文明素养,提高全社会文明程度,是全面建成小康社会、建设现代化社会主义强国、实现中华民族伟大复兴的社会思想道德基础。

(一)思想道德和道德建设的功能与作用

道德作用的发挥有待道德功能的全面实施。道德具有五项功能。一是认识功能。道德是引导人们追求至善的良师。它教导人们认识自己对家庭、对他人、对社会、对国家应负的责任和应尽的义务,教导人们正确认识社会道德生活的规律和原则,从而正确地选择自己的生活道路和规范自己的行为。二是调节功能。道德是社会矛盾的调节器。解决人与人之间的矛盾、处理人们之间的关系,需要通过社会舆论、风俗习惯、内心信念等特有的形式,以公认的善恶标准去调节社会上人们的行为,指导和纠正人们的行为,使个人与个人之间、个人与社会之间的关系臻于完善与和谐。三是教育功能。道德是催人奋进的引路人,它使人们养成良好的道德意识、道德品质和道德行为,树立正确的义务、荣誉、正义和幸福等观念,使受教育者成为道德纯洁、理想高尚的人。四是评价功能,道德评价是一种巨大的社会力量和人们内在的意志力量。道德是人以"善""恶"来评价社会现象、把握现实世界的一种方式。五是平衡功能。道德不仅能调节人与人之间的关系,而且能平衡人与自然之间的关系。它要求人们端正对自然的态度,调节自身的行为。环境道德是当代社会公德之一,它教育人们应当有造福于而不贻祸于子孙后代的高度责任感,从社会的全局利益和长远利益出发,开发自然资源、发展社会生产,维持生态平衡,积极治理和防止对自然环境的人为性破坏,平衡人与自然之间的正常关系。

道德建设是指发挥道德功能的全部工作。道德建设的意义:一是维护社会和谐稳定的有力保障。当前,我国正处于体制转轨、机制转换、社会转型阶段,社会矛盾多发,制度建设还不够完善。这就需要道德作为法制的有力补充,利用道德观,诚信观处理矛盾和问题,利用道德的功能和作用将矛盾化解在基层,维护社会稳定。二是推动文化发展的必然要求。推动社会主义文化建设,实现社会主义文化大发展大繁荣,不仅要发挥以改革创新为核心的时代精神,还要弘扬中华民族的传统文化。我国是礼仪之邦,道德构成了我国传统文化的核心部分,要以弘扬传统文化的历史责任感来认识道德建设,把道德建设推向一个新的阶段,推进社会公德、职业道德、家庭美德、个人品德建设,激励人们向上向善、孝老爱亲,忠于祖国、忠于人民。三是推进社会治理、建设诚信社会的道德支持。要弘扬真善美,传播正能量,把诚信作为社会治理的根基,激励人民群众崇德向善、见贤思齐,鼓励全社会积善成德、明德惟馨,建设公平、正义、诚信的社会思想政治生态。

(二)思想道德建设的任务

党的十九大提出思想道德建设的任务是:要提高人民思想觉悟、道德水准、文明素养,提高全社会文明程度。广泛开展理想信念教育,深化中国特色社会主义和中国梦宣传教育。弘扬民族精神和时代精神,加强爱国主义、集体主义、社会主义教育,引导人们树立正确的历史观、民族观、国家观、文化观。深入实施公民道德建设工程,推进社会公德、职业道德建设工程,推进社会公德、职业道德、家庭美德、个人品德建设,激励人们向上向善、孝老爱亲,忠于祖国、忠于人民。加强和改进思想政治工作,深化群众性精神文明创建活动。弘扬科学精神,普及科学知识,开展移风易俗、弘扬时代新风行动,抵制腐朽落后文化的侵袭。推进诚信建设和志愿服务制度化,强化社会责任意识、规则意识、奉献意识。

(三)道德教育工作注重发挥合力作用

道德建设的基础是道德教育。做好道德教育要把握好以下几点:一是道德教育和法治教育相结合。法律和道德是规范人们行为的两大规范体系,二者既相互区别,又紧密联系。现代社会是法治社会,法律法规是公民日常生活中必须遵循的基本规范。法律规范具有强制性的特点,违反法律法规会受到司法机关强制性的制裁。同时,很多法律规范本身也是道德规范,遵守法律也是对公民基本的道德要求。在社会生活中,道德行为与法律行为错综复杂地交织在一起,很多严重的道德败坏行为同时也是严重的违法犯罪行为。在现代社会,进行道德建设必须要有法治建设做后盾,道德教育必须考虑法治建设的因素。在很多复杂多变的事件和行为面前,仅靠道德教育是无能为力的,必须有强有力的法律保障。所以,在现代社会条件下进行道德教育和道德建设,一定要确立道德教育和法治教育相结合的理念。这是提高道德建设实效性的一个基本要求。二是道德教育与管理相结合。道德教育和道德建设的目标是要解决人们的思想问题、精神问题、态度问题和行为问题,道德教育和道德建设的方式要从传递道德要求、灌输道德规范开始。但传递和灌输道德规范仅仅是道德建设的开始,而不是结束,更不是全部。要使道德教育和道德建设真正有效,必须与日常的社会管理、行政管理、业务管理等结合起来。很多道德问题说到底其实就是一个管理问题。教育和管理虽然都属于外部社会约束,但它们的着力点却不尽相同。教育的着力点在于传递好和坏、善和恶、应当与不应当的道德价值信息,在于解决人们的道德认知、道德情感、道德信念等问题;管理则着眼于道德价值标准的落实,它是道德要求向道德品行转化的重要环节。公民道德素质的提高,良好社会道德风尚的形成,绝不是开一次会、做一场报告、发一个文件就能解决问题的,一定要有严格的管理措施和体制机制相配合。把教育与管理结合起来,寓教育于管理之中,是一些地区和单位精神文明建设和道德建设成功的经验。从本质上说,管理是一种外在约束和外部强制,是一种道德他律。严格的规章制度、体制机制和行为管理不仅可以对人们的行为起到约束、监督作用,而且能够使道德建设实现由虚到实、由软到硬的转变。三是把道德教育与社会主义核心价值观的培育相结合。进行道德教育要把道德教育与社会主义核心价值观的培育结合起来,使道德教育最终落实在社会主义核心价值观的培育上。进行社会主义道德教育,本身就是社会主义核心价值观培育的一个基本要求。培育社会主义核心价值观是中国特色社会主义建设的有机组成部分,道德教育应当为此作出有益的贡献。四是道德教育与加强干部队伍建设相结合。道德教育要产生实效,还有一个关键,就是要发挥领导干部的带头示范作用。领导干部的带头示范作用本身就是道德建设的重要因素。领导就是标杆,标杆没有了,道德教育和道德建设也就失去了方向。在官德和民德的关系中,官德始终是处于支配地位的,官德对民德有很大的影响。要治理民德民风,首先要把官德官风治理好。党员干部的道德,也可以叫作政德,其建设优劣不仅直接关系党的执政效果,还会影响整个社会的道德风气和政治生态。政德建设是党治国理政的重要基础和保障,中国共产党是法治和德治建设的领导者和推进者,只有把德治纳入党员干部的日常建设中,通过加强政德建设引领整个社会的道德建设,才能最终促进德法共治良好格局的形成。

三、抓好风气养成的关键

风气是指社会上或某个群体内,在一定时期和一定范围内竞相仿效和传播流行的观念、爱好、习惯、传统和行为。它是社会经济、政治、文化和道德等状况的综合反映,同时也反映了一个民族的价值观念、风俗习惯与精神面貌。从微观角度考查,风气是群体中人际关系的一种氛围,是影响群体意识、群体凝聚力和群体工作效率的一个重要因素。社会风气表现在社会生活的各个方面,渗透人们的言论和活动,对人们的思想、心理和情感起着潜移默化的作用。而公民能否处理好个人与他人、个人与群体及与国家的关系,则是社会风气好坏的最重要指标。

风气养成,是指在侧重人的道德品质和行为习惯的思想政治教育基础上,在日常生活、工作和学习中,通过行为训练、严格管理等各种手段,全面提高思想文化素质,最终在全社会养成自觉遵守社会道德和行为规范的良好道德品质和行为习惯。在思想道德建设中,风气养成是关键,这是因为,风气是社会文明程度的标志,风气是社会价值导向的集中体现,风气是保障社会良性运行的前提与基础。

良好的社会风气归根结底是要靠道德规范内化为大多数人的德性和德行来实现的。社会成员个体德行和德性的养成,离不开风气的习染和熏陶,而道德规范和社会价值则是通过社会风气这一环节来体现的。道德规范属于规则的范畴,规则规定了什么是正当的、允许的,什么是不正当的、不允许的。所以,规则本身就负载着一定的道德标准和价值观念。一旦这些规则成为人们事实上遵循的东西,并且习以为常的时候,它们就成了惯例、成了风气。良好的社会风气,承载的是正确的价值观和道德观念,而不良的社会风气承载的则是颠倒的价值观念和扭曲的道德行为。社会风气是人们文明素养的外化表现。风气通过舆论和社会习惯等形式影响人们的言论和行为,对人们的思想、情感和行为方式起着调节和规范作用,潜移默化的影响,甚至使群体成员不得不去仿效、遵循乃至执行。风气具有群体性的特征,风气不是单个人的思想和行为,而是一种群体意识和群体行为,是在一定的人群中传播、流行被竞相模仿的思想观念、价值观念和行为方式。风气具有两极性,既有积极健康向上的良好社会风气,又有消极颓废落后的不良社会风气。风气虽然不像法律、制度那样具有强制性,却对社会和人的发展起着巨大的能动作用,直接关系一个社会的生存与发展。风气是一种环境、一种氛围、一种风尚,是一种无形的力量,因此,加强思想道德建设,要抓住风气养成的关键。

社会风气和单位风气养成重在日常教化,需要坚持不懈地抓、持之以恒地抓,成风化人。

一是建立正确的价值导向机制。要坚持正确的导向,用社会主义核心价值观引领社会风气,充分发挥社会主义核心价值观在引领社会思潮中的作用。要确立以政府导向为主、社会导向为辅的社会风气导向机制,以政府政策为保障,以正面社会舆论为支撑,充分依托网络新媒体的传播优势,弘扬与传播主流价值,确立社会风气的核心内容,奠定社会风气的思想基础。

二是建立科学的行为示范机制。要充分发挥典型的表率作用,带动和促进良好社会风气的形成。当今,在我们国家涌现了一批批勤劳勇敢、艰苦奋斗、大公无私、鞠躬尽瘁、死而后已的人民公仆和道德模范,他们成为向上向善的表率。在实践中应建立科学的行为示范机制,注重社会主义先进文化的培育,发掘主流社会群体和特殊个体积极行为的社会价值,使主旋律更加响亮,正能量更加强劲。要注重正面示范与反面警示的有机结合,发挥示范性效应。

三是建立有效的道德约束机制。一方面,要用中华民族优秀传统文化、社会主义先进文化来完善社会道德规范,并使道德规范在社会不断地普及,为提高公民道德素养和社会文明程度提供有效的内驱动力。切实加强道德建设,推进社会公德、职业道德、家庭美德、个人品德教育,倡导爱国、敬业、诚信、友善等基本道德规范。另一方面,要强化社会组织的制度规范、媒体的舆论监督和网络的覆盖,通过外在规范与内在德性的双重约束,来推动形成社会良好风气。

四是建立公正的法制惩戒机制。党纪和国法是社会风气建设的根本屏障。要建立公正的法制惩戒机制,以净化社会风气、保障公民权益为目标加快立法进程,优化社会主义法治体系,筑牢社会主义法治建设的重要阵地。健全司法执法机制,提高执法主体自身素质,保障社会风气治理的公正性与高效率。要引导公民树立法治意识,以法律来约束和保护自己,做到"以法治己""以法护己",在全社会形成遵纪守法的优良风气。在社会风气培育过程中,要坚定地以马克思主义为指导,把握社会风气变迁的内在逻辑与客观规律,探索价值导向、行为示范、道德约束、法制惩戒相结合的社会风气养成方式,使良好的社会风气成为人们的自觉行为方式,促进社会全面进步。

第五节　围绕企业中心任务开展宣传教育

围绕企业生产经营工作开展宣传和思想教育,是企业宣传思想文化工作的主要内容。从大的方面来讲,企业宣传思想文化工作的所有内容都是服务于企业生产经营这个中心。从企业宣传思想文化工作的内容看,其中有直接服务和间接服务之分。本节论述的是直接围绕和服务企业生产经营工作的宣传教育,主要是企业形势任务宣传教育、企业职业道德建设、企业安全生产宣传教育和企业法治宣传教育。

一、企业形势任务宣传教育

形势任务包括形势和任务两个方面。"形势"是指企业在一定阶段的内外部环境和目标;"任务"是指企业为实现特定目标而制定的行动准则和步骤。形势任务教育就是帮助和引导员工认清形势、统一思想、转变观念、提振信心、凝聚合力,激发调动员工的积极性、主动性和创造性,为企业改革、发展、稳定提供坚强的思想保证。企业形势任务宣传教育是企业宣传思想文化工作的经常性工作内容,也是围绕和服务企业生产经营中心最直接的宣传教育工作。

(一)形势任务宣传教育工作的作用

开展形势任务宣传教育,是统一全体干部职工思想的重要方式和手段。开展形势任务宣传教育的作用如下。

1.传递落实党和国家方针政策和上级指示精神

尽管现在信息传播手段非常发达,职工可以通过各种媒体了解党和国家的大政方针,了解国际国内形势,但企业开展形势任务宣传教育仍是向干部职工传递党和国家大政方针的主要渠道。开展形势任务宣传教育不是单纯地传达党和政府及上级的有关文件,而是在传达上级文件精神的同时,结合企业自身的实际,提出企业具体的贯彻落实意见。企业开展形势任务宣传教育,有利于更好地宣传贯彻党和国家重大方针政策,宣传贯彻上级重要工作的部署和要求,使上级精神能够在企业得到有效贯彻落实。

2.统一思想,形成广泛共识

统一思想是做好各项工作的前提。帮助干部职工在对形势的认识上统一思想,形成广泛共识,是实现企业生产经营目标、任务的思想保证。通过讲形势让职工了解国家方针政策和宏观经济形势,知晓企业在国家宏观发展形势下的目标任务与工作思路,看到企业的优势与劣势所在,明确应解决的主要矛盾和突出问题,从而使干部职工更好地了解企业的实际情况和自己的努力方向,增强发展信心,达到工作更协调,步调更一致。

3.疏通思想,解疑释惑

开展形势任务宣传教育,在帮助干部职工了解国家方针政策和宏观形势、上级工作部署和企业生产经营形势、目标任务的同时,还必须紧密联系干部职工的思想实际,有针对性地做好疏通思想、解疑释惑的工作。在市场竞争日益激烈、企业面临改革发展和管理转型双重压力、职工思想活跃、新情况、新问题层出不穷的形势下，只有及时准确地了解和掌握干部职工的思想动态，对干部职工反映的热点、疑点、焦点问题，以政策为依据，给予实事求是的、入情入理的解答，消除他们的种种疑虑和困惑，才能充分发挥干部职工的积极性、主动性、创造性。开展形势任务宣传教育应在疏通思想方面下更大功夫，充分发挥其解疑释惑、化解矛盾、理顺情绪、统一思想、凝聚人心的作用。

(二)形势任务宣传教育工作的要求

中央宣传部、国务院国资委《关于加强和改进新形势下国有及国有控股企业思想政治工作的意见》明确要求，国有及国有控股企业要强化形势政策教育，激励干部职工积极投身改革开放和社会主义现代化建设。我们应该认真贯彻落实。

1. 在工作思路上，增强形势任务宣传教育引导力

要着眼大局、大势，把握企业正确的舆论导向，紧紧围绕党和国家重大方针政策、企业发展战略、工作思路和决策部署，紧密联系干部职工思想、工作、生活实际，引导干部职工正确地看成就、谈变化、话改革、谋发展、促和谐、保稳定。要坚持实事求是原则，形成成绩要讲够、原因要讲透、道理要讲明、前景要讲清的形势任务宣传教育工作思路。要多从正面做文章，多在结合上下功夫，做到讲成绩不夸大，讲问题不回避，讲困难不虚假，讲稳定不含糊。要把形势任务教育由"软指标"变为"硬任务"，作为一项常态化、制度化、系统化的工作，列入重要议事日程。要选准切入点，把职工群众最关心、最现实的问题作为切入点和突破口，围绕职工思想波动带来的心理反应和情绪变化，采取调查研究、纵横对比等方法，理论和实践结合，就事论理，就实论理，通俗明了地回答职工关心关注的热点、认识上的疑点、理论上的难点问题，及时把思想和认识引导到教育目标所要求的轨道上来。

2. 在教育内容上，增强形势任务宣传教育感召力

面向基层、面向实际、面向热点、面向群众，围绕企业生产经营中心任务，立足基层一线职工所需、所求，与基层干部职工面对面交流，在交流中增进共识，切实调动基层搞好形势任务宣传教育的积极性和主动性。形势任务宣传教育的内容要面向职工，综合考虑各层次职工需求，因地制宜，对症下药，真正调动职工需求欲望和参与热情，把职工思想和行动统一到企业决策部署上来，循序渐进地达到教育目的。要充分考虑职工群众对实际问题的利益诉求，把解决思想问题和解决实际问题结合起来，切实增强形势任务教育的说服力和感召力。要多了解基层员工心态和情绪，倾听员工呼声，做好教育引导工作，理顺情绪、化解矛盾、凝心聚力，确保员工队伍思想稳定、工作稳定。要面向热点，降温热点，不掩饰、不避讳、不绕弯，直面问题，深入剖析。只要教育得法、方式得当，职工群众思想明了了、道理想通了、关系理顺了，心情也就舒畅了，问题也就迎刃而解。

3. 在方式方法上，增强形势任务宣传教育吸引力

开展形势任务宣传教育要创新载体、创新方法，增强形势任务宣传教育的吸引力。在形势任务宣传教育中，要注意使用通俗易懂的语言和生动活泼、趣味盎然的方式阐述道理，让职工听得懂、看得明、学得了、用得上。要改变就事论事、单调刻板的教育方式，摒弃"居高临下"和"说教式"的方法，采取更直观、更形象、更生动的教育方式，实现职工对企业形势任务的思想认同、情感认同、价值认同，发挥其教育人、感召人、凝聚人、激发人的作用。要注重继承创新，在坚持编发形势任务教育宣传提纲和学习材料，组织知识竞赛、主

题演讲、讨论活动,举办形势任务报告会,开设专题专栏,等等传统有效做法的同时,要坚持继承与创新相结合;积极探索利用微博、微信、微视频、短信、QQ群等新媒体,开展形势任务宣传教育,用信息化、网络化、数字化等手段,搭建职工群众交流信息、表达诉求、化解矛盾的立体化教育平台,增强教育的渗透力。

4.在教育效果上,增强形势任务宣传教育实效力

要密切关注形势变化,随时调整、充实教育内容,结合企业生产经营实际,有针对性地开展形势任务宣传教育工作。要突出不同时期、不同阶段形势任务宣传教育的重点,紧密围绕当前工作思路和决策部署,开展方针政策教育,发展前景教育、任务目标教育、安全理念教育,改革创新教育,使形势任务教育重点更突出、针对性更强。要找准职工所思所盼的契合点、解决实际问题的共鸣点、知行统一的共振点,恰当讲困难,客观讲优势,重点讲责任,关键讲措施,注重压力与动力的"双重传递",力求把形势讲清、背景讲透、优势讲准、问题讲够、前景讲明、任务讲实、信心讲足,最大限度增强形势任务宣传教育的实际效果。

二、企业职业道德建设

职业道德,就是同人们的职业活动紧密联系的符合职业特点所要求的道德准则、道德情操与道德品质的总和。它既是对职业活动行为标准的规范和要求,同时又是职业对社会所负的道德责任与义务。职业道德是社会道德在职业活动中的具体表现,是一种更为具体化、职业化、个性化的社会道德。中共中央办公厅印发的《关于培育和践行社会主义核心价值观的意见》要求,以诚信建设为重点,加强社会公德、职业道德、家庭美德、个人品德教育,形成修身律己、崇德向善、礼让宽容的道德风尚。城市公共交通企业是公益性服务型企业,其产品是为乘客提供的公共交通服务;职业道德建设是企业生产经营活动的组成部分,是企业宣传思想文化工作的重要内容,也是企业管理工作和宣传思想文化工作的共同任务。

(一)公共交通企业职业道德的基本内容

公共交通企业职业道德内容的概括和表述是:诚实守信,尽职尽责;努力学习,提高技能;遵章守纪,廉洁奉公;尊重乘客,文明服务;顾全大局,团结协作;勤俭节约,艰苦奋斗。

1.诚实守信,尽职尽责

"诚实守信"就是要求企业开展经营活动要信守合同,遵守约定,履行承诺;企业提供的服务和产品要货真价实,保证质量,质价相符。公共交通企业的产品是为乘客提供服务,企业员工必须坚持以人为本的思想,树立良好的服务意识,通过为乘客提供满意的服务体现企业的信誉和形象,以规范服务、文明服务和优质服务去赢得市场,以安全、准点、方便、快捷的服务树立公交企业的新形象。"尽职尽责"是指员工对企业的忠诚体现在维护企业形象上,体现在忠于职守、尽职尽责、努力工作上;员工把职业意识和职业责任感落实到每一个具体服务工作中,以个人的模范行为为企业增辉。

2.努力学习,提高技能

企业员工要学习科学文化和业务知识,积极参加企业各种学习培训、技术练兵比武活

动,掌握本岗位需要的现代科学技术,不断提高工作能力和技术技能等级,成为学习型人才。公共交通企业员工要适应城市的发展,努力加强业务技术学习,提高技能水平,更好地为广大乘客服务。

3. 遵章守纪,廉洁奉公

要认真贯彻执行与岗位工作相关的法律、法规及本单位制定的规章制度,严守工作纪律。要秉公办事,不徇私情,正确行使工作职权,不以职权和工作之便谋取私利。职业纪律是以保证职业活动有序开展为标准的具有强制约束力的制度规定。公共交通企业运营服务作业是流动分散的独立作业,因此要确保运营服务工作正常进行,这就要求员工必须自觉遵守企业的规章制度和职业纪律,认真贯彻执行与岗位工作相关的法律、法规,特别要严格遵守交通安全法规。"遵章守纪、遵纪守法"是公共交通企业员工必须严格遵守的职业道德规范,企业要强化教育,加大纪律约束,不断提高员工遵章守纪的自觉性。"廉洁奉公",就是要求所有员工特别是党员干部要秉公办事,不徇私情,正确行使工作的权利,不以工作之便谋取个人私利。城市公共交通企业是开放型的社会服务性企业,只有每一名员工都做到秉公办事,主持公道,伸张正义,保护弱者,认真处理每一件事情,乘客的满意度才会提高,企业的整体服务水平才能得到社会各界的认同。

4. 尊重乘客,文明服务

努力增强服务技能,积极倡导文明服务,不断提高服务水平,是公共交通企业职业道德的基本要求。公共交通企业的服务对象是社会各界人士,因此,公共交通企业员工必须牢固树立"乘客至上"的职业意识,尊重每一位乘客,把乘客需求作为公共交通企业服务唯一的工作标准。乘客利益无小事,要把满足乘客需求作为公交工作的出发点和落脚点,文明礼貌待客,认真为乘客排忧解难。要大力培育和践行社会主义核心价值观,深化服务意识,创新服务内容,提升服务质量。公共交通行业每天与普通百姓的生活发生千丝万缕的联系,其服务质量的优劣是员工职业道德水平最直观、最具体的反映。要以优质服务赢得社会各界的理解,反映人民公交为人民的行业宗旨。

5. 顾全大局,团结协作

正确处理国家、企业、个人三者利益关系,以大局为重,团结协作、相互尊重、文明交往,树立公共交通企业一盘棋思想,强调单位之间、部门之间的和谐,建立员工之间团结、友爱、平等、互助的良好人际关系。团结协作是公共交通企业员工必须遵守的职业准则。公共交通企业的工作特点是点多、面广、线长,流动分散、马路车间、单兵作业。这种工作特点决定了公共交通企业员工应具备大局意识和团结协作精神,增强执行纪律的自觉性。做到个人服从组织,一个车组要服从整条线路运营调度。每个车组成员要团结协作,紧密配合,共同完成运送乘客的任务。各个车组之间也要团结协作,顾全大局,服从调度统一安排。

6. 勤俭节约,艰苦奋斗

"勤俭节约,艰苦奋斗",是公共交通企业人的光荣传统,是公共交通企业职业道德的重要体现。公共交通企业是社会公益性的服务行业,多年来一直靠政府支持、靠财政补贴。公共交通企业经营的目标不仅要提高社会效益,最大限度地满足乘客需要,扩大服务领域,提高乘客的满意度,还要尽最大努力提高经济效益,减少亏损,降低成本。这就需要全体员工树立勤俭节约,艰苦奋斗意识。"勤俭节约"就是要从一点一滴做起,不铺张浪费,勤俭办每一件事,建设节约型企业。"艰苦奋斗",就是要树立不怕困难、肯于吃苦、拼搏奋斗的精神。要把勤俭节约,艰苦奋斗的光荣传统进一步发扬光大,成为每一名公共交通企业员工的道德准则和行为规范。

(二)加强职业道德建设的主要途径

加强职业道德建设,提高职工队伍素质,是公共交通企业带有战略意义的长期任务。北京公交集团加强职业道德建设的主要途径如下。

1. 突出针对性,加强职业道德宣传教育工作

一是把职业道德建设纳入培育和践行社会主义核心价值观建设体系之中,用社会主义核心价值观引领、推动职业道德建设,提高企业职业道德建设层次,在新的、更高的起点增强职工遵守职业道德规范的自觉性。二是持之以恒开展职业道德教育,运用多种教育形式强化职业道德入心入脑,不断解决职工在遵守职业道德方面存在的问题,形成宣传、践行职业道德的浓厚氛围。三是紧密联系企业中心任务和职工思想实际,开展主题鲜明、时代感强的主题教育实践活动,突出职工互动交流、自我教育的特点,提高教育实践活动的吸引力和职工的参与度。

2. 从抓基础入手,坚持开展培训练兵活动

岗位工作规范是职业道德的基础,业务技能是提高职业道德水平的保证。要不断加强企业的职业道德建设,就必须坚持对职工开展以岗位工作规范和业务技能为主要内容的培训练兵活动。进行岗位工作规范的培训,使职工掌握规范的内容,认识执行规范的重要性,增强执行规范的自觉性。

3. 深入开展精神文明建设活动,发挥典型示范作用

社会主义职业道德的最高要求就是服务人民、奉献社会。因此,加强公交企业职业道德建设,就要以服务人民、奉献社会为主旨,深入持久地开展各类群众性精神文明建设活动。群众性精神文明建设活动的一个重要内容,就是选树、宣传各类先进典型,大力弘扬劳模精神,发挥先进典型人物和集体的示范表率作用,形成学赶先进的良好氛围,促进企业职业道德水平的不断提高。

4. 加强监督,建立社会评价体系

运营服务水平的提高,职业道德建设的加强,需要内外部的监督来作保证。在内部,主要是加强对运营服务全过程的监控和对达标线路、车组、人员实行动态管理。对运营服务全过程的监控,主要采取专业人员检查的方法,检查与奖惩考核结合,加大对员工职业行为的约束力度。动态管理主要是对达标线路、车组、人员坚持定期复验,经验收不合格的要取消达标称号。在外部,要坚持把群众对出行和服务满意与否作为检验运营服务质量的唯一标准,从群众监督、新闻媒体监督、领导机关监督三个方面,建立社会监督评价体系。

三、企业安全生产教育

安全生产教育是指对职工进行防止和消除生产过程中人身、设备事故及职业危害,实现企业安全生产的教育活动。它的内容包括安全生产及劳动保护法令政策知识,操作技

术规程,有关规章制度、安全装置及防护器具使用方法的教育培训和典型经验及事故分析,等等。公共交通企业的安全生产工作有着特殊重要性,关乎乘客的生命财产安全,关乎员工的生命安全,关乎公交交通企业的社会信誉,关乎公共交通企业的生存和发展。因此,安全生产工作是公共交通企业永恒的主题,是一项基础性工作、经常性工作,是确保公共交通安全生产的必要条件。

(一) 企业安全教育的重要性

对职工进行安全教育培训,是安全管理的一项基础工作,也是安全生产的前提条件。

1. 安全教育是企业安全生产工作的基础

安全生产教育是落实安全发展观的长期性工作,是安全生产体系中的基础性工作,是安全生产的保障条件,是安全生产体系运行中的重要环节。离开安全生产教育,企业生产经营就失去了安全生产的基础。长期以来,党和国家高度重视安全生产教育培训工作,从管理体制、法制建设、经济政策等方面,不断采取重大举措,完善法律法规,全面系统地规范安全教育培训工作。安全生产教育培训工作对于建设和谐社会、平安社会具有长远的、重大的战略意义。

2. 安全教育是企业生存发展的需要

随着经济的快速发展,道路交通安全问题已成为一个全球性问题。据统计,我国每年因交通事故死亡的人数超过 10 万人。我国汽车保有量不到全世界的 2%,但是交通事故死亡人数却占全球的 20%。如果一个公共交通企业的劳动者素质低下,企业安全投入低,车辆安全质量差,安全事故频发,就会严重制约企业的发展,甚至还面临被市场淘汰的危险。公共交通企业运输的是人,乘客安全的重要性比其他企业的安全更加重要。特别是随着企业的发展壮大,采取多种用工形式,如果不及时强化教育和培训,就会给企业带来较大的安全风险。因此,公共交通企业要想发展,必须通过安全教育培训来不断提高员工的安全素质,为生产经营活动的安全创造条件。

3. 安全教育培训是员工自我保护的需要

事故发生的根源主要是人的不安全行为和物的不安全状态,其中人的不安全行为占决定性因素。安全教育培训是提高企业安全管理水平和从业人员安全素质的重要途径,是防止违章指挥、违规作业和违反劳动纪律行为,不断降低事故总量,遏制重特大事故发生的源头性、根本性举措。新员工进入企业后,都会存在这些疑惑:自己从事的岗位工作是什么?有什么风险和危害?怎样防范事故的发生?以前发生过哪些事故?万一发生事故自己该怎么办?防范措施是什么?如果自己不遵章守纪会带来什么后果……要想让员工消除疑惑,了解和掌握安全作业流程、安全操作技能、应急操作本领,必须进行严格的安全教育培训。只有不断地进行安全教育,才能让员工从思想上、意识上、行为上真正体会自己的安全自己负责,别人的安全我有责任,才能自觉做到"不伤害自己,不伤害他人、不被他人伤害、保护他人不受伤害"。

(二) 企业安全教育的原则

企业安全教育既有共性,也有特性,必须遵循以下原则。

1. 全员和全覆盖教育的原则

企业安全生产教育必须坚持全员教育的原则,这是由安全事故发生的"木桶效应"所决定的。所谓安全事故的"木桶效应",是指一只水桶能装多少水取决于它最短的那块木板。换句话说,就是一万个人素质很高,遵章守纪,只有一个人素质跟不上或违纪,事故就往往会在这个人身上发生。"木桶效应"告诉我们,企业的安全教育一个人都不能丢下,必须做到全员、全覆盖。安全教育的对象既包括企业的各级领导、企业的管理人员、全体职工,还包括他们的家属。

2. 以法律和规章制度为核心的原则

这里讲两个故事。有一个中国安全考察团到德国考察访问,这个考察团的负责人深夜遇见一位老太太在自家门口不远处路口等红灯。这时马路上虽然没有车辆通行,但是这位老太太还是等到红灯转换成绿灯后才通过马路。于是,考察团负责人就问这位老人为什么如此"机械"?老人指着红灯说:"那是法律,作为一位公民,什么时候都不能违法。"有一位在德国工作的中国男子,晚饭后用婴儿车推着不满周岁的儿子去公园漫步。刚到路口时,绿灯转换成红灯。这位男子见马路上没有车辆通行,就要推着婴儿闯红灯。这时,一位德国老太太对这位男子说:"你是成年人,有法律行为能力,可以主动违法。但是,这个婴儿是没有法律行为能力的,你没有权力带着他被动违法。如果你因急事非违法不可,请你把婴儿留下,等绿灯亮了以后我帮你把小孩推过去"。以上两个故事中,两位德国老太太之所以如此自觉地遵守交通规则,是因为她们从骨子里把红灯视为法律,而不仅仅是把它视为指示行人和车辆通行的无言的显示器。在她们看来,遵纪守法是一个公民最基本的素质。这两位德国老太太的行为对我们的启示意义在于,进行安全法治建设,对全民进行终身安全法治教育的核心,不是别的,正是"遵纪守法光荣,违法乱纪可耻"的教育。

3. 反复抓、重复抓的原则

生产、生活和工作方式总是在不断发展和变化的,这就使得安全知识必然随之更新。然而,人们在生产、生活和工作的过程中学到的安全知识毕竟有限,已掌握的安全知识会随着时间的推移而退化。例如,人对学习的知识会遗忘,遗忘就是对记过的材料不能再认或回忆,或者表现为错误地再认或再回忆。历史和现实的经验教训告诉我们,在安全教育的问题上,不能一劳永逸,不能期盼一蹴而就,不能搞突击战、打快拳,必须坚持常抓不懈,反复抓、抓反复。

(三) 企业安全思想教育的内容

企业安全教育包括安全思想教育、安全法律法规及安全规章制度教育、安全技能和安全操作规范教育等。按照企业安全工作体系中各部门的职责分工,宣传思想工作应主要负责安全思想教育的相关内容,对其他方面的教育搞好协调配合。安全思想教育应包括以下方面内容。

1. 开展牢固树立"安全第一"思想的安全责任教育

公共交通企业运输乘客的工作性质要求必须对全员坚持不懈地进行"安全第一"的思想教育,不断强化"安全重于泰山"的责任意识。要通过安全生产大检查和日常接触群众,掌握干部职工在思想认识上存在的问题,有针对性地进行思想教育。要反复解决对安全的极端重要性认识不高或不到位、安全责任感不强、安全态度不端正等对安全重视不够的问题,使干部职工牢固树立"安全第一"的思想,树立高度的安全责任感。

2.开展纠正影响安全的不正确思想认识的教育

在实际工作中,干部职工中存在的一些对安全工作不正确的想法、情绪和心理,是影响安全的重要因素,如对安全检查的厌倦情绪、认为"偶尔违章不会出事"的侥幸心理、"常在河边走,哪能不湿鞋"的错误说法等等。对这些不正确的认识、情绪和说法,要动之以情、晓之以理、循循善诱、因势利导,做好深入细致的思想教育工作。解决这些思想问题既要进行普遍性教育,更要注重个别性教育,因人而异、因事而异、因环境而异、因条件而异,一把钥匙开一把锁。

3.开展遵纪守法、遵章守纪教育

实现安全生产,企业员工必须遵守国家的法律、法规,认真执行企业安全管理规章制度、安全操作规范和安全作业标准。安全管理工作的长期任务就是不断解决员工对交通法规、安全规章制度、安全操作规范、安全作业标准不落实或执行不彻底的问题。在安全思想教育工作中,要以讲纪律为核心,讲法律、讲法规、讲规章、讲规范、讲标准,提高干部职工遵章守纪的自觉性。思想教育要和监督检查紧密结合,坚持问题导向,以锐利的眼光发现问题,查找隐患,把安全问题和隐患消灭在萌芽状态。要教育引导职工正确对待检查,自觉接受检查,克服对检查的厌倦情绪或逆反心理。

4.开展安全警示教育

安全警示教育就是要通过具体形象的安全事故案例对职工进行安全教育,用安全事故血的教训引起人们对安全的重视、对生命的珍惜;透过安全事故案例让人们看到安全规章制度不落实、一时麻痹大意发生事故对社会、对企业、对家庭、对个人造成的严重危害。这种教育具有较强的穿透力,是安全教育常用的、有效的教育方法。

5.开展安全重点岗位和重点人的教育

开展安全教育,必须坚持分众化的原则和抓重点、抓关键的方法。在开展普遍性教育的同时,要以更大的精力加强安全重点岗位和重点人的教育。城市公共交通企业的安全重点岗位、关键岗位是驾驶员岗位,要针对这一群体进行专门的教育。如根据道路变化、风雨雪雾天气、交通法规的变化等情况进行专项教育。通过安全教育活动,进一步强化驾驶员安全驾驶意识和遵守交通规则的自觉性,提高驾驶技能和应急处置能力。安全重点人是指由于人的因素,特定岗位员工成了岗位安全不放心人。安全重点人情况各异,每个人都有各自的具体情况和原因,要做好他们的教育工作,要仔细观察,认真分析,对症下药,深入细致,找到问题的症结所在,有针对性地做工作,促使他们转化,由安全不放心人变成放心人。

四、企业法治宣传教育

党的十八大以来,党中央从坚持和发展中国特色社会主义全局出发,提出并形成了"四个全面"的战略布局,"四个全面"之一就是全面依法治国。坚持厉行法治,推进科学立法、严格执法、公正司法、全民守法,是新时代深化依法治国实践的要求。全面依法治国,是党和国家的重要战略布局,是社会发展的战略任务,同企业和职工息息相关。坚持对干部职工进行法治教育,是企业宣传思想文化工作的重要职责和宣传教育工作的重要内容。

(一)开展法治宣传教育的意义

法制宣传教育是提高全民素质,推进依法治国基本方略,建设社会主义法治国家的一项基础性工作。

1. 法制宣传教育有助于依法治国方略的贯彻实施

党的十八届四中全会通过的《中共中央关于全面推进依法治国若干重大问题的决定》对全面推进依法治国作出了全面部署。党的十九大提出深化依法治国实践的新要求。依法治国就是按照体现人民意志,反映社会发展规律的社会规范治理国家,使政治、经济、文化、社会生活都要按照法律规定有序进行。法治宣传教育是提高全民法律素质、推进依法治国基本方略实施、建设社会主义法治国家的一项基础性工作。推进依法治国基本方略,不仅要求国家公务人员、执法人员具有较高的法律素质,更需要培育具有法律素质的守法公民,实现全民守法。开展法治宣传教育,是提高全体公民法律意识和法治观念、增强各级政府和社会组织依法办事的自觉性、实施依法治国基本方略的重要基础。只有国家依法治理和公民懂法守法,依法治国方略才能有效得到贯彻实施。

2. 法治宣传教育是保障和促进经济社会发展的内在要求

推动经济发展和社会进步,全面建成小康社会,实现"两个一百年"奋斗目标和中华民族伟大复兴的中国梦,必须靠正确的指导思想来统领,也必须靠完备的法制来保障。深入开展法治宣传教育,弘扬社会主义法治精神,建设社会主义法治文化,推进法治宣传教育与法治实践相结合,健全普法宣传教育机制,推动工作创新,充分发挥法治宣传教育在全面依法治国中的基础作用,推动全社会树立法治意识,对依法解决经济社会发展中的各类矛盾和问题,营造良好经济社会发展的法治环境,最大限度地实现好、维护好、发展好人民群众的根本利益,具有重要意义。

3. 法治宣传教育是构建社会主义和谐社会的重要保障

当前,我国正处于改革发展的关键时期,这一时期,既是经济社会发展的重要战略机遇期,也是人民内部矛盾凸显、刑事犯罪高发、对敌斗争复杂的时期。构建和谐社会一个很重要的前提,是要妥善处理好各种利益关系。良好的法律素质,正确的法治观念,对于解决各类矛盾纠纷,保证社会有序运转具有重要意义。只有不断增强公民和国家机关工作人员的法治观念和法律素质,才能提高各级政府和部门运用法律手段处理问题、解决矛盾的能力,才能提高公民通过法定程序表达利益诉求、维护自身合法权益的能力,才能不断提高全社会法治化治理的水平。

(二)法治宣传教育的工作原则

2016 年 4 月,中共中央、国务院转发了《中央宣传部、司法部关于在公民中开展法治宣传教育的第七个五年规划(2016—2020 年)》,并发出通知,要求各地区各部门结合实际认真贯彻执行。"七五"普法规划是开展法治宣传教育的重要依据,其中规定了法治宣传教育的基本原则和工作任务。法治宣传教育的基本原则是:

(1)坚持围绕中心,服务大局。围绕党和国家中心工作开展法治宣传教育,更好地服务协调推进"四个全面"战略布局,为全面实施国民经济和社会发展"十三五"规划营造良好法治环境。

(2)坚持依靠群众,服务群众。以满足群众不断增长的法治需求为出发点和落脚点,以群众喜闻乐见、易于接受的方式开展法治宣传教育,增强全社会尊法、学法、守法、用法意识,使国家法律和党内法规为党员群众所掌握、所遵守、所运用。

(3)坚持学用结合,普治并举。坚持法治宣传教育与依法治理有机结合,把法治宣传教育融入立法、执法、司法、法律服务和党内法规建设活动中,引导党员群众在法治实践中自觉学习、运用国家法律和党内法规,提升法治素养。

(4)坚持分类指导,突出重点。根据不同地区、部门、行业及不同对象的实际和特点,分类实施法治宣传教育。突出抓好重点对象,带动和促进全民普法。

(5)坚持创新发展,注重实效。总结经验,把握规律,推动法治宣传教育工作理念、机制、载体和方式方法创新,不断提高法治宣传教育的针对性和实效性,力戒形式主义。

(三)法治宣传教育的主要任务

党的十九大报告作出的深化依法治国实践的战略部署,为法治宣传教育工作指明了方向,提供了基本遵循。

1.深入学习宣传习近平同志关于全面依法治国的重要论述

党的十八大以来,习近平同志站在坚持和发展中国特色社会主义全局的高度,对全面依法治国作了许多重要论述,提出了一系列新思想、新观点、新论断、新要求,深刻回答了建设社会主义法治国家的重大理论和实践问题,为全面依法治国提供了科学理论指导和行动指南。要深入学习宣传习近平同志关于全面依法治国的重要论述,增强走中国特色社会主义道路的自觉性和坚定性,增强全社会厉行法治的积极性和主动性。深入学习宣传中央关于全面依法治国的重要部署,宣传科学立法、严格执法、公正司法、全民守法和党内法规建设的生动实践,使全社会了解和掌握全面依法治国的重大意义和总体要求,以更好地发挥法治的引领和规范作用。

2.突出学习宣传《中华人民共和国宪法》(以下简称《宪法》)

坚持把学习宣传《宪法》摆在首要位置,在全社会普遍开展《宪法》教育,弘扬《宪法》精神,树立《宪法》权威,推动《宪法》家喻户晓、深入人心。提高全体公民特别是各级领导干部和国家机关工作人员的《宪法》意识,教育引导一切组织和个人都必须以《宪法》为根本活动准则,增强《宪法》观念,坚决维护《宪法》尊严。

3.深入宣传中国特色社会主义法律体系

坚持把宣传以《宪法》为核心的中国特色社会主义法律体系作为法治宣传教育的基本任务,大力宣传《宪法》相关法、《中华人民共和国民法》《中华人民共和国商法》《中华人民共和国行政法》《中华人民共和国经济法》《中华人民共和国社会法》《中华人民共和国刑法》《诉讼与非诉讼程序法》等多个法律法规。在传播法律知识的同时,要更加注重弘扬法治精神、培育法治理念、树立法治意识,大力宣传《宪法》法律至上、法律面前人人平等、权由法定、权依法使等基本法治理念,破除"法不责众""人情大于国法"等错误认识,引导全民自觉守法、遇事找法、解决问题靠法。

4.深入学习宣传党内法规

为适应全面从严治党、依规治党新形势、新要求,要切实加大党内法规宣传力度。突出宣传党章,教育引导广大党员尊崇党章,以党章为根本遵循,坚决维护党章权威。注重党内法规宣传与国家法律宣传的衔接和协调,坚持纪在法前、纪严于法,把纪律和规矩挺在前面,教育和引导广大党员做党章、党规、党纪和国家法律的自觉的尊崇者、模范的遵守者、坚定的捍卫者。

5.推进社会主义法治文化建设

以宣传法律知识、弘扬法治精神、推动法治实践为主旨,积极推进社会主义法治文化建设,充分发挥法治文化的引领、熏陶作用,使人民内心真正拥护和真诚信仰法律。

6.推进多层次、多领域依法治理

坚持法治宣传教育与法治实践相结合,把法律条文变成引导、保障经济社会发展的基本规则,深化基层组织和部门、行业依法治理,深化法治创建活动,提高社会治理法治化水平。

7.推进法治教育与道德教育相结合

坚持依法治国和以德治国相结合的基本原则,以法治体现道德理念,以道德滋养法治精神,促进实现法律和道德相辅相成、法治和德治相得益彰。大力弘扬社会主义核心价值观,弘扬中华传统美德,培育社会公德、职业道德、家庭美德、个人品德,提高全民族思想道德水平,为全面依法治国创造良好的人文环境。强化规则意识,倡导契约精神,弘扬公序良俗,引导人们自觉履行法定义务、社会责任、家庭责任。发挥法治在解决道德领域突出问题中的作用,健全公民和组织守法信用记录,完善守法诚信行为褒奖机制和违法失信行为惩戒机制。

复习题

一、思考题

1.为什么说意识形态工作是党的一项极端重要的工作?

2.如何理解培育和践行社会主义核心价值观的重要意义?

3.为什么说抓好理想信念教育是加强思想道德建设的根本?

4.围绕企业中心任务的宣传教育有哪几方面的宣传教育工作?

二、简答题

1.意识形态工作责任制包括哪些主要内容?

2.如何抓好社会主义核心价值观的宣传教育工作?

3.道德教育工作如何发挥合力作用?

4.企业安全教育应坚持哪些原则?

5.企业法治宣传教育的主要任务是什么?

第三章

城市公共交通企业
精神文明建设

城市公共交通企业是社会精神文明建设的重要窗口,肩负着面对社会和企业两个方面的精神文明建设任务。发挥社会主义核心价值观对精神文明创建的引导作用,切实抓好企业精神文明建设,提高干部职工文明素质和道德文化素质,提升城市公共交通服务文明程度,是城市公共交通企业重要的政治责任。

第一节　社会主义精神文明的概念内涵

建设社会主义精神文明,需要全面准确地把握社会主义精神文明的概念、地位、作用、方针等基本问题,以指导实践、推动工作。

一、精神文明和社会主义精神文明

精神文明是指人类在改造客观世界和主观世界的过程中所取得的精神成果的总和,是人类智慧、道德的进步状态。精神文明主要表现为两个方面:一是科学文化方面,包括社会的文化、知识、智慧的状况,教育、科学、文化、艺术、卫生、体育等项事业的发展规模和发展水平。二是思想道德方面,包括社会的政治思想、道德面貌、社会风尚和人们的世界观、价值观、理想、信念、情操、觉悟以及组织性、纪律性的状况。精神文明的作用是为物质文明的发展提供思想保证、精神动力以及政治保障、法律保障和智力支持。

社会主义精神文明是指在社会主义社会建立以马克思主义科学理论为指导,形成能促进社会主义事业健康发展的思想、政治、道德观念和社会风貌,为物质文明建设提供精神动力并保证社会主义方向的精神文明。

社会主义精神文明同精神文明既有历史联系,又有本质区别。社会主义精神文明是人类精神文明发展的新阶段,是与过去任何社会精神文明不同的崭新文明。它是建立在社会主义制度基础之上、本质上属于无产阶级和人民大众的文明,其成果为广大人民所享用。它继承人类历史全部优秀文明成果,以高度发达的科学技术、教育和文化事业为物质文明建设提供智力支持,以马克思主义科学理论为指导,形成促进社会主义事业健康发展的思想、政治、道德观念和社会风貌,为物质文明建设提供精神动力,并保证其社会主义方向。它是迄今人类历史上最科学、最高尚、最进步的精神文明。

我国中国特色社会主义精神文明是在社会主义建设和改革开放中应运而生的,并随着改革开放和现代化建设深入推进。其有着自己鲜明的特点。

一是社会主义精神文明是社会主义社会有机统一体中的重要组成部分。人类社会任何一种社会形态,都是一定的经济、政治和思想文化的统一体。其中,经济是基础,是最终起决定作用的因素;政治是经济的集中表现和保证;思想文化则是一定的经济和政治的反映,并给予经济和政治以巨大的影响。这三个方面相互影响和相互作用,推动人类社会不断发展和进步。社会主义社会是一个文明全面进步的社会,社会主义不但要有高度发展的物质文明,而且必须要有高度发达的精神文明。只有物质文明和精神文明都有高度的发展,才是合格的社会主义。只有物质文明和精神文明都搞好,才是有中国特色的社会主义。

二是社会主义精神文明是社会主义社会区别于其他社会的重要标志,是社会主义优越性的重要表现。社会主义精神文明是社会主义制度优越性在思想文化方面的表现。社会主义制度从根本上改变了人与人之间的关系,使人们之间形成了共同利益一致基础上的团结合作、互助互爱的同志式的关系,使广大劳动人民成为社会的主人。社会主义制度为科学技术和文化教育事业的发展开辟了广阔的道路,使广大劳动人民平等地享有受教育的权利。科学、教育、文化建设的成果为广大人民共同享有。

三是社会主义精神文明是我国改革开放和现代化建设的重要目标和重要保证。在我国社会主义现代化建设的总体布局中,精神文明建设居于重要的战略地位。高度发达的精神文明是社会主义现代化的一个重要战略目标,社会主义精神文明是使现代化建设沿着正确方向发展的重要保证,为改革开放和现代化建设提供强大的精神动力和智力支持,为现代化建设创造良好稳定的社会环境和社会秩序。社会主义精神文明还是社会主义中国赢得同资本主义的比较优势,实现中华民族在世界腾飞的重要精神条件。

二、企业精神文明建设的地位和作用

企业精神文明建设是社会主义精神文明建设的重要组成部分。在市场经济条件下,企业精神文明建设,特别是城市公共交通企业的精神文明建设的重要性愈加凸显。要切实增强精神文明建设的责任感、紧迫感和使命感,把企业精神文明建设摆在更加突出的位置,并不断加强和深化。企业精神文明建设的地位和作用体现在以下方面。

第一,精神文明建设是企业的基本职责和重要任务。精神文明建设是中国特色社会主义的重要特征。坚持物质文明、精神文明两手抓,两手都要硬,是社会主义国有企业的根本方针。公共交通行业是窗口行业,承担着为广大乘客提供优质、安全、便捷出行服务的重要职责,加强精神文明建设更具有特殊重要的意义。

第二,精神文明建设是办好企业的根本保证。公共交通企业是精神文明建设的窗口行业,其精神文明建设水平,直接关系城市的声誉,关系企业改革、发展、稳定的大局。因此,必须加强精神文明建设,提高企业员工的整体素质,为加快公交事业的发展,提供精神动力、智力支持和思想保证。

第三,精神文明建设是建设高素质职工队伍的需要。精神文明建设说到底是做凝聚人、引领人、培育人的工作。企业精神文明建设的根本目的是培养"四有"职工队伍,提高职工的思想道德和科学文化素质。要通过精神文明建设,全面提升职工队伍思想觉悟、道德水准、文明素养,进而提高企业的文明程度,实现企业和员工的共同发展。

第四,精神文明建设是引导职工共建共享美好生活的需要。党的十九大对我国社会主要矛盾作出新的重大政治判断:中国特色社会主义进入新时代,我国社会主要矛盾已经转化为人民日益增长的美好生活需要和不平衡、不充分的发展之间的矛盾。这一新变化,意味着人民美好生活的需要日益广泛,人们不仅对物质生活提出了更高要求,而且在民主、法治、公平、正义、安全、环境等方面的要求也日益增长。这种变化要求企业大力加强精神文明建设,建设良好政治生态,提升文明程度,满足群众思想文化需求,使职工共建、共享美好生活。

三、牢固树立物质文明和精神文明协调发展的战略方针

物质文明与精神文明,是人类认识世界、改造世界全部成果的总括和结晶。改革开放之初,我们党创造性地提出了社会主义精神文明建设的战略任务,确定了"两手抓、两手都要硬"的战略方针。党的十八大以来,以习近平同志为核心的党中央高度重视社会主义精神文明建设。习近平同志指出:"中国特色社会主义是物质文明和精神文明全面发展的社会主义。一个没有精神力量的民族难以自立自强,一项没有文化支撑的事业难以长久"。[①] 只有物质文明建设和精神文明建设都搞好、国家物质力量和精神力量都增强、全国各族人民物质生活和精神生活都改善,中国特色社会主义事业才能顺利向前推进。我们要进一步深化对推动"两个文明"协调发展重要性的认识,不断增强新形势下"两手抓、两手都要硬"的政治自觉性、思想自觉性、实践自觉性。

促进精神文明和物质文明的协调发展,对全面建成小康社会,实现中华民族伟大复兴的中国梦具有重大意义。

第一,推动"两个文明"协调发展是全面建成小康社会的基本内容。全面建成小康社会意味着人民物质生活富裕、精神生活丰富,这就要求不仅要实现物质文明的发展,而且要实现精神文明的发展。小康社会不只包括物质文明,只有物质文明的社会不是小康社会,实现精神文明与物质文明的协调发展,才可能全面建成小康社会。现在我国已进入全面建成小康社会的决胜阶段,在进一步加强物质文明建设的同时,实现精神文明和物质文明的协调发展,是未来五年工作的重中之重。

第二,推动"两个文明"协调发展是实现民族复兴中国梦的重要支柱。精神文明是中华民族伟大复兴的脊梁骨和指示器。物质文明成就东方巨人,精神文明成就东方伟人。只有物质文明和精神文明协调发展,才能使中华民族成为屹立于世界之巅的巨龙。没有精神文明,中华民族无法赢得世界的尊重,也谈不上伟大复兴。

第三,推动"两个文明"协调发展是落实协调发展理念的必然要求。协调发展理念的提出,旨在正确处理社会发展中的重大关系,促进社会发展中不平衡问题的解决。精神文明与物质文明发展的差距或不平衡就是其中一个亟待解决的重大问题。物质文明和精神文明是社会进步的两翼,二者相辅相成。在现实生活中,人们常常容易只顾物质文明建设而忽视精神文明建设,认为物质文明是硬道理,精神文明是软道理;认为物质文明建设见效快,成果显示度高,而精神文明建设见效慢,成果显示度低;认为物质文明建设迫在眉睫,精神文明建设可以缓一缓,从而导致出现"一手硬,一手软"的现象。我们必须坚持"两手抓、两手都要硬",把推动物质文明和精神文明协调发展,作为必须长期坚持的治国兴邦的重大战略,作为中国道路、中国理论、中国制度、中国文化的重要组成部分,更加坚定、更加自觉地加以贯彻和落实。精神文明建设是一项复杂的系统工程,工作领域宽、涉及部门多、见效时间长,必须树立科学统筹的思想方法,既把握好与大局的关系,又要抓好自身的统筹,把精神文明建设与物质文明建设统一起来。

贯彻物质文明和精神文明协调发展的战略方针,要坚持"六个必须":一是必须坚持

---

① 《在同各界优秀青年代表座谈时的讲话》,2013 年 5 月 4 日,载《十八大以来重要文献选编》(上),中央文献出版社,2014 年版,第 280 页。

以马克思主义为指导,深入贯彻落实习近平同志系列重要讲话精神和治国理政新理念、新思想、新战略,坚持正确的政治方向,始终把培育和践行社会主义核心价值观作为群众性精神文明创建活动的灵魂工程和根本任务;二是必须坚持社会主义物质文明和社会主义精神文明两手抓、两手都要硬,促进物质文明与精神文明协调发展;三是必须坚持以人民为中心的发展思想,牢固树立依靠人民、为了人民的思想理念,增进人民福祉,促进人的全面发展,动员人人参与,实现共建共享;四是必须坚持依法治国与以德治国相结合,实现法律和道德相辅相成、法治和德治相得益彰;五是必须坚持重在建设、立破并举,强化问题导向,补齐工作短板,贵在坚持、久久为功、务求实效;六是必须坚持改革创新,不忘本来、吸收外来、面向未来,站在时代前沿、引领风气之先、充满生机活力。

作为企业,要把精神文明建设贯穿企业改革发展的全过程,渗透生产经营的方方面面,把"两个文明"作为统一的奋斗目标,不断增强政治自觉、思想自觉、实践自觉,实现精神文明建设各项工作的全面发展、协调发展、合力发展。

第二节　企业精神文明建设的基本内容

社会主义精神文明建设的基本内容,包括两个方面:思想道德建设和教育科学文化建设。思想道德建设要解决的是整个民族的精神支柱和精神动力问题;教育科学文化建设要解决的是整个民族的科学文化素质和现代化建设的智力支持问题。这两个方面密不可分、缺一不可。企业精神文明建设同样包括这两方面的内容。

企业精神文明建设的内容更加具体,概括地说,就是用习近平新时代中国特色社会主义思想武装企业全体干部职工,通过培育社会主义核心价值观,进行坚定理想信念、塑造企业精神、倡导敬业奉献、弘扬诚实守信、强化社会责任等教育,引导职工树立正确的世界观、人生观、价值观。通过宣传企业中的先进人物和事迹,积极进行舆论引导,帮助职工知荣辱、讲正气,自觉抵制极端个人主义、享乐主义、拜金主义思想的影响;通过解决职工最关心、最直接、最现实的利益问题和职工面临的最困难、最操心、最忧虑的实际问题,增强改革、开放,加强职工的竞争意识,正确处理国家、集体、个人三者利益关系,服务于改革、发展、稳定大局,不断提高职工文明素质和道德文化素质,为企业健康发展提供强有力的精神动力、智力支持。

企业精神文明建设的基本内容,在不同企业、不同时期,侧重点是不同的,开展企业精神文明建设活动的形式也有差异。从北京公交集团近几年的实践看,主要有以下几种形式。

一、创建首都文明行业

"首都文明行业"创建活动已坚持多年,是在社会服务窗口行业推动精神文明建设的重要实践载体。达到"首都文明行业"标准的行业,在物质文明建设、精神文明建设、政治文明建设中,在经济效益、社会效益、服务质量、队伍素质、管理水平、企业文化等方面,都处于省、市乃至全国同行业的前列,是受广大人民群众和社会各界称赞的示范行业,是在已经实现全行业规范化服务达标基础上,评选出的更加优秀的行业。"首都文明行业"是首都创建文明行业活动的最高荣誉。

获得"首都文明行业"称号的行业必须是经首都创建文明行业活动规范化服务达标联合考评委员会严格考核,荣获"首都创建文明行业活动规范化达标行业"荣誉称号一年以上的全行业达标行业。行业机关须荣获市级以上文明单位或其他精神文明建设荣誉称号;生产经营性行业的经济效益良好,并呈持续发展趋势,主要经济指标要达国内同行业先进水平;政策性亏损行业要积极采取措施减亏,减亏幅度要逐年提高,完成上级下达的任务指标;非经营性行业,业务工作水平要位居全国同行业前列。在行业中,有20%以上的单位荣获市级以上文明单位或其他精神文明建设荣誉称号;有80%以上的单位荣获区、县、局(总公司)以上文明单位或其他精神文明建设荣誉称号;有荣获市级以上荣誉称号并在本行业成为学习榜样的先进个人。考核年度和申报期内没有发生重大有社会影响的问题和事故,发生生产事故或服务问题后要能及时纠正、严肃处理。

北京公交集团作为公共交通服务行业,积极参与首都文明行业创建活动,对照创建条件和标准,不断推进精神文明建设,坚持问题导向,以实现创建文明行业的硬指标推动干部职工思想、文明、文化素质提高和企业生产环境文明程度提升,强基础、抓基层,细化措施,强力推进,在北京市各服务行业中较早进入首都文明行业行列,荣获"首都文明行业"称号。在创建首都文明行业实践中,李素丽等一批先进典型脱颖而出,在社会上产生较大影响。干部职工队伍形成团结奋进的精神风貌,"一心为旅客、服务最光荣,真情献社会、责任勇担当"的企业精神深入人心,为北京公交在社会上树立了良好形象。

二、创建文明单位

创建首都文明单位是北京市在全市范围内开展的精神文明创建活动,具有重要影响。荣获"首都文明单位"称号不仅仅是一个单位的政治荣誉,更是对一个单位精神文明建设实实在在效果的肯定。

北京市委、市政府高度重视创建首都文明单位工作,把创建活动作为引导干部职工积极参与精神文明建设实践,实现自我教育、自我提高,加强基层精神文明建设的重要载体。"首都文明单位"评选表彰实行届期制,每3年评选表彰一次。每届期满后,获得荣誉称号的单位须重新参加下一届申报、评选。"首都文明单位标兵"在符合"首都文明单位"标准的基础上,从连续两届荣获"首都文明单位"称号或上一届"首都文明单位标兵",且具有典型示范作用的单位中择优选拔产生。

首都精神文明建设委员会为提高首都文明单位创建工作的科学化、制度化、规范化水平,在《文明单位建设管理办法》中,对"首都文明单位"提出了严格的、硬碰硬的标准,主要包括:

(1)创建工作扎实。单位领导班子要坚定执行党的路线、方针、政策,扎实推进学习型、服务型、创新型党组织建设;团结协作、勤政廉洁、民主高效,贯彻落实中央"八项规定"精神,切实加强对形式主义、官僚主义、享乐主义、奢靡之风的治理,重大问题和重要事项集体决策。各级领导高度重视文明单位创建工作,将创建活动纳入重要议事日程,层层落实创建工作机制,广泛开展群众性精神文明创建活动。

(2)道德风尚良好。积极培育和践行社会主义核心价值观,持续开展中国特色社会主义和"中国梦"宣传教育,深入推进社会公德、职业道德、家庭美德、个人品德建设。扎实开展"做文明有礼的北京人""清洁空气蓝天行动"活动及道德讲堂、志愿服务队、文明提示牌、文明餐桌、网络文明传播"五个一"创建活动,形成良好的思想道德风尚。

（3）管理科学规范。做到制度健全完善,管理科学规范,治安状况良好,突发问题处理及时到位。坚持为职工解难题、办实事,保障职工合法权益,使单位内部稳定、人际关系和谐。积极推动文明服务,完善服务制度,健全服务设施,保证服务环境良好、服务质量优质。

（4）工作实绩显著。坚持创新驱动,推进单位可持续发展,各项环保指标达标。生产经营单位市场竞争能力强,主要经济发展指标居于全市同行业前列。党政机关和执法部门依法行政、廉洁高效,自觉接受社会公众监督,群众满意率高。服务性单位工作标准和办事程序、规范公开,服务优质高效,业务工作处于全市同行业先进水平。

（5）文化建设突出。单位文化特色鲜明、内涵丰富,干部职工对单位核心价值观认同度高。积极开展传统文化主题活动和各项文体活动,营造文化人的浓厚氛围。完善人才培养机制,干部职工的职业技能和科学文化素质不断提高。

（6）社会责任落实。以社会诚信体系建设为载体,扎实推进诚信建设制度化,诚信建设成效突出。建立健全志愿服务领导体制、协调机制和各项制度,实现志愿服务制度化、常态化。积极参与公共文明建设及社区、城乡、军(警)民等连片共建活动。积极承担并履行社会责任,在无偿献血、应急救援、扶危济困、帮老助残、便民服务、未成年人思想道德建设等社会公益活动中发挥示范作用。

北京公交集团认真贯彻物质文明和精神文明协调发展的方针,把创建文明单位作为推进企业各项工作的主要抓手,通过领导班子建设、党的建设、职工队伍建设、经营管理工作、宣传思想文化工作、精神文明创建工作、企业文化建设工作等方方面面工作的创新发展,实现更多的单位进入"首都文明单位"行列;把企业内部创建文明场站、文明车队、文明车组、文明科室,作为创建"首都文明单位"的基础保证,积极落实对标从基层抓起,达标到基层验收,问题在基层消化,使申报"首都文明单位"的公交集团单位实打实地达到创建工作扎实、道德风尚良好、管理科学规范、工作实绩显著、文化建设突出、社会责任落实到位的"首都文明单位"标准,经得起上级的评审和群众的监督。

三、开展精神文明共建活动

精神文明共建是北京市在精神文明创建中开展的单位之间相互学习、互通情况、协作共建的活动,是实现全市精神文明建设协调发展,共同建设社会主义精神文明的一种活动形式,创造了军民共建、警民共建、跨行业共建、企业和农村乡镇共建等多种创建形式。

北京公交集团结合公交企业工作性质和场站遍布全市的特点,同沿途一些驻京部队单位、企业、学校开展共建,以"共育'四有'新人,共创良好环境,共建乘车秩序"为内容,共同维护乘车秩序,优化公交外部环境,引导乘客排队上车,宣传公共场所禁止吸烟,为外地旅客指路,为展示首都文明形象作出贡献。在合力开展公共交通企业文明乘车、文明候车,共建文明环境活动的同时,公共交通企业职工得到社会的滋养,文明素质得到提升,服务水平得以提高,工作也进一步得到社会各界的理解和支持。

北京公交集团将精神文明共建与学雷锋志愿服务相结合,持续开展志愿服务引导行动,以"3·5"学雷锋志愿服务推动日为契机,以"传承雷锋精神 共享志愿服务"为主题,举办志愿服务推动日活动,实现志愿服务经常化、制度化。积极开展各具特色志愿服务,宣传志愿服务理念,展示志愿者风采,形成志愿服务文化,发挥公交志愿服务品牌效应。如将公交志愿服务和社会志愿服务相结合,走进社区、村镇,积极为空巢老人、留守儿童、农民工和残疾人等困难人群提供帮助。

北京公交集团精神文明共建注重同共建单位相互交流学习各自的精神文明建设创新经验,取长补短、相互促进、共同提高。定期召开座谈会、联谊会、交流会,主动征求意见,学习借鉴他人经验,不断持续改进,拓宽共建领域,推动精神文明共建活动深入发展。

第三节　推动企业精神文明建设向纵深发展

企业精神文明建设是一项长期的系统工程,需要锲而不舍、德法相济、久久为功。这些年,北京公交集团坚持以习近平总书记对北京工作的重要讲话精神为指引,以大力培育和践行社会主义核心价值观为主线,以思想道德建设为重点,以深化群众性精神文明创建活动为抓手,立足首都功能核心区功能定位,深入融合京津冀协同发展战略,紧贴企业中心任务,推动企业精神文明建设向纵深发展,不断将精神文明建设推向更高水平,为实现"国内领先、世界一流"现代公交发展目标,提供坚强的思想保证、强大的精神力量、丰润的道德滋养、良好的文化条件。

一、加强党对企业精神文明创建的领导

加强党对精神文明建设的领导,是企业党委把方向、管大局、保落实的重要职责。北京公交集团党委高度重视精神文明建设,切实加强领导,保证企业精神文明建设沿着正确方向前进,充分发挥精神文明建设凝聚人心、鼓舞士气、促进发展的作用。

(一)健全组织、强化领导

北京公交集团党委把精神文明建设工作列入重要议事日程,建立和完善党委统一领导、文明委协调指导、各部门各负其责、全集团共同参与的推进精神文明建设的领导体制。公交集团党委定期召开党委会,研究精神文明建设工作,提出工作要求,部署重大事项,解决重大问题,督导重点工作落实。从公交集团实际出发,决定集团公司及下属各单位精神文明建设委员会的领导分工和成员组成部门,确定文明办职能划转后的新职能,领导两级精神文明建设委员会充分发挥全面统筹推进精神文明建设工作的职能作用。坚持精神文明建设委员会会议和议事制度,认真研究精神文明建设工作,做到年初有安排、阶段有小结,工作有跟进、年底有考核,将精神文明建设与企业发展一同研究部署、一同组织实施、一同督查考核。对工作进行系统化设计,扎实推进各项工作,使精神文明建设工作真正落在实处、收到实效。

(二)齐抓共管,落实责任

党委负主体责任,党委主要负责人是第一责任人。精神文明创建工作要做到党政齐抓共管。动员企业各个部门把精神文明建设同业务工作更加紧密地结合起来,形成精神

文明共建、创建成果共享的工作新局面。认真制订实施方案,把创建目标、创建内容、保障措施和具体要求分解、细化、量化,落实到各个部门、各个单位、各个岗位。围绕全年主要工作,开展形式多样,内容丰富的群众性主题活动,形成全员参与的良好氛围。

(三) 严格考核,务求实效

在强化考核评价体系上下功夫,以《首都文明单位创建管理办法》和《首都文明单位测评体系》为导向,按照创建工作标准,做好各项工作的梳理,不断提升创建管理水平。动员群众积极参与监督,修订《北京公交集团社会监督员聘请及管理办法》,坚持每半年组织召开一次社会监督员座谈会,认真听取社会监督员意见建议,做好意见建议办理工作;把创建工作的具体要求和目标任务纳入绩效管理考核,使创建工作与年度考核、单位评优、个人评先直接挂钩;建立科学化的考评机制,形成有利于推进精神文明创建工作的政策导向,不断增强精神文明创建的活力和生命力。

二、营造良好的社会氛围和企业环境

企业的精神文明创建是社会精神文明创建的一部分,企业精神文明创建为社会形成讲文明的氛围作出贡献;社会良好的文明氛围又会对企业精神文明创建产生影响,促进和推动企业精神文明建设的发展、企业各方面工作的改进。

公共交通企业是公益性服务型企业,为社会公众提供安全、快捷、方便、准时、舒适的公交出行服务,其精神文明建设的成果会直接反映到社会之中,其文明程度、优质服务会直接体现为首都城市形象。良好的社会氛围需要人们积极主动地去营造。北京公交集团在精神文明建设和企业文化建设的实践中形成的"同行文化"表明,其始终坚定地与乘客同行、与政府同行、与员工同行、与社会同行、与伙伴同行、与行业同行,相互促进、携手共建,以实现乘客满意、政府信任、员工幸福、社会赞誉、伙伴共赢、行业引领的首都公交美好明天,是受主动营造良好社会氛围的理念引领;其广大职工践行"一心为乘客、服务最光荣,真情献社会、责任勇担当"的北京公交集团企业精神,是受主动营造良好社会氛围的行动引领。北京公交集团在为首都精神文明增光添彩的同时,收获了社会公众对北京公交的良好评价和高度赞誉。

良好的社会氛围和企业环境,使干部职工受到社会文明的滋养、感染、鼓舞,成为一种外在的促进力量。公交职工起得最早、回家最晚,酷暑寒冬,风霜雪雨,日复一日,坚守在服务乘客的岗位上。他们爱岗、敬业、奉献的精神支柱,一方面,来自自身的理想信念、道德素养。另一方面,来自社会环境中体现向上向善、尊老爱幼、助人为乐、关爱他人的精神和事例的滋养、感染和鼓舞。我们的司乘人员,当看到站台志愿者在烈日下、在寒风中精神抖擞维护站台秩序,看到广大乘客自觉排队有序上车,看到人们乘车相互谦让,主动把座位让给老人、孕妇、残疾人、儿童,都会有一份心灵的感动。北京公交集团正是基于"同行文化"理念,努力营造良好的社会氛围和企业环境。

三、坚持创新活动载体开展主题实践活动

精神文明建设是群众的社会实践,必须有承载建设内容、实现建设目的的实践活动载

体。企业宣传思想文化工作创新、精神文明创建活动的创新,载体的创新是重要方面。要多开展主题实践活动,在内容、手段、方法、渠道上,在教育引导、舆论宣传、文化熏陶、实践养成等方面进行创新,找准与时代的对接点、与职工的共鸣点,运用职工喜闻乐见、易于参与的载体推进精神文明建设,真正让企业精神文明像空气一样,无所不在,起到潜移默化、润物无声的作用。北京公交集团坚持创新活动载体开展主题实践活动,并总结了以下主要经验。

(一)坚持围绕道德建设开展主题实践活动

道德境界的升华促进文明程度的提高,精神文明建设主题实践活动要紧紧围绕道德建设展开。北京公交集团经常开展公民道德宣传日和道德修身活动,开办道德论坛、道德讲堂等活动,提高干部职工思想道德素养。开展以"讲诚信、尚友善、知感恩"为主题的思想道德教育实践活动,引导职工树立正确的价值观、道德观。深入挖掘爱岗敬业、无私奉献、诚实守信、锐意创新、在平凡岗位上默默践行社会主义核心价值观的典型人物,以"国企楷模·北京榜样"为抓手,通过"公交宣讲团宣讲""公交道德模范评选"等重点工作,推出公交榜样、道德楷模,树立先进典型、宣传先进典型,引导全体职工向他们学习。积极开展"诚信服务行动",重点开展"文明交通行动""志愿服务行动""突出问题专项整治活动"和"改陋习、树形象"活动,进一步强化驾驶员文明行车、安全礼让意识,提高公交志愿服务活动的影响力,提升整体服务水平和公信度。重视思想道德建设,在全体干部职工中开展社会公德、职业道德、家庭美德、个人品德教育,发挥领导干部和广大党团员的表率作用,以人格魅力感召职工群众,引领良好风尚,形成修身律己、崇德向善、礼让宽容的道德风尚。

(二)坚持围绕坚定文化自信开展主题实践活动

北京公交集团把精神文明建设同企业文化建设高度融合,深入宣传公交集团"同行"文化的同行内涵、同行价值、同行共识,使"让更多的人享受更好的公共出行服务"的企业使命、"以人为本、乘客至上,创新发展、追求卓越"的企业核心价值观、"一心为乘客、服务最光荣,真情献社会、责任勇担当"的企业精神深入人心。加强理念文化、制度文化、识别文化、仪式文化、行为文化、执行力文化"六大文化"体系建设,通过《北京公交》报、场站及车间宣传栏、橱窗、公交官网、微博、微信等宣传载体,刊登践行企业文化的相关文字图片;在车厢文化标识中突出展示"公益类、服务类、人文类、景观类"主题元素,使企业文化随处可见、随时可见,做到人人知晓、深入人心。发挥"职工书屋"提升职工自身能力和业务水平的作用,开展"书香公交"主题实践活动,营造读书环境和学习氛围,培育职工良好的道德情操。组织开展内涵丰富、形式多样的文化娱乐活动,满足广大职工的精神文化需求,增强他们对企业的认同感和归属感。

(三)坚持围绕业务工作开展主题实践活动

开展精神文明建设主题实践活动,只有紧密围绕公交企业生产经营和优质服务的中心,才有生命力,才会实现企业需要和员工需求的高度契合。北京公交集团在干部职工中广泛开展强素质、提质量、增效益的主题实践活动,持续推进无人售票线路驾驶员轮训、乘务员转岗技能提升、驾驶员"金银方向盘"评选等活动,将员工能力建设作为提升服务水平的重要保障。以抓党建、讲法治、重友善为基础,着力推进基层党组织"B + T + X"工作体系建设,充分发挥基层党支部教育党员、管理党员、监督党员和组织群众、宣传群众、凝聚群众、服务群众的职责。广泛开展和谐车队、家训家风、感恩教育等主题活动,将责任意识、法治意识、诚信意识作为员工做好工作的有力保障。以创新、关爱、体验为主题,开展"最美公交人""公交创意大赛"等实践创新活动。创新开展"国企开放日""体验观摩""友邻共建"等开放活动,不断提升企业影响力和社会美誉度。以各节日、各节点运输服务活动为契机,开展"清洁空气蓝天行动""绿色出行文明交通""文明旅游我最美"等活动,抓准市民需求,挖掘服务内涵,突出节点特色,不断展示良好的窗口形象,提升"北京公交"品牌的美誉度。

复习题

一、思考题

1. 如何理解社会主义精神文明建设的意义?

2. 为什么要牢固树立物质文明和精神文明协调发展的战略方针?

3. 如何加强党对精神文明创建的领导?

二、简答题

1. 简要回答企业精神文明建设的基本内容。

2. 应怎样结合本单位实际开展精神文明建设主题实践活动?

第四章

城市公共交通企业
文化建设

企业文化理论作为企业管理由科学管理向文化管理发展的理论,发祥于日本,形成于美国。随着我国的改革开放,企业文化理论开始引入我国。在 20 世纪 80 年代,我国一些学者和企业对企业文化进行理论研究和实践探索。进入 90 年代,伴随引进外资和引进国外先进技术、先进管理经验,企业文化理论在我国得以广泛传播。企业文化作为一种新型管理理论得到各类企业的重视,许多企业结合自身实际,开展企业文化建设活动。我国加入 WTO 之后,面临全球化市场竞争;改革向纵深发展,也将企业进一步推向市场,中国企业第二次文化建设与文化管理的热潮升温,一大批企业开始自觉地建设企业文化,致力于完善企业文化管理体系,全面系统地推进企业文化建设。北京公交集团就是在这样的大背景下,不断深化认识,不断兼收并蓄,不断发展创新,逐步形成和培育了北京城市公共交通企业文化,探索和创造了企业文化建设的成功经验。

党的十八大以来,以习近平同志为核心的党中央,高度重视社会主义文化建设。习近平同志围绕社会主义文化建设发表的一系列重要论述,立意高远、内涵丰富,思想深刻、意义重大。党的十九大报告深刻阐述了文化和文化建设的重要地位和作用,指出文化是一个国家、一个民族的灵魂,深刻阐明了发展中国特色社会主义文化的方向、目标等推进文化建设的重大问题,为坚定文化自信,推动社会主义文化繁荣兴盛提供了根本遵循。要认真学习贯彻习近平同志关于社会主义文化建设的重要论述,落实党的十九大关于坚定文化自信,推动社会主义文化繁荣兴盛的战略部署和要求;要站在发展面向现代化,面向世界,面向未来的、民族的、科学的、大众的中国特色社会主义文化的新高度,进一步推进企业文化建设,提升企业文化水平,为实现社会主义文化繁荣兴盛,建设社会主义文化强国贡献力量。

第一节　企　业　文　化

一、企业文化的定义

文化是指人类创造的物质财富和精神财富的总和。常用的文化定义,特指意识形态领域所创造的精神财富,包括宗教信仰、思想观念、风俗习惯、道德情操、文学艺术、科学技术、各种制度等。文化是一种社会现象,它是人类长期创造形成的文明成果,同时又是一种历史现象,是人类社会与历史的积淀物。企业文化是社会文化的一部分,是企业在一定条件下,在生产经营和管理活动中所创造的具有该企业特色的精神财富和物质财富的总和,是企业意识形态、物质形态、制度形态等方面的复合体,是企业日常运行中所表现在各方面的文化现象。企业文化的根基是一个民族、一个国家及人类社会的文化基因,根植于民族、国家、人类社会文化发展的沃土。企业文化是企业的灵魂,它由企业行为和员工行为所创造;又是一个熔炉,不断将员工的意识磨炼趋同,引领企业发展方向,不断增强企业员工的精神力量。企业文化包括企业价值观念、企业精神、道德规范、行为准则、历史传统、企业制度、文化环境、企业产品等。

二、企业文化的地位

企业文化对企业能力的形成、保持和促进起着根本性的作用。企业文化决定着企业在市场活动中的态度,决定着企业产品属性的价值取向,决定着企业自身的组织规范和行为准则,决定着企业员工的敬业态度和奉献精神,决定着企业的创新精神和团队精神。

(一)企业文化是企业的灵魂

灵魂是指生命、人格、良心、精神、思想、情感等,也比喻事物中起主导和决定作用的因素。企业文化是企业全体员工在长期的创业和发展过程中培育形成并共同遵守的理想目标、价值标准、基本信念及行为规范,其核心是企业精神和企业价值观,这些都对于企业生产经营和健康发展起主导和决定性作用。所以,企业文化是企业的灵魂。

北京公交集团作为国有独资大型公益性企业,在首都城市客运中处于主体地位,其定位是,"立足首都,服务京津冀,努力打造国内领先、世界一流的现代化公共交通服务企业"。北京公交集团把"让更多的人享受更好的公共出行服务"作为企业使命,发展形成"吃苦耐劳、乐于奉献,勇挑重担、先进引领"的优秀品格,凝聚形成"一心为乘客,服务最光荣、真情献社会,责任勇担当"的企业精神,塑造形成"一路同行、一心为您"的品牌特质,把"以人为本、乘客至上,创新发展、追求卓越"作为企业的核心价值观。这些愿景、使命、企业精神和核心价值观的确立,都对企业的健康发展起定向导航作用,对员工的思想和职业行为产生深刻影响,是北京公交集团的企业灵魂,是促进企业发展,凝聚员工队伍,激励员工爱岗敬业的不竭动力。

(二)企业文化是实现企业战略的思想保证

战略和战术都是军事上的术语,用战术"争一时之长短",用战略"谋一世之雌雄"。由此可见,长远性、全局性的谋划就是战略。战略沿用到企业,就是谋划企业长远的和更大的发展。每一个企业都需要根据企业自身在社会经济发展的定位以及企业发展愿景制定自己的战略。

企业文化对企业战略的制定具有前瞻性和导航作用、引领作用,决定企业健康发展的走向。对企业长远的、全局的谋划,要以科学的、先进的理念为指导,客观分析形势,审时度势,作出正确的判断,选定正确的前进方向和目标。企业文化理念是形成正确战略决策的重要理论基础。北京公交集团确定"三步走"战略发展目标,即 2016 年至 2020 年,建设成为国内领先的现代公共交通综合服务企业;2021 年至 2025 年,基本建成世界一流的现代公共交通综合服务企业;2026 年至 2030 年,成为世界公共交通服务领域具有较强影响力的公交企业。这一战略发展目标基于"公益性服务"的企业本质和"让更多的人享受更好的公共出行服务"的企业使命,基于"同心同德、和融共生,行无止境、追求卓越"的文化内涵,是追求持续进步,是追求跨越发展,追求实现乘客利益最大化、员工进步最大化、公交发展最大化的发展目标,筑就北京公交集团建成国内领先、世界一流企业的"公交梦"。

企业文化对企业战略的实施具有精神支撑和思想保证作用。企业的主体是企业全体员工,企业战略的实施要靠全体员工同心同德、步调一致,一路同行、努力奋斗。企业文化凝聚坚定员工信念、发挥员工潜能、提高员工积极性的功能，是企业前进和发展的动力，是实施企业战略的精神支撑和思想保证。使企业的使命、愿景在全体员工中牢记在心，使企业价值观变成全体员工的思想认同，使企业行为规范成为管理人员和普通员工的行动自觉，使具有本企业特色的体现在方方面面的文化现象展现出多姿风采，是实现企业战略的重要保证。北京公交有近百年的历史。中华人民共和国成立以来，几代北京公交人继承中华民族五千多年文明历史所孕育的中华优秀传统文化基因，植根于中国特色社会主义文化，在服务社会、服务乘客的实践中，形成了"同心同德、和融共生，行无止境、追求卓越"的同行文化内涵。在培育和践行社会主义核心价值观的实践中，全体员工结合本职，弘扬、坚守、发展北京公交的"同行文化"，是实现北京公交集团"三步走"战略的重要思想保证。

(三) 企业文化是企业行为规范的内在约束

在企业文化体系中，企业行为规范是企业文化理念的具体体现和延伸，具有鲜明的导向性、实践性和约束性。

行为规范是社会群体或个人在参与社会活动中所遵循的规则、准则的总称，是社会认可和人们普遍接受的具有一般约束力的行为标准。企业职业行为规范是根据企业特点，体现企业职业道德要求，为维护企业正常生产经营秩序，以约定成俗的形式，逐步形成和确立的员工应遵循的行为标准，并与企业规章制度相配套，起到维护生产经营秩序，确保实现企业使命和企业经营目标的重要作用。

企业职业行为规范是企业文化理念转化为员工行为的桥梁和纽带。以企业价值观和职业道德理念为核心的企业文化只有转化为企业全体成员的行动，才能产生保证生产经营和促进企业发展的作用。如果说企业文化理念是解决"知"的问题，那么职业行为规范就是解决"行"的问题。先进的文化理念如果不能在员工的职业行为中体现出来，如果说的一套，做的是另一套，这种文化理念再先进也没有任何价值。践行企业文化理念，认知、认同是前提，也是基础，没有思想上真正的认知、认同，就谈不上自觉践行。但是，有了认知、认同，并不等于就解决了践行的问题，还要解决具体怎样践行的问题。制定并不断完善职业行为规范，就是清晰地告诉员工应该具体怎样做，做到什么程度，在行为中怎样来体现。《北京公交集团企业文化手册》中的行为篇，以行为公约、行为准则、行为礼仪的形式，精练概括和清晰表述了企业行为规范，特别是行为公约和行为准则，既有岗位理念，又有关键行为标准，既有面向全员的普遍性要求，又有针对不同岗位的具体行为准则。

职业行为规范的主要实现途径是启迪自觉和氛围影响。职业行为规范不同于企业规章制度，二者的作用方式不同。企业规章制度是企业根据国家法律、法规和为维护生产经营秩序制定的具有强制力的规范要求，依靠行政的、经济的管理手段强制执行。职业行为规范是以员工广泛认同为基础的，其作用方式主要是引导启迪自觉和环境氛围约束，使绝大多数员工能自觉按照职业行为规范的要求去做。在思想认同的基础上，违反职业行为规范的行为会受到环境氛围的谴责和约束，要用正风正气压倒歪风邪气，用道德评价的力量约束违反职业行为规范的现象。

(四) 企业文化是企业竞争力的核心元素

企业竞争力是指在市场竞争条件下，企业通过培育自身资源和能力，获取外部可寻资源，并综合加以利用，在为顾客创造价值的基础上实现自身价值的综合性能力。企业竞争力体现一个企业在市场竞争中所具有的能够比其他企业更有效地提供产品和服务并获得赢利和声望的能力。

企业竞争力由诸多元素构成,企业文化、品牌形象、规模与资本、质量与价格、企业决策力、执行力、创新力、员工素质等等,都是企业竞争力的重要元素。在这些企业竞争力的元素中,企业文化是核心元素。因为决定企业竞争力的核心因素是人,即企业管理者和企业员工,而影响管理者和员工思想和行为的则是企业文化。文化竞争力是由企业员工共同的价值观念、共同的思维方式和行事方式构成的一种整合力,它直接起着整合企业内部、外部资源,协调企业组织运行的作用。所以,企业文化是企业竞争力的核心元素。

三、企业文化的层次构成

企业文化是一个大的系统,企业文化的层次就是企业文化具体内容之间有机联系的架构。从一般意义上讲,企业文化分三个层次,即处于表面层的物质文化、处于中间层的制度文化和处于核心层的精神文化。

(一)表面层——物质文化

物质文化是企业文化的表面层,称为企业的"硬文化",包括厂容、厂貌、机械设备,产品造型、产品外观、产品质量等。实际上,企业在向社会提供产品和服务的过程中,时时处处都体现了文化色彩和文化品质,这是企业文化最直接的物化展现。以城市公共交通企业为例,企业满足了广大乘客更安全、更快捷、更方便、更准时、更舒适的公交出行需求,提高了公交服务品质,乘客最先的感受是在物质方面,如公交车辆安全平稳的运行、适时开启的暖气和空调的舒适度、车厢的卫生环境等。安全是乘客出行的第一需要,如果公交车安全性能不好,维修养护不到位,经常发生中途趴窝的问题,司乘人员的态度再好、致歉再诚恳,采取换乘的措施再及时,也难获得旅客的谅解,更谈不上更安全、更快捷、更方便、更准时、更舒适了。再如,要坚持以人为本的人才理念,使员工切身感受到企业的关心、爱护和培养,最直接的做法是改善员工的生产、生活条件。物质方面的变化和改善,是提高员工认可度和归属感的重要因素。

(二)中间层——制度文化

企业文化的中间层次是制度文化,包括领导体制、组织结构、规章制度及以制度形式规定的行为规范等。制度是通过权利与义务来规范主体行为和调整主体间关系的规则体系。

企业制度是在生产经营实践活动中形成的,对人的行为带有强制性并能保障一定权利的各种规定。没有规矩不成方圆,企业制度就是企业和员工必须遵守的规矩。企业制度作为企业行为和员工行为的硬规范,使个人的活动得以合理进行。只有内外人际关系得以协调,员工的共同利益受到保护,企业才能有序地组织起来为实现企业目标而努力。

企业制度文化是指企业在长期生产、经营和管理实践中生成和发育起来的、以提高企业经济效益为目的、以企业规章制度为载体,约束企业和员工行为的规范性文化。这种规范性文化是由企业领导体制、企业组织结构和企业管理制度相互作用、相互影响所构成的多维动态结构体系。其中,企业领导体制是关键与核心因素,企业组织结构是载体和支撑,企业管理制度是主要内容和基本保证。

企业制度上升为制度文化,不仅在于制度内容更加科学、更加完善,还在于充分体现制度面前人人平等(制度不仅对员工,而且对企业,特别是对各级管理者同样具有约束力),在于执行制度的严肃性(要充分体现制度的权威和威慑力,使之成为不能越过的"红线"),在于员工执行制度从"要我做"变为"我要做"(要靠正确思想理念引领员工达到高度的自觉和自律,形成良好的工作氛围)。

(三)核心层——精神文化

处于企业文化核心层的是企业精神文化,也称"企业软文化"。它包括企业的价值观念、经营哲学、群体意识、职业行为规范、员工素质和优良传统等。企业精神文化是用以指导企业开展生产经营活动在思想范畴方面的总和,是以企业精神和企业价值观为核心的企业精神文化体系。精神文化充分体现企业文化的引领作用、导向作用、凝聚作用、激励作用、约束作用等重要功能,为企业生产经营和健康发展提供精神力量、智力支持和思想保证。

精神文化处于企业文化的核心层次,是因为思想范畴方面的内容是企业文化的核心内容,我们所讲的企业文化建设主要是指精神文化。精神文化所反映的是企业共同的价值观念和指导企业和员工行为的思想观念和所遵循的正确理念,以及全体员工共同遵守的行为规范。精神文化建设解决的是思想引领问题。通过精神文化建设,可以形成良好的精神风貌,建设高素质的员工队伍,以文化力促进生产力。抓住核心就抓住了根本,企业文化建设只有抓住精神文化建设,抓好精神文化建设,才是真正抓到点子上,抓到关键处,才能切实增强企业的软实力,使企业有动力、有活力,在市场竞争中能立于不败之地。

从一定意义上说,企业精神文化建设的任务和内容,同时也是企业宣传思想工作的任务和内容。企业精神文化建设的很多工作与宣传工作、思想工作是同一个工作,或者说是同一个事情。如企业精神的宣传、企业价值观的培育、企业优良传统的弘扬,既是企业精神文化建设的内容,也是企业宣传思想工作的内容,说明企业宣传、思想、文化三项工作在相当程度上具有目标趋同性、内容叠加性和载体共用性。在实际工作中,不必把具有多种属性的同一个工作机械地拆分开来,而是要立足于整合,集中精力一件事、一件事地去抓,一步一个脚印地去做,争取宣传思想文化工作实实在在有效果。

四、企业文化的核心价值理念

在企业文化中,指导企业和员工行为的思想理念是一个有机统一的整体,涉及内容广泛。其中,核心价值理念是统领其他具体理念的"纲",起着纲举目张的作用。企业文化的核心价值理念主要包括企业使命、企业愿景、企业核心价值观和企业精神。

(一)企业使命

使命一词源于古代出使者的受命,即出使者接受的出使命令和承担的任务、责任。无论古今,国家派往他国的使者往往被授以重托、责任重大,其使命是否能圆满完成,关乎国家和民族的利益。所以,使命所指的是承担重要任务和自觉担当责任。使命是一种意识,是人类认知过程中隶属精神范畴的一个层次,是一种对待自身及民族、国家利益的态度和责任感。

使命与价值观紧密相连。只有树立正确的价值观才能清楚认识自身肩负的使命。一个人在思想上明确了所从事工作对社会的意义,明确了为之奋斗的人生价值,就会对所从事的工作由衷产生一种使命感,从而在这种使命感的指导下,完成自己的使命,实现人生的价值。

使命与责任紧密相连。责任是对自己所负使命的忠诚和信守,是忘我坚守和对工作的出色完成。责任是完成使命的内在动力,因为重任在肩,才深感责任重大。这种责任意识源于使命,不是外部作用力的结果,而是自我主动的责任担当。

使命与奋斗紧密相连。使命既是当前的工作,也是远大的目标。实现崇高的使命,只有经过坚持不懈的努力奋斗,才能胜利达到理想的彼岸。

企业使命是企业在社会进步和社会经济发展中所应担当的角色和责任。企业使命表明企业的根本性质和存在的理由,说明企业的经营领域和经营思想,为企业目标的确立和企业战略的制定提供依据。

(二) 企业愿景

"愿景"的"愿"是愿望、希望;"景"是景色、景象。"愿景",即希望看见的景色、景象。

个人愿景是人们心中或脑海中的意向或景象。它是人们发自内心、最热切渴望达成的事情,是一种对未来的期许与展望。愿景是美好的憧憬,它根植于个人的价值取向和个人的目标定位。当一个人为自己至高无上的目标献上无限心力的时候,就会产生一种自然的、发自内心的强大力量。

企业愿景是指建立在企业员工共同价值观基础之上的,对企业未来美好前景追求的共同愿望。它表现为企业成员共同认可、接受并内化为自身追求的企业使命、任务、目标以及价值信念体系。企业愿景能够产生凝聚人心的作用,使员工清楚自己和企业应共同追求什么、为何追求和如何追求,并在追逐梦想的道路上,孕育无限的生机和创造力。要让企业愿景成为全体员工为之奋斗的目标,就必须使愿景深植于每一个员工的心中,和每个人信守的价值观相一致,成为全体员工的共同关切、共同希望、共同追求。

(三) 企业核心价值观

价值是政治经济学术语,价值的词义有两层意思:其一,是指体现在商品里的社会必要劳动。价值量的大小决定于生产这一商品所需要的社会必要劳动时间的多少。其二,是指某一事物的积极作用。如"这是一个有价值的作品""做这件事情很有价值"等。价值属于哲学的范畴,表示客体的属性和功能与主体需要间的一种效用、效益或效应关系,是指在特定历史条件下,外界事物的客观属性对人所发生的效应和作用以及人对之的评价。所以,任何一种事物的价值,从广义上说应包含两个互相联系的方面:一是事物的存在对人的作用或意义;二是人对事物有用性的评价。

价值观是人的认知、理解、判断或抉择,也就是人认定事物、辩定是非的一种思维或取向,是关于对象对主体有用性的思想观念,是某一社会群体判断社会事务时依据的是非标准和遵循的行为准则,从而体现人、事、物一定的价值或作用。价值观反映了人类社会文化和文明的发展,具有稳定性、持久性、历史性、选择性和主观性的特点。价值观对动机有导向的作用,同时反映人们的认知和需求状况。

核心价值观是指在价值观群中,或者说在多元价值体系中,居于核心地位、起主导作用的价值观念或价值体系。企业价值观是企业及其员工的价值取向，是企业在追求经营成功过程中所推崇的基本信念，是企业全体或多数员工一致赞同的关于企业意义的终极判断。对于任何一个企业而言，只有当企业内绝大部分成员的个人价值观趋同时，整个企业的价值观才可能形成。简而言之，企业价值观就是企业决策者对企业性质、目标、经营方式的取向所作出的选择以及为员工所接受的共同价值观念。与个人价值观主导人的行为一样，企业所信奉与推崇的价值观，是企业日常经营与管理行为的内在依据。

企业价值观从属于国家的、社会的核心价值体系。我国企业的价值观不能违背社会主义核心价值观，必须充分体现社会主义核心价值观，以社会主义核心价值观为指导，结合企业自身实际，形成企业的价值观念，用以指导和规范企业和员工的职业行为。如社会主义核心价值观所倡导的爱国、敬业、诚信、友善是公民个人层面的价值准则，企业员工作为社会成员在社会生活中要以此作为行为准则，同时在企业的生产经营活动中也必须自觉践行。

企业价值观是企业所有员工共同的价值理念，是经过长期积淀的精神成果。企业价值观是有意识培育的结果，而不是自发产生的。企业价值观是企业文化的核心，是企业生存、发展的内在动力，是企业行为规范的思想基础和思想保证。

企业价值观由诸多价值观念组成，其中居于核心地位，起主导作用的价值观念或价值体系就是企业的核心价值观。企业核心价值观是指企业必须拥有的终极信念、企业哲学中起主导性作用的重要部分和处理内外矛盾的一系列准则，是企业本质的、持久的一整套指导原则。企业核心价值观是引领企业进行一切经营活动的指导性原则，在某种程度上，它的重要性甚至要超越企业的战略目标。

（四）企业精神

精神是指人的意识、思维活动、一般心理状态和通过行为表现出来的精神风貌。企业精神是指企业基于自身特定的性质、任务、宗旨、时代要求和发展方向，经过精心培养而形成的企业成员群体意识和精神风貌。企业精神是企业文化的核心内容，在整个企业文化中处于支配地位。企业精神以企业价值观念为基础、以企业价值目标为动力，对企业经营哲学、管理制度、道德风尚、团体意识和企业形象起着决定性的作用，构成企业文化的基石。企业精神一般用精练的语句进行高度概括，具体表述内容包括正确的价值取向、坚定的目标追求、正确的竞争原则、鲜明的社会责任等。

企业精神是企业所崇尚的积极健康的主导意识，是企业全体或多数员工共同一致，彼此共鸣的内心态度、意志状况和思想境界。企业精神是对企业员工共同信念和共同追求的高度概括，同时又使这种共同信念和共同追求根植于每个职工的心中，从而产生共同的思想和行为。企业精神一旦成为群体心理定式，既可以通过明确的意识支配行为，还可以通过潜意识产生行为，大大提高员工主动承担责任和修正个人行为的自觉性，从而主动关注企业的前途，维护企业声誉，为企业贡献自己的力量。

企业精神是企业经营宗旨、价值准则、管理信条的集中体现。企业精神不仅可以能动地反映与企业生产经营密切相关的本质特征，而且可以鲜明地显示企业的经营宗旨和发展方向，较深刻地反映企业的个性特征并对管理产生影响，起到促进企业发展的作用。

企业精神是稳定性和动态性的统一。企业精神一旦确立，就相对稳定。企业精神所体现的时代意识、竞争意识、文明意识、道德意识以及企业理想、目标、理念都具有稳定性。但是,这种稳定是相对的,并不意味着一成不变,而是随着企业的发展而不断发展。竞争的激化、时空的变迁、技术的飞跃、观念的更新、企业的重组,都要求企业精神作出与之相适应的反应,反映企业精神的动态性。稳定性和动态性的统一,使企业精神不断趋于完善。

五、企业文化的功能

企业文化功能就是企业文化所发挥的作用和效能。企业文化功能分为内功能和外功能。内功能是指企业文化在企业内部产生的作用,文化力转化为生产力,引导、推动、促进企业和员工共同发展。外功能是指企业文化对外部环境的作用,企业文化的精神成果和物质成果在社会产生影响力,通过向社会提供的产品和服务体现企业的良好形象和责任担当,通过员工的精神风貌诠释民族精神和社会主导的核心价值观。当今,企业文化已成为企业竞争力的基石和决定企业兴衰的关键因素,对于企业提升核心竞争力,实现健康发展、科学发展、可持续发展具有重要意义。企业文化的功能体现在以下方面。

(一)导向功能

导向功能是指企业文化对企业和员工起指导、定向、引领作用。企业文化的导向功能主要体现在以下三个方面:

一是企业价值观的指导作用。企业价值观是企业及其员工共同的价值取向,是企业在追求经营成功过程中所推崇的基本信念和奉行的基本原则。企业价值观使员工形成共同的判别是非的标准和准则,规定着企业的使命和发展目标。思想指导行动,观念决定行为,企业价值观特别是核心价值观是企业的灵魂,指导和激励企业和员工为着所认定的价值目标付诸行动。

二是企业经营哲学的定向作用。企业经营哲学决定了企业经营的思维方式和处理问题的法则。企业要坚持自身的价值取向,朝着既定的目标前进,还要解决发展路径问题,如同大海行船,必须选准并保持正确的航向和航线。企业经营哲学规定的思维方式和处理问题的法则,指导经营者进行正确的决策,指导员工采用科学的方法从事生产经营活动,以确保企业在瞬息万变的市场竞争中选择正确的发展路径,妥善处理各种矛盾和问题,始终不偏离既定的目标,排除干扰,避免方略上的失误,一步一步实现企业愿景。

三是企业愿景的引领作用。企业愿景和企业经营目标是对发展未来的展望与追求,给人以鼓舞和力量,对企业发展具有引领作用。没有愿景就会缺乏前进的动力,没有目标就会迷失方向。坚持先进的企业文化,就会从实际出发,以科学的态度去勾画企业愿景,制定发展目标,选择发展路径,引领企业健康发展。

(二)凝聚功能

企业凝聚力是指企业对员工的吸引力、员工对企业的向心力以及成员之间的相互吸引。凝聚力不仅是维持企业存在的必要条件,而且对团队潜能的发挥有很重要的作用。企业文化是以人为本的管理文化,同时也是企业全体成员参与其中的团队文化,企业文化对员工具有凝聚的功能和作用。

共识产生凝聚力。企业使命、企业愿景、企业价值观、企业精神以及企业行为规范等都是以全体员工广泛认同为基础的。共同的价值观念、共同的理想追求、共同的奋斗目标把员工凝聚在一起,万众一心,众志成城,使企业和员工成为命运共同体。

氛围助推凝聚力。一个企业形成先进的企业文化,必然坚持以人为中心,尊重人的感情,关心人的发展,发挥人的潜能,不断改善员工的生产生活条件,合理确定员工薪酬标准,创造员工发展的条件和平台,形成和谐的内外部关系,营造一种团结友善、相互信任、联劳协作、共生共享的氛围。这种良好的氛围使员工工作有尊严,努力有方向,学习有动力,在付出和奉献中获得幸福感。在这种环境和氛围中,员工的团体意识和归属意识不断得到强化,企业的凝聚力得以维系和巩固。

(三)约束功能

企业文化的一个重要功能是在全体员工认知认同的基础上,规范和约束员工的行为。企业文化的约束功能主要通过完善管理制度和强化道德规范来实现。

一是制度的约束。企业制度是企业文化的内容之一。企业制度是企业在生产经营实践活动中形成的、对人的行为带有强制性并能保障一定权利的各种规定。企业制度是企业内部的法规,企业的领导者和员工都必须遵守和执行,从而形成约束力,使企业有序地组织起来为实现企业目标而努力。

二是道德规范的约束。道德规范从道德的角度来约束企业领导者和员工的行为。道德规范的约束表现为岗位职业行为规范的约束力。对企业制定的行为规范,企业员工会有意识、自觉地进行自我约束,自觉执行企业规章制度,自觉践行行为规范,做到有人监督和无人监督都一样。道德规范的约束力还表现为环境、氛围的陶冶和制约。在一个绝大多数人具有自觉意识的集体中,在充满健康向上正能量的环境氛围中,个别人的不良行为会受到环境的制约。

(四)激励功能

激励就是企业通过一定的奖酬形式和工作环境,运用行为规范功能和必要的惩罚性措施,借助信息沟通,来激发、引导、保持和规范企业成员的行为,从而有效实现企业及其个人目标的过程。激励可分为物质激励和精神激励,企业文化的激励功能更多地体现在精神激励方面。

实现自我价值是人的最高精神需求的一种满足。企业共同的价值观念使每个员工都感到自己的存在价值和行为价值,这种满足必将形成对行为的激励。在以人为本的企业文化氛围中,领导与员工、员工与员工之间互相关心,互相支持,特别是领导对员工的关心,会使员工感到受人尊重,自然会振奋精神、努力工作。另外,企业精神和企业形象对企业员工有着极大的鼓舞作用,特别是企业及产品在社会上得到赞誉,企业获得荣誉和企业形象有较大提升时,企业员工会产生强烈的荣誉感和自豪感,他们会加倍努力,用自己的实际行动去维护企业的荣誉和形象。

(五)调适功能

调适就是调整和适应。企业各部门之间、员工之间,由于各种原因难免会产生一些矛盾,解决这些矛盾需要各自进行自我调节。企业与环境、与服务对象、与产业链上的合作伙伴之间,都会存在不协调、不适应的问题,也需要进行调整和适应。企业的价值理念、企业哲学和企业道德等,作为企业的生产经营理念和处理内外部关系的原则和准则具有调适功能。如企业效益和社会效益的关系、投入与产出的关系、眼前利益和长远利益的关系、企业经营管理者与员工的关系、企业与相关经济伙伴的关系等等,都需要不断解决不协调、不适应的问题。企业价值理念、企业哲学和企业道德是处理这些问题的原则和规则,遵循这些原则和规则,才能进行有效的调整和适应,争取好的结果。企业文化的调适功能实际上是企业能动作用的一种表现。

(六) 辐射功能

企业文化关系企业的公众形象、公众态度、公众舆论和品牌美誉度。企业文化不仅在企业内部发挥作用、对企业员工产生影响,它也能通过传播媒体,公共关系活动等各种渠道对社会产生影响,向社会辐射。企业文化的传播对树立企业在公众中的形象有很大帮助。很多企业在向社会提供产品和服务时,会通过物质文化,使消费者体会蕴含其中的精神文化,通过介绍、承诺、广告等方式,宣传企业使命、企业价值观念和企业精神,在提高企业知名度、美誉度的同时,对社会文化的发展起促进作用。

六、企业文化的培育

企业文化是企业在一定的条件下,在生产经营和管理活动中所创造的具有该企业特色的精神财富和物质财富的总和。一定的生产经营实践必然产生与其相适应的文化理念和文化现象,企业所表现出来的文化现象同企业生产经营交相辉映、渗透交融。一个企业在没有引入企业文化理论之前,企业的文化现象实际上已经与企业的生存发展伴生。把自然形成的对企业存在价值、前景目标、处事规则等方面的朴素认识上升到理性认识,对构成企业文化要素的企业使命、企业愿景、企业价值观、企业精神、企业经营哲学、企业行为准则等加以总结、梳理、概括,形成完整的企业文化体系,并逐步成为企业及全体员工的思想共识和行动自觉,才能真正成为企业文化。由此可见,企业文化是一个发展完善的过程,也是精心培育的过程。企业文化的培育,主要有以下方法。

(一) 领导垂范

企业各级领导和管理干部肩负着带领员工完成生产经营任务,担当企业使命和责任,实现企业发展目标的重要职责。他们既是企业的领导者、管理者,也是企业文化建设的主导者、推进者,更应该是企业文化的模范实践者。领导的率先垂范、干部的模范带头,是培育企业文化的重要方法。

领导率先垂范,体现在企业领导高度重视企业文化的功能与作用,身体力行建设企业文化。企业的领导班子是企业的核心,对企业的发展负有领导责任。企业领导者对企业文化的认识程度,决定企业文化的建设水平。从一定意义上说,在企业文化的诸要素中,企业使命、企业愿景、企业核心价值观、企业精神,以及企业经营哲学和行为规范,首先代表和反映的是企业领导的认识和理念。一个企业的企业文化是否先进,是否符合企业的实际,是否对企业发展有指导和推动作用,和企业领导者有着直接关系。如在企业的价值取向方面,试想一个企业的领导如果一门心思想的是赚钱,这个企业就不可能把社会责任作为企业使命,也不会把讲诚信作为生产经营理念。所以,领导的率先垂范,要求企业领导树立正确的世界观、价值观、政绩观,以科学理论为指导,主导建设先进的企业文化,真正代表企业正确的前进方向;要求企业领导充分认识企业文化,为企业健康发展提供思想保证、精神力量、道德滋养的重要作用,把企业文化建设摆在重要位置,精心培育企业文化。

领导的率先垂范体现在带头践行企业文化,为广大员工作出表率,以自身品行影响员工。古人云:"其身正,不令而行;其身不正,虽令不从"。教育者首先受教育,倡导者先行践行;要求员工做到的领导首先做到,要求员工不做的领导坚决不做。只有这样,企业文化才能深深根植于员工之中,形成最广泛的认同,影响和规范员工的职业行为。

坚持领导垂范的企业文化培育方法,要抓好干部队伍建设这一关键。要切实加强企业领导班子和干部队伍的思想建设和作风建设,使每一名干部都达到信念坚定、为民服务、勤政务实、敢于担当、清正廉洁的好干部标准。做到勇于担当、踏实做事、不谋私利,在各方面身先士卒、率先垂范,带领员工扎实推进企业文化建设,为实现企业使命而努力奋斗。

(二)事件启发

事件是指比较重大、对一定人群会产生一定影响的事情。人们对某种事物的认识,往往通过发生的一些事件受到启发。把事件启发作为培育企业文化的一种方法,就是用有一定意义的事件启发形成或诠释企业文化理念,帮助员工从正反两方面的经验教训中明辨是非,明白道理,从而达到对企业文化的认知、认同,并将思想上的认知、认同转化为自觉践行。

事件启发的企业文化培育方法,重心在"启发",即挖掘事件说明的道理,引导正能量的影响力。企业文化理念的形成,必须从生产经营的实践中产生,经过实践——认识——再实践——再认识不断反复的过程,最后概括成为最新的认识成果。实际上,这个过程往往是从一些事件中得到的启示或启迪。进行企业文化的宣传教育,用事实说话,用事件启发,可以使员工对企业文化的内涵有更清晰的理解,更容易达到思想上的认知认同。

事件启发的企业文化培育方法,既可以用本企业发生的事件进行启发,也可以用社会上或其他企业发生的事件进行启发。越典型的事件越有启发性和说服力。李素丽是北京公交窗口行业的优秀代表。在平凡的工作中,她始终把全心全意为人民服务作为自己的人生追求,坚持岗位作奉献,真情服务为他人,赢得了广大乘客的尊重和爱戴。20 世纪 90年代,李素丽事迹被树为全国先进典型,各大媒体广为宣传,其成为首都精神文明的楷模。北京公交集团"一心为乘客,服务最光荣"的行业精神,正是从李素丽这一典型事件中受到启发,并综合广大公交职工在平凡岗位的服务精神、服务品质提炼形成的,现在发展为"一心为乘客,服务最光荣,真情献社会,责任勇担当"的北京公交集团企业精神。"他山之石可以攻玉。"一些社会的或其他企业的事件同样可以给人以启发或启示。2001 年 9月 3 日,中央电视台"新闻 30 分"曝光了南京冠生园使用陈馅制作月饼的事件。"冠生园"是我国民族实业家冼冠生于 1915 年创立的食品品牌,先后在武汉、南京、天津、重庆、昆明、贵阳、泸州、成都等地开设分店,成为中国近代最大的食品工业企业之一,有着百年历史。冼冠生提出"信誉至上、顾客至上、质量至上,产品不论大小,利润不论厚薄,一定要保证质量,力求色香味俱佳"的经营理念,成为企业百年来一直坚持的理念。然而,就是这么一家具有良好声誉和品牌形象的老字号企业,却由于失信行为而遭遇危机。中央电视台"新闻 30 分"将南京冠生园使用陈馅制作月饼的事情曝光后,当天下午,南京冠生园生产的月饼全部被封存起来,该厂当时就陷入停产状态,且很快资不抵债。2002 年 2 月 27 日,南京市中级人民法院正式受理了该公司的破产申请。同样是老字号企业的北京同仁堂集团就用这个事件进行企业文化教育,启发、引导同仁堂员工透过南京冠生园"陈馅事件",接受他人教训,牢记"炮制虽繁必不敢省人工,品味虽贵必不敢减物力"的古训,珍惜企业声誉,爱护同仁堂金字招牌,传承发展同仁堂诚信文化。

(三)行为激励

激励是对人的工作行为的有效激发。激励可以激发人的动机,导向人的行为,发挥人的潜能,满足人的需要,从而达到组织与个人的工作目标。在一般情况下,激励表现为外界所施加的吸引力或者推动力转变成员工自身的内动力、组织目标由此变为个人目标的过程。激励的种类和方法多种多样,行为激励是一种通过企业领导者的有意行为或企业倡导的行为来激励员工的方法。行为激励的方法非常适合企业文化的培育;实现员工对企业文化理念的认知、认同,不仅需要进行宣传教育,而且需要用具体、生动的行为诠释企业核心价值观和企业精神,使这些行为在员工中发挥激励作用。

行为激励包括企业行为激励和个体及群体行为激励。制定并贯彻实施薪酬和奖励制度、搭建促进员工岗位成才平台、选树奖励先进个人和群体、畅通员工诉求渠道、满足员工合理诉求、改善员工生产生活条件等等,都属于企业行为激励的范畴。企业行为激励使员工透过企业的决策行为、管理行为、市场行为,增强对企业发展的信心,实现对企业核心价值取向的认同,把个人发展追求与企业发展愿景结合在一起,进而激发工作的积极性、主动性、创造性。企业领导和先进模范集体、先进个人的表率示范是个体及群体的行为激励。"火车跑得快,全靠车头带"是群众形容领导率先垂范的生动语言。领导的一言一行都会对员工产生重要影响。员工对企业领导和管理者的信任与服从,往往不是因为领导和管理者的地位和权利,而是他们通过行为表现出来的人格魅力。他们廉洁自律、忠诚勤奋、奉公守法、公平公正、勇于担当的行为,会对员工产生很强的激励作用和凝聚作用。先进集体和先进个人是员工自觉践行企业文化的杰出代表。他们高尚的思想境界和爱岗敬业的突出表现是对企业精神的生动诠释;他们的行为在员工中具有很大的影响力和感染力,能够较好地发挥行为激励作用。

行为激励还有企业对员工作出的成绩进行的褒奖和肯定。当员工作出成绩时,对他们的行为及时给予肯定,对作出突出贡献者给予表彰奖励,可使员工受到鼓舞和激励,进一步激发工作热情,进一步调动积极性、主动性、创造性。员工的自身行为从而成为动力源,产生自身行为的激励动能。

(四)活动感染

开展各种企业文化活动是培育企业文化主要的、经常的方法。组织开展活动要有明确的目的性和针对性,要有广泛的参与性和互动性,有的活动还要有趣味性和娱乐性。这些特性使活动的形式与内容达到有机统一,从而实现培育企业文化的目的。

第一,开展某一项企业文化活动,要有明确的活动目的。如开展企业文化理念方面的知识竞赛,通过竞赛的形式强化参与者对企业文化理念的认知,就是这一活动的目的。在开展活动的过程中,选手的事前准备就是学习的过程,要争取竞赛的名次,就要做到熟知熟记,把企业文化理念印在脑海中。旁听的观众在观看竞赛的过程中,会随着选手答题寻求正确的答案,这也是在强化自己对企业文化理念的认知。无论是选手还是观众,都会在这种竞赛环境中受到感染和熏陶,加深对企业文化理念的认识和理解。

第二,开展某一项企业文化活动,要有员工的广泛参与。活动重在参与,只有有一定数量的参加人员,才称其为活动。组织开展一个活动,如果参加者寥寥无几,这不能说是一次成功的活动。组织某一项企业文化活动,主要是通过一定的活动形式,给员工提供一个参与的机会或平台,让更多的员工参与进来,让员工在参与中受到感染和熏陶,达到开展活动的目的。如开展"服务承诺签名活动",只要认真组织,就可以达到全员参加的规模,员工个体所要做到的是在企业服务承诺上签上自己姓名。就员工个体而言,这一签名的瞬间,所表达的是自己的庄重承诺,使命感、责任感油然而生,心灵受到感染和净化。

第三,开展某一项企业文化活动,要有较强的吸引力和趣味性。活动的吸引力既在于充分考虑适合员工的需求和兴趣爱好,又要尽可能体现活动的趣味性。考虑适合员工的需求和兴趣爱好的前提是对员工有深入的了解。设计安排的活动适应员工的需求和兴趣爱好,自然就会有吸引力。开展企业文化活动应找准企业需要和员工需要的结合点,争取实现企业需要和员工需要的"双满足",使企业的倡导作用和员工个人需求相结合,产生更大的活动吸引力。如企业进行设备更新,换装新设备,引入新技术,帮助员工尽快掌握新技术、熟悉新设备,是企业和员工的共同需要。这个时候开展以提高操作技能为主题的活动,就会有吸引力,能够调动企业和员工两方面的积极性。趣味性可以增强活动的吸引力,并能增强活动的效果。趣味性是指某一事物使人感到愉快,能引起兴趣的特性。寓教于乐的"乐",就是活动的趣味性。开展企业文化活动不同于日常的工作学习,相当一部分企业文化活动是丰富员工精神文化生活的活动,如体育健身、文艺表演等活动,趣味性元素更是不可或缺的。

(五)榜样示范

榜样的词义,是激励大家学习的人或事物,常指一种理想人格。以某个人为榜样,就是领会运用某个人的立场观点方法,把榜样人物同主观自我高度融合,在具体问题面前,运用榜样人物的立场观点方法来认识问题、形成观念,从而指导支配自身的言行。榜样示范、典型引路是推进各项工作的基本工作方法。培育企业文化,要善于运用榜样示范的方法。

坚持榜样示范的方法,要加强榜样的培养选树工作,即抓好典型。在员工中树立榜样,应在先进人群中遴选个人素质高、群众基础好、可塑性强的杰出先进人物,从理想信念、道德修养、技术水平、业务能力等多方面对其培养,关心他们的工作、学习、生活,对他们提出更高的要求,为他们的成长创造条件。要对培养对象进行综合的、深入的、随时随地的考察和帮助,促使他们不断完善自我、超越自我,在思想和行为上真正成为员工的学习楷模。

坚持榜样示范的方法,要搞好榜样事迹的总结提炼工作,即写好榜样故事。榜样的人生态度和思想境界,体现在一件件具体的事情和日常职业行为之中。总结榜样的事迹,提炼出思想精华,写出生动感人的榜样故事,是发挥榜样示范作用的基础环节。

坚持榜样示范的方法,要大力营造向榜样学习的氛围,即做好宣传引导工作。光靠榜样自身行为去影响员工,其影响力的广度和深度都是有限的。坚持榜样示范的方法,必须在宣传引导上下功夫,不但写好榜样故事,还要讲好榜样故事,开展向榜样学习的活动,运用多种手段和方法,大力营造向榜样学习的浓厚氛围,把榜样示范作用发挥到最大。

(六) 舆论引导

舆论是人们对某一事物或事件公开表达的、基本趋于一致的信念、意见和态度的总和。它是社会评价的一种,是社会心理的反映。舆论的形成有两种情况:一是来源于群众自发。当社会出现某一新问题时,社会群体中的个人会基于自己的物质利益和文化素养,自发地、分散地表示对这一问题的态度;持有类似态度的人逐渐增多,并相互传播,相互影响,最终凝聚成引人注目的社会舆论。二是来源于有目的的引导。通过宣传党的路线、方针、政策,使党的主张在群众中引起广泛共鸣,转化为社会舆论。舆论引导是运用舆论来统一人们的意识,引导人们的意向,从而规范人们行为的方法。

培育企业文化注重舆论引导,就是通过能够影响舆论形成的各种方法和手段,引导员工对企业文化形成正确的认识,达到广泛的思想共识,使这种思想共识占据企业舆论场的主导地位。舆论引导,是对舆论有意识的引导,要有明确的目的,确定在哪些问题上促成人们的关注,引导人们对此形成正确舆论,使这种舆论充满正能量,形成健康的舆论环境。如针对企业的战略目标、战略方针开展大讨论,开展座谈讨论,让大多数人表达对企业的战略目标、战略方针的支持、肯定,以及对付诸实施的热切盼望。这种群体反映就是舆论引导的结果。

培育企业文化,要注重舆论引导,要高度关注员工的思想热点、难点问题,针对问题切实加以引导。问题往往是舆论形成的起源,舆论是问题影响的扩大化。如个别人自认为受到了不公正对待而表示不满,这种不满情绪蔓延到周围人群,使很多不明真相的人对此产生同情和共鸣,就会形成负面舆论。如果对负面消极舆论不加以有效控制和正确引导,任其发展蔓延,将会产生严重的后果。因此,必须高度重视针对问题的舆论引导。要占领舆论制高点,掌握舆论话语权,讲清问题的本来面目,澄清事实,分清是非,以理服人,着眼大多数,把负面舆论及时控制住。要查找分析问题产生的原因,举一反三,解决员工最关心、最直接、最根本的利益问题,消除负面舆论产生的土壤和条件。要始终保持头脑清醒,提高政治敏锐性,把苗头性、倾向性问题消灭在萌芽状态之中,避免让个体的不满情绪发展为负面舆论。

(七) 氛围营造

氛围是指特定环境中的气氛和情调。企业文化氛围就是一个企业中特殊的文化气氛和情调,是企业环境氛围、精神氛围、制度氛围三种因素共同作用的文化体现。

企业环境氛围通过直观的、外显的环境反映出来。工作场所的环境布置、文化设施、生活设施、员工服饰、标语、宣传栏等都属于环境氛围。企业精神氛围是企业员工所表现出来的精神风貌、理想追求、价值取向等精神现象,包括员工对待工作的基本态度、员工之间进行交流的方式、企业对员工的满意度、员工对企业的忠诚度等。精神氛围是企业文化氛围中最重要的组成因素。企业制度氛围是指企业各项政策、规章制度及贯彻执行方式等企业文化中强制性要素的集中体现。环境氛围、精神氛围、制度氛围的有机结合和相互统一,构成企业的文化氛围。企业文化氛围对员工的影响是显而易见的,良好的企业文氛围有助于企业形成共同的价值取向、和谐的人际关系和良好的精神风貌。

氛围营造是企业文化培育的重要方法,贯穿企业文化的方方面面。"营造"的词义是"做"、建造、创造的意思。也就是说,在一个单位,要想有一个好的氛围,必须进行"营造"的工作。氛围的形成是工作的结果,如形成崇尚先进、学赶先进的氛围,就要树立员工身边的榜样,总结他们的经验,宣传他们的事迹,开展向榜样学习的活动,进行评比表彰。这些工作做深、做细、做到位,并且持之以恒地抓下去,员工在这样的环境中就会受到教育,受到感染和熏陶,激发向榜样看齐、奋勇争先的意识。人人以先进为荣,以落后为耻,这种群体的精神状态就是崇尚先进、学赶先进的氛围。有了这样的氛围,先进的员工努力做到更先进,其他员工努力追赶先进,集体便充满朝气蓬勃正能量。

(八)品牌建设

企业要制定并实施企业品牌战略,结合企业发展战略、内外资源条件、企业文化传承等因素,理顺和规范企业品牌管理机制,全方位开展品牌策划、品牌建设、品牌传播、品牌维护,大力实施具有差异化竞争优势的品牌战略。

要准确把握品牌定位,突出差异性,根据行业特点、企业实际和产品特性,科学确立品牌定位,精心提炼品牌理念,树立品牌在市民乘客中的独特地位。

提高品牌管理水平,优化品牌要素,通过品牌要素将品牌理念准确传递给乘客,形成牢固的品牌记忆,有效维护品牌声誉。

做好品牌传播保护,有效运用新媒体,开展形象公关,传播品牌形象,传递品牌价值,提高品牌知名度和美誉度。建立品牌保护体系,坚持品牌与知识产权保护相结合,做好商标、专利等的注册,防范各种侵权行为,加强对自主品牌、无形资产的保护。

第二节　企业文化建设

一、企业文化建设的定义和目标

企业文化是企业在一定条件下,在生产经营和管理活动中所创造的具有该企业特色的精神财富和物质财富的总和。物质财富要通过创造才能获得,精神财富要通过建设才能形成。加强企业文化建设是一个企业形成具有自身特色企业文化的必要条件。

(一)企业文化建设的定义

"建设"广义的概念是指创立新事业、增加新设施、充实新精神。企业文化建设是指构建企业文化体系,推进企业文化发展,发挥企业文化功能和作用的全部工作。企业文化建设包括企业文化相关理念的形成、提炼、传播,企业精神和企业价值观的塑造与认同,企业特色文化的培育和弘扬,企业行为规范的制定与践行,企业文化建设的领导和管理机制的建立与创新,以及设计体现企业文化特色的视觉标志等。企业文化建设要突出在"建"字上,切忌重形式轻内容、重声势轻效果。要坚持问题导向,真抓实干,培育与践行并举,实现企业文化落地生根。

(二) 企业文化建设的目标

有目标才有前进的方向,才能找到正确路径,才会激发无限的潜能。目标就是在一定时期内想要达到的预期成果。建设企业文化必须要有明确的目标,要在目标指引下推进企业文化达到新的意境和新的水平,增强企业的软实力,为企业健康发展提供文化支撑和思想保证。

企业文化建设目标可分为中、长期目标和近期目标。中、长期目标相对宏观,是确定大的方位的综合性目标。近期目标较为具体,一般是明确具体事项的标准和完成时限。企业文化建设目标一般是指中、长期的目标,即明确在较长一段时间内,企业文化要争取达到什么样的程度和标准,并用精练的语言进行表述。如北京公交集团把"积极建设高趋同的价值理念体系、着力构建高效率的文化管理模式、坚持开展高层次的文化实践创新、大力塑造高信赖的品牌形象,争创全国企业文化建设示范企业"确立为北京公交集团"十三五"期间企业文化建设的目标,清晰表明了从 2016 年到 2020 年,要立足在建设价值理念体系、构建管理模式、开展实践创新、塑造品牌形象方面,综合目标值的落脚是在争创全国企业文化建设示范企业上。

目标对于企业文化建设具有重要意义。目标为企业文化建设确定了发展方位和奋斗方向,成为全体员工的共同追求。目标是凝聚力量的源泉,可以把企业管理者、各职能部门和全体员工的力量凝聚起来,把各方面的积极性调动起来,共同为实现企业文化建设目标而奋斗。目标是要争取达到的标准和考核依据,目标不仅是制订企业文化建设方案的出发点,而且是考核工作落实和工作成果的依据。目标一经确定,就要紧紧围绕实现目标提出任务,制订方案、狠抓落实、严格考核,以确保目标按标准如期实现。

二、企业文化建设的原则

企业文化建设具有普遍性的规律,同时又有各个企业特殊性的实际。企业文化建设要坚持遵循企业文化建设普遍性规律和从本企业实际出发的有机结合,形成企业文化建设原则。

(一) 以人为本的原则

以人为本是企业管理和开展各项工作的重要理念,同时又是企业文化建设的重要原则。

坚持以人为本的原则,必须以人作为管理工作和企业文化建设的出发点和中心。围绕激发和调动人的积极性、主动性、创造性,进行企业生产经营活动和推进企业文化建设。充分体现理解人、尊重人、依靠人、关心人、爱护人、培养人、教育人,建设高素质的员工队伍,激励员工为实现企业使命和企业发展目标砥砺前行,努力奋斗。

坚持以人为本的原则,必须重视和不断满足人的需求。员工的需求是多方面的,既有物质的需求,又有精神的需求。企业文化建设坚持以人为本的原则,就要认真研究员工的需求,特别是员工的精神需求。从不断满足和实现员工需求出发,形成健康向上的群体价值取向,创造良好的生活和工作环境,营造平等和谐的工作氛围,搭建适合交流的沟通平台,让员工在物质和精神上有获得感和幸福感,实现企业和员工的共同发展。

坚持以人为本的原则,必须以依靠人为主旨。员工是企业创造物质财富和精神财富的主体,是企业文化建设的重要参与者和实践者。依靠人是一切工作的前提,企业文化建设的所有工作都要体现依靠全体员工。通过企业文化建设形成的具有企业自身特点的企业价值观、企业使命和愿景、企业道德、团体意识等,都是群体的思想理念和群体的职业行为,需要全体员工的共同参与。没有全体员工的参与,仅仅依靠少数人,企业文化建设就没有生命力。

(二)讲求实效的原则

讲求实效就是形式与内容、初衷与结果、理念与行为的辩证统一,泛指有目的地做一件事情要重视实际效果。

坚持讲求实效的原则,企业文化建设必须从本企业实际出发。制定企业文化建设战略规划,总结提炼企业价值观及应用理念,选择企业文化建设方式方法,都要从本企业的实际出发。企业文化建设可以吸收借鉴别人的经验、做法、模式为我所用,但绝不能不考虑本企业实际,一味照搬照抄。只有符合本企业的实际,才能从根本上保证企业文化建设的实际效果。

坚持讲求实效的原则,要正确处理形式、内容、效果三者关系。形式是内容的载体,形式为内容服务。形式和内容都是为了达到预期的工作效果。只注重形式,不注重实效就是形式主义,没有效果的形式就没有价值。讲求实效就要把工作的着力点放在追求实效上,不搞花架子,不做表面文章,追求实实在在的工作效果。

坚持讲求实效的原则,要坚持问题导向,真抓实干。从一定意义上讲,很多工作的实效就是问题的解决,只有抓住问题的关键所在,致力于问题的解决,坚韧不拔,攻坚克难,才能取得期望的效果。企业文化建设的成果是干出来的,是脚踏实地、真抓实干的结果。一分耕耘必定有一分收获。

(三)系统运作的原则

系统是由相互作用、相互依赖、相互支撑的若干组成部分结合而构成的完整体系。企业文化建设是企业战略性、长期性的工作,是涉及企业各个方面的系统工程。要实现企业文化建设整体推进、全面提升,必须坚持系统运作的原则。

坚持系统运作的原则,要充分认识企业文化形成发展规律和企业文化建设规律,把握企业文化诸要素之间相互作用、相互依赖、相互支撑的关系,重视系统结构的整体功能性,明确企业文化建设的总体目标和阶段性目标,总揽全局,通盘考虑,整体设计,以系统思维形成科学清晰的企业文化建设工作思路。

坚持系统运作的原则,要以整体推进为主导,抓重点、破难点、补短板,通过抓好分类分项工作的落实,实现整个系统的良好运行。系统由相关部分构成,坚持系统运作,首先要保证各相关部分发挥各自的功能。企业文化从层次上划分为物质文化、制度文化、精神文化,每个层次都有其特定的建设内容,落实好每个层次的建设任务,企业文化建设就会得到整体加强。坚持系统运作,要把系统结构中各个部分之间相互联系、相互作用的功能集合起来,放大相互联系、相互支撑的效能,促进企业文化建设全面发展、整体推进。

坚持系统运作的原则,要有机制上、制度上的保证。企业文化建设涉及企业的各个方面,融于生产经营管理之中,但又不完全等同于生产经营管理。所以,必须建立企业党委集中统一领导、党政共同负责的领导体制,形成主管部门组织协调、相关部门密切配合、全体员工积极参与的机制,建立职责清晰的管理制度和保证企业文化建设任务落实的工作制度。要完善机制和制度,明确管理层应该做什么、怎么做,实践层应该做什么、怎么做,分工负责,上下一致,各有侧重,协调运作,把企业文化建设的任务落实到实际工作中去。

(四)持之以恒的原则

企业文化建设是企业战略性、长期性的工作,企业文化的形成发展是不断培育的过程,企业文化建设始终在路上,必须持之以恒,一以贯之。

坚持持之以恒的原则,是因为企业既是经济实体,又是文化载体。企业文化与企业的生产经营和企业发展,交相辉映、相互作用。企业文化伴随企业生产经营和企业发展同向而行。因此,企业文化建设必须持之以恒。

坚持持之以恒的原则,是因为企业文化的培育需要持之以恒地不懈努力。企业文化相关理念的形成、提炼、传播,企业精神和企业价值观的认同,企业特色文化的培育,企业行为规范的自觉践行,都不是一蹴而就的。因此,企业文化建设必须持之以恒。

坚持持之以恒的原则,是因为企业的内外部环境处在变化之中,企业文化需要与其相适应。时代的前进,科技的发展,市场环境的变化,会对企业的生存与发展产生重要影响,要求企业适应变化的客观环境,形成新的文化理念,营造新的文化氛围。因此,企业文化建设必须持之以恒。

(五)全员参与的原则

全员参与的原则是企业文化建设的重要原则。企业文化建设主体是企业的全体员工,没有全员的参与,先进的企业文化就不会形成,也不会发挥其功能与作用。

坚持全员参与的原则,要正确认识企业领导和员工在企业文化建设中所处的地位。企业领导在企业文化建设中处于主导地位,他们的治企思想、处事原则、工作方法等深刻影响着员工的思想与行为,他们通过领导行为在企业使命、企业价值观及相关文化理念的形成、提炼、传播方面,发挥主导作用和推动作用。企业员工在企业文化建设中处于主体地位,企业使命、企业价值观及相关文化理念被全体员工接受、认同,才能产生极大的精神力量。企业良好文化氛围的形成,是员工共同实践的结果,企业文化是全体员工创造的群体文化,全员参与是企业文化建设的群众基础。

坚持全员参与的原则,要激发员工参与企业文化建设的积极性。要引导员工认识到自己是企业的主人,是企业文化建设的主体,从而增强参与的积极性、主动性。要从员工的实际出发,选择员工乐于接受的活动形式和宣传教育方法,使全员参与有渠道、有平台,使每一名员工在企业文化建设中有自己的位置、有展示自己的舞台。

坚持全员参与的原则,要通过持之以恒的努力促进企业文化由倡导转变为自觉。全员参与企业文化建设,不仅是员工参加的广度,还是企业文化与员工思想、行为融合的深度。企业精神和企业价值观由提炼传播到全员的认知认同,转化成员工的思想意识和行动。企业行为规范由制定形成转化为员工的行为遵循和自我约束,这种转化需要做大量的工作,只有经过努力才能实现企业文化由倡导向自觉的转变。

（六）知行合一的原则

企业文化建设是培育与践行的有机统一，"知行合一"是企业文化建设的一个重要原则。优秀的企业文化不可能自然长成，它必须有一个提炼、塑造和精心培育的过程。在这个过程中，首先要使企业所倡导的文化得到员工的认知、认同，这就是"知"的内涵。与此同时，要在企业的生产经营中努力地实践企业文化，这就是"行"的要求。知与行一致，才能使企业员工形成共同的文化理念和共同的行为规范。

坚持"知行合一"的原则，要以实现员工对企业文化高度认知、认同为目的，做好企业使命、企业价值观及相关文化理念宣传教育工作。通过日常学习、集中培训、宣讲讨论、活动渗透等多种方法和手段，强化认知、深化认同，不断解决对企业文化认知认同的广度和深度问题，为自觉践行企业文化理念打牢思想基础。

坚持"知行合一"的原则，要把握正确的导向，在抓好认知认同的同时，及时引导员工行为，扎实做好推动践行的工作，发挥理念指导实践的作用。内因是根据，外因是条件，内因通过外因起作用。推动践行既要着眼于启发员工的内在自觉性，同时又要高度重视外部推动力和环境、氛围影响的作用。要综合运用领导垂范、榜样示范、行为激励等方法，大力营造企业文化氛围，促进思想见之行动，规范成为自觉，文化力转化为生产力。

三、企业文化建设的主体

主体和客体都是哲学范畴。哲学上主体是指实践活动和认识活动的承担者；客体是指主体实践活动和认识活动的对象。通俗地讲，客体是指干什么事，主体是指由谁来干。由此可见，在企业文化建设中，所有参与其中并发挥各自作用的企业成员以及外聘专家都是企业文化建设的主体。认识企业文化建设的主体，有助于明确企业各级各类人员在企业文化建设中的责任与作用。

（一）企业领导层

企业领导层所处的核心位置和责任担当决定了其在企业文化建设中起着决定性的关键作用。领导层作为企业的核心，是企业文化建设路线图的设计者、企业文化建设目标任务的决策者、企业文化建设整体推进的指挥者。

领导层对企业文化的认识程度决定对企业文化建设的重视程度，决定把企业文化建设摆在企业整体工作何种位置，决定投入的精力和动员的力量。领导层在企业文化建设中的职责是为企业文化建设定方向、出思路、提标准和抓执行、抓协调、抓落实。领导层如果没有对企业文化的高度自信，不能深刻认识企业文化是企业的灵魂，忽视精神力量的激励作用和凝聚作用，在领导活动中就不会把企业文化建设摆在重要位置，也不会投入足够的精力和力量。领导层作为企业文化建设主体中起决定作用的关键层次，要站在全局的战略角度，不断深化对企业文化的认识，切实担当起领导、组织、指挥、协调责任，在企业文化建设中充分发挥领导作用。

领导层的率先垂范对企业文化建设有着重要的影响力。领导的影响力包括权利性影响力和非权利性影响力。领导者行使管理企业的权责所产生的影响力就是权力影响力，领导者个人的人格魅力、率先垂范的表率作用就是非权力影响力。在各项工作中,领导层非权力影响力的作用尤为关键。领导层用自身行动诠释企业核心价值观,崇尚企业精神,遵守企业行为规范,在各方面为职工群众做出表率,就会产生强大影响力,促进形成良好的企业政治生态,推动企业文化建设健康发展。

(二) 企业管理层

管理层是企业领导层以下行使管理职能的中间层次。以北京公交集团为例,管理层是集团公司机关的各职能部门、二、三级单位的领导干部及管理人员和车队干部。管理层是企业文化建设主体的中间层次、执行层次,其主要职能是安排、组织、落实上级部署的工作任务,抓好本单位、本部门的企业文化建设。

企业文化建设主管部门是企业文化建设组织协调的责任主体。负责贯彻落实企业文化建设总要求,制订企业文化建设规划、计划、实施方案和工作制度,提炼、完善、传播企业文化相关理念,协调其他业务部门在企业文化建设中发挥作用,组织开展集团公司层面的企业文化活动,实施对企业文化建设的日常管理。

二、三级单位是企业文化建设的执行落实主体。负责贯彻落实上一级组织关于企业文化建设的决策、部署、要求,扎实推进本单位的企业文化建设。二、三级单位在企业文化建设中要精心组织,凝聚力量,狠抓落实,讲求实效,实现企业文化建设与企业中心工作紧密融合,与宣传思想政治工作紧密融合,把企业文化建设任务真正落到实处。

管理层是企业文化建设主体中承上启下的中坚力量,这一层面干部队伍的政治素质、精神状态、工作能力、群众基础直接关系企业文化建设任务的落实和企业文化建设成效在基层的体现。因此,必须大力加强管理层干部队伍建设。

(三) 企业员工

企业员工是企业生产经营的主体,同时也是企业文化建设的主体。企业文化建设从根本上说,就是通过企业文化建设的实践,不断提升员工的主体意识,增强员工的主体责任,发挥员工的主体作用,规范员工的主体行为。

企业文化源于员工的生产实践。企业文化的理念,往往最初形成于员工之中,企业行为规范也是以员工日常行为为基础、以先进员工行为为原型的。如北京公交集团"真诚于心,奉献于行"的服务理念,就源于北京公交人一脉相承的优良传统,是由员工服务乘客的品德、情操、行为提炼而成。

企业文化是员工群体的文化现象。无论是在思想理念方面,还是在岗位行为的表现上,只有达到员工思想统一、行为一致,才会形成企业文化现象。企业文化体现在每一名员工身上,只要工作在企业之中,就不可能脱离企业文化,游离于企业文化之外。企业的价值观成为全员认同的价值取向;企业精神成为全员的精神支柱;企业行为规范成为全员的行为准则,是企业文化建设的出发点和落脚点。

企业文化对企业生产经营的促进推动作用通过员工职业行为体现。企业文化的导向功能、凝聚功能、约束功能、激励功能、辐射功能,潜移默化地影响员工的思想观念、价值判断、道德情操,从而调动员工的积极性、主动性、自觉性,激发员工的潜能,使文化力转化为促进和推动企业生产经营的生产力。因此,企业文化建设要以人为中心,坚持以人为本和全员参与的原则,充分发挥员工在企业文化建设中的主体作用。

（四）外聘专家

社会经济的高度发展，智库的作用越来越突出。借力"外脑"的智力支持，聘请专家组成"智囊团"，为企业决策出谋划策，提供最佳理论、策略、方法、思想等，是现代化企业寻求更大发展，提升市场竞争力的一种有效方式。围绕企业文化建设，发挥外聘专家智囊作用，请他们为企业文化建设问症把脉诊断，提炼升华企业文化理念，策划企业文化活动方案，是企业文化建设提升水平、健康发展的重要途径。这些外聘专家参与企业文化建设的设计、规划，帮助总结、提炼企业文化相关理念，同样是企业文化建设主体的一部分。

第三节　北京公交集团企业文化建设

北京公交集团高度重视企业文化的作用，从企业生产经营和改革发展的实际出发，加强企业文化建设，追求卓越，砥砺前行，形成了独具特色的北京公交集团企业文化。

一、北京公交集团企业文化建设的发展历程

北京公交已有近百年的历史。1921年，北京电车股份有限公司正式成立，古都北京驶出了第一辆有轨电车。这是北京城市公共交通的初始，由此掀开北京城市公共交通事业发展的序幕。中华人民共和国成立后，北京市成立了"北京市公共汽车公司"。经过30年的艰苦奋斗、创业发展，初步形成规模，于1980年8月改组成立"北京市公共交通总公司"，成为首都地面公共交通的经营主体。进入新世纪，随着"公交优先"发展战略的确定，2004年改制更名为"北京公共交通控股（集团）有限公司"。

北京公交集团作为国有独资大型公益性企业，是以城市地面公共交通客运主业为依托，以多元化投资、多种经济类型为一体的大型公共交通集团企业。经过近百年发展，由诞生时的2条电车线路、总长12.5千米，成长为具有运营车辆20000余辆、运营线路1000余条、线路总长20000余千米的现代企业，在首都城市客运中处于主体地位，发挥着主导作用。

北京公交近百年的发展历史，不仅留下了时代的烙印，同时积淀了丰厚的文化底蕴，形成了北京公交优秀文化传统。改革开放以来，北京公交集团较早地学习、吸收国内外企业文化理论和文化管理的先进经验，解放思想，开拓创新，将企业文化理论与本企业的实际相结合，扎实推进企业文化建设，从导入CIS系统入手，先后形成了企业理念识别规范、企业行为识别规范和企业视觉识别规范，逐步构建起企业文化的基础框架，着力打造特色鲜明的北京公交文化。2017年，北京公交集团适应新时代的新变化、新要求，对企业文化再次进行深化提炼，将北京公交文化提升到"同行文化"的新高度。新版《北京公交集团企业文化手册》对"同行文化"的内涵、价值、共识作出精练释义，标志着北京公交集团企业文化建设进入到规范化、标准化、制度化的新阶段，上升到进一步创新发展的新层次。

二、北京公交集团优秀文化积淀

北京公交近百年历史积淀的优秀文化是北京公交集团宝贵的精神财富和无形资产。在建设中国特色社会主义新时代,北京公交集团的优秀文化积淀将厚积薄发,进一步绽放展现首善形象、优质服务乘客的绚丽光彩。

(一)乘客至上、诚于服务

乘客至上、诚于服务,是北京公交集团文化的历史积淀。北京公交集团秉持"一心为乘客、服务最光荣,真情献社会、责任勇担当"的企业精神,把乘客需求放在发展的首位,优化线网结构,提供便利的出行方案;加快车辆更新,打造舒适的乘车环境;完善服务规范,打造和推广服务亮点;深化服务专项整治,解决影响乘客体验的关键问题。从中华人民共和国成立初期到现在的近70年间,20世纪50年代驾驶煤气炉车的"节能状元"葛正中和著名的13路"全国红旗车队",60年代苦练售票技能"一手清"的吴兰芬,70年代解答乘客难题"百问不倒"的赵淑珍,80年代被誉为"晶莹露珠"的王桂荣、"新长征突击手"杨本莉,90年代"岗位做奉献,真情为他人"的李素丽、"活地图"任玉琢和电车"103路"车队、"大1路"服务品牌,等等,都是乘客至上、诚于服务的杰出代表。

乘客至上、诚于服务,是北京公交人真诚美德的一脉相承。几十年来,北京公交集团坚持岗位学雷锋,把真诚作为优质服务的第一要义、职业素养的第一准则,不断提升整体服务水平。广大员工把对乘客的真诚化作诚挚的爱心、热忱的态度、和善的话语、文明的举止,真心服务于社会大众,使北京公交成为首都的一张靓丽名片。

(二)心怀大局、勇于担当

扎根于广大员工心中的首都意识,铸就了北京公交人心怀大局、勇于担当的责任自觉。

心怀首都发展的大局。广大员工深知公共交通是城市主要的出行方式,关系人民群众日常工作和生活,关系城市正常运转,关系首都经济发展,深感公交服务工作责任重大、平凡而光荣。几十年来,伴随着首都城市建设快速发展,公交线路不断向新建小区和郊区村镇延伸,北京公交集团广大员工牢固树立大局意识,勇于责任担当,满足广大群众公交出行需求。

心怀展现首都形象的大局。广大员工把本职工作和中央对北京"四个服务"要求紧密联系起来,以树立首都形象,展示首善风采为己任,在北京窗口服务领域率先提出"在全国人民面前代表首都,在世界人民面前代表中国"的响亮口号,做讲文明有礼貌的北京人,通过公交服务的良好形象为首都形象增光添彩。

心怀服务首都大事的大局。北京公交集团在首都历次重大政治活动中,认真落实市委、市政府工作部署和要求,以高度的政治责任感,选配高素质员工和精心保养的车辆参加运输保障工作,精心组织,精细调度,精准衔接,保证了每一次重要任务的圆满完成。

(三)拼搏敬业,甘于奉献

公共交通是一刻不能停摆的城市动脉,公交人的职责就是保证城市动脉畅通。"让更多的人享受更好的公共出行服务"的光荣使命,激励北京公交集团员工把方便带给乘客,把困难留给自己,形成拼搏敬业,甘于奉献的文化积淀。

拼搏敬业,甘于奉献的文化积淀,是北京公交集团薪火相传的优秀品质。在平凡的工作岗位上,在风雨无阻的公交服务中,在起得最早归得最晚的奉献中,北京公交人诠释着"一心为乘客,服务最光荣,真情献社会,责任勇担当"的企业精神,在为他人服务的奋斗中实现个人的人生价值。

拼搏敬业,甘于奉献的文化积淀,是坚持不懈,精心培育的结果。长期以来,北京公交集团各级组织始终注重员工队伍建设,大力营造"吃苦耐劳、乐于奉献、勇挑重担、先进引领"的思想氛围,使拼搏敬业、甘于奉献成为群体的思想境界,使员工队伍成为坚守国企职责、忠诚公交事业,在急难险重任务中迎难而上,在平凡工作岗位上兼程往复,以强烈的政治责任感和社会使命感奉献于首都发展的过硬员工队伍。

(四)以人为本,长于关爱

以人为本,长于关爱是北京公交集团长期形成的优良传统,是坚持党的群众路线在企业文化中的具体体现。

以人为本;长于关爱,充分体现在以员工为本。北京公交集团视员工为企业的根本,依靠职工群众办好国有企业,发挥职工代表大会的职能和作用,在企业改革发展中切实维护职工根本利益。坚持关心员工生活,做好事、办实事、解难事,让员工快乐工作、感受尊严。坚持优机制、搭平台、创氛围,促进员工强能力、提素质,不断成长、实现梦想。

以人为本、长于关爱,充分体现在以乘客为本。北京公交集团视乘客为服务主体,坚持"以人为本、乘客至上、创新发展、追求卓越"的核心价值,履行"让更多的人享受更好的公共出行服务"的企业使命,从乘客需求出发,不断优化线路,"减重复""提运速""便接驳""增覆盖"提供优质服务和多样化服务。通过不断创新公交经营模式,引领公众出行方式,吸引公众首选公交出行,为提升城市生活品质,治理大气污染,减轻道路拥堵作出了应有的贡献。

三、北京公交集团"六大文化"体系建设

北京公交集团以构筑"同心同德、和融共生,行无止境、追求卓越"的"同行文化"为圆心,形成了理念文化、制度文化、识别文化、仪式文化、行为文化、执行力文化的"六大文化"体系。这"六大文化"既是企业文化建设载体,又是具有北京公交集团特色的文化现象。

(一)理念文化

理念文化是北京公交集团企业文化的核心和灵魂,是企业在生产经营过程中受文化传统、意识形态影响而形成的一种长期的文化观念和精神成果,具有导向、约束、激励、凝聚等作用。公交集团开展理念文化建设,重点在于突出理念文化的核心价值,传承公交优秀企业文化,践行企业使命、企业愿景、企业核心价值观、企业发展战略等,通过强化理念文化,营造北京公交集团良好企业文化氛围,增强全体员工对企业的认同感和归属感。

北京公交集团把理念文化作为企业文化建设的核心,用先进理念引领企业沿着正确

的方向发展,以正确的价值取向统一员工的思想和行为,为实现北京公交集团的企业使命和愿景提供理论指导和思想保证。

北京公交集团企业文化建设初始,通过导入 CIS 系统构建起企业文化建设基础框架,以建立形成理念识别规范为抓手,开展企业文化理念的提炼、培育、教育工作,初步形成理念识别体系。随着对企业价值观、企业使命等核心理念的认识以及涉及生产经营具体理念的认识的不断深化,为适应首都经济社会发展新要求,北京公交集团多次对理念体系进行补充完善,使之与时俱进,更好地体现时代要求,更好地指导新的实践,更好地凝聚员工队伍。目前,由"同心同德、和融共生、行无止境、追求卓越"构成"同行"内涵,由使命、愿景、核心价值观、企业精神构成"同行"价值,由服务理念、管理理念、安全理念、科技理念、人才理念、学习理念、廉洁理念、品牌理念构成"同行"共识,形成了一套完整的"同行文化"理念体系。"同行文化"理念体系的形成得到员工的广泛认同,是北京公交集团企业文化建设的重要成果。

(二)制度文化

科学合理的制度文化体系既是优秀企业文化的反映,也是全面依法治企、强化企业民主管理、科学管理的体现,对贯彻实施企业理念文化具有重要的保障作用。制度文化是企业文化的中间层次,包括领导体制、组织结构、规章制度及以制度形式规定的行为规范等。其中,规章制度和以制度形式规定的行为规范的完善和落实是制度文化建设的主体。北京公交集团作为公益性国有企业高度重视制度建设,形成了完善的规章制度体系,凸显制度文化的作用。北京公交集团制度文化建设体现以下特点:

一是稳定性和动态性有机统一。规章制度一经制定具有相对的稳定性,规章制度又需要不断完善,根据客观变化及时增补、修改、完善。北京公交集团一直致力于不断完善企业各种规章制度,坚持精细和创新原则,组织相关职能部门对规章制度进行效能评价,针对问题修改、补充、完善,使之更加科学合理,便于执行,实现依法治企,科学管理。

二是实现企业运行所有事项规章制度全覆盖。在北京公交集团,无论是生产经营,还是党的建设,企业运行所有事项都有具体的规定和制度,做到工作有标准,操作按程序,行为守规范。公交企业点多、线长、人员分散、单车作业,制度的全覆盖是实现安全运输、优质服务和落实重点任务的重要保证。

三是强化规章制度不折不扣贯彻落实。规章制度的作用与效力在于真执行、真落实、真考核、真追责,只有把权利和行为关进制度的笼子里面,切实维护规章制度的权威,才能形成制度文化。北京公交集团长期以来以安全和服务为主线,强化各方面规章制度的落实,形成了人人自觉遵章守纪的氛围。

(三)识别文化

识别文化对扩大"北京公交"影响力、号召力和凝聚力具有重要作用,将企业文化、企业规范转化为清晰可见的识别系统,是北京公交集团企业形象鲜明的视觉展现,进而凝聚核心价值文化的共识。北京公交集团开展识别文化建设,在车厢、场站、站台中突显公交文化特色,让企业愿景、企业使命、企业核心价值观随处可见。在公益性企业范围的车辆、设施中冠以"北京公交",注重无形资产和知识产权的保护,可以形成文化的聚合力。

企业识别是一个企业所能标识自己、区别外界的内在特点和个性。主要是将抽象的企业经营理念和企业精神文化,通过统一的视觉设计,以视觉的形式转化为企业标识、企业标准字、标准色,从而刻画出企业的个性,突出企业的精神,塑造与众不同的企业形象,并运用整体传达系统传给企业内部与社会大众,使其对企业产生一致的认同感。

北京公交集团在企业文化建设中,以"北京公交"品牌标识作为企业文化标志,企业标识遵循简洁明快的国际化设计理念,体现出北京公交集团的开放性、包容性、时代性。整体为椭圆造型,寓意方向盘和车轮,代表行业属性,体现出北京公交集团"同行文化"的融合力、凝聚力、向心力。

标识采用红、灰两种基本色。红色是首都的文化印记,有吉祥喜庆的寓意;灰色是北京青砖灰瓦的传统色彩,有深入人心的地域特征。两色相配,大气稳重,既体现北京公交服务首都的政治责任以及北京公交人服务公众的主动与热情,又富有历史感和地域感,展现北京古老与现代相融的文化气息。

标识用三条线段围绕一个圆环,形似北京环形及散射状的路网,寓意北京公交集团立足首都、面向京津冀、走向世界的开放、创新之路,也寓意北京公交集团打造"互联网+公交",实现互联互通,秉持智慧之道,建设现代公交的理念。

标识中间的红色飘带,似宽广的道路向远方延伸,象征北京公交集团走过百年的发展历程。在国家"一带一路"、非首都功能疏解、京津冀协同发展等新的历史条件下,践行"创新、协调、绿色、开放、共享"五大发展理念,打破固有观念,拓宽发展思路,谋新路、创新篇,体现北京公交集团肩负新的使命、朝着新的愿景,公交现代化建设之路越走越宽,走向更加宽广美好的未来。

标识整体预示新的历史时期,北京公交人既传承历史、同心同德、和融共生,又开拓创新、行无止境、追求卓越,不断走好建设国内领先、世界一流的现代公共交通综合服务企业新征程。

(四)仪式文化

仪式文化是把开展的某些工作固定化、程式化,以宣传企业的核心价值文化为重点,强化企业精神,展示企业形象的重要活动方式。仪式文化以集体行为的结构化和稳定的模式为特征,是一个不断强化文化理念的过程。发挥仪式文化的作用,能够通过有形的活动将无形的文化理念内化于心,潜移默化地影响员工思维,形成文化习惯,增强员工的归属感和自豪感,有效解决企业文化的落地问题。

仪式作为人类社会实践的产物,源远流长;作为文化情感的载体,博大精深。通过举行仪式,将个人或群体带入某个特定情境,体现对某一事物的重视,赋予重要意义,起到改变认知,强化认可的作用,最终达到笃信不疑的结果。

北京公交集团在企业文化建设中,注重发挥仪式的独特优势,围绕企业中心和完成重大政治任务,以举行庄严、庄重的仪式为载体,动员鼓劲,凝心聚力,强化企业文化理念认同,形成了具有北京公交集团特色的仪式文化。

北京公交集团在企业推进改革发展的重要节点、运行线路大面积调整、承接重要政治任务等时机,运用誓师、宣誓、授旗、开通典礼等仪式,振奋精神,鼓舞斗志,凝聚力量,诺言诺行,使员工在庄严庄重的情境中使命感和责任感得到强化。

(五)行为文化

行为文化是员工在生产经营、人际关系中产生的,以员工的行为为形态的企业文化。

行为文化真实地反映了企业的使命、愿景和精神面貌，是企业核心价值文化的折射。北京公交集团在行为文化建设的实践中，以安全、运营、服务各项工作为重点，倡导职业道德和诚信服务，满足乘客出行需求，提高服务水平，体现文明行为，帮助员工从思想意识、职业行为上塑造公交行为文化，提升员工的整体素养。

企业文化最终要体现在企业和员工的行为中。企业行为文化集中反映了企业的经营作风、员工素质、员工精神面貌等文化特征，是企业精神、企业价值观的折射。

北京公交集团把培育行为文化作为企业文化建设的落脚点和检验企业文化建设成效的根本标准，倾力把企业文化理念转化为企业和员工的行为，努力建设一支高素质的员工队伍，使员工把北京公交"同行文化"的每一条理念、每一项准则铭于心、践于行，成为倡导者、实践者、推广者。

制订员工行为准则和规范是行为文化建设的基础性工作。北京公交集团制订行为规范，坚持理念引领，体现关键卡控，突出激发潜能，落在严于自律。如高层管理人员岗位理念是"为社会尽责、为企业尽力、为员工尽心"，行为准则是"政治坚定、恪守使命、达成愿景；解放思想、系统思考、统揽全局；以人为本、知人善任、关爱员工"。再如一般员工、驾驶员岗位理念是"文明驾驶、安全送达"，行为准则是"遵章守纪、服从指挥；精神集中、平稳行车；安全第一、处置得当"。这样的行为准则，既体现了先进性，又具有广泛的群众性，言简意赅，便于熟知熟记，为广大员工自觉践行奠定了坚实基础。

落实全体干部和员工认知认同的行为准则是行为文化建设常抓不懈的常态性工作。北京公交集团把生产经营管理工作、党的建设工作、宣传思想文化工作、群团工作各方面力量聚焦于"行为公约"和"行为准则"的落实，发挥各方面作用，齐抓共管，营造出行为文化的浓厚氛围，推动行为准则落实于每一名员工职业行为之中。

（六）执行力文化

执行力文化是把执行力作为所有行为的最高准则和终极目标的文化，体现了企业的核心竞争力。执行力文化的关键在于透过企业文化塑造和影响企业所有员工的行为，形成全心全意、令行禁止、权责明确等工作作风。执行力文化具体体现为落实工作要求步调一致、主动自觉、说到做到、积极作为、善于作为、依法作为。工作执行落实不仅要列项目，更重要的是盯结果，通过考核、督查等方式确保工作目标的实现。

执行力是实现计划、目标的必然途径，决定企业的兴衰。就企业而言，认真贯彻执行党和国家的路线、方针、政策和法律规定，努力实现企业使命和经营目标，切实做到对社会负责和对员工负责，始终保持企业发展活力，就是企业的执行力。就企业各级管理者而言，在负责范围内，精心组织、精细管理，不折不扣落实上级部署、要求，创造性开展工作，组织员工保质保量完成任务，就是各级管理者的执行力。就员工而言，敬业爱岗，服从管理，听从指挥，遵章守纪，保质保量完成本职岗位工作任务就是员工个人的执行力。

北京公交集团高度重视各层次执行力建设。通过发挥党委政治核心作用，加强领导班子思想、作风建设，提高企业决策能力和水平，不断提高领导班组子和高层管理人员的执行力。通过加强基层党组织建设，选拔任用有激情、肯吃苦、业务精、善管理、作风实的中层管理干部，强化培训，严格考核，奖罚分明，问题追责，不断提高二、三级单位领导班子和中层、一般管理人员的执行力。通过加强和改进企业宣传思想文化工作，发挥基层党员和先进人物模范带头作用，推动践行各岗位行为准则，大力营造创优争先氛围，严格管理、严格考核,不断提高广大员工的执行力。

北京公交集团不断丰富执行力文化内涵。在执行力文化建设中有机融入理念文化、制度文化、行为文化等文化元素,坚持知行合一,多措并举,持之以恒,促进企业执行力的全面提升。

北京公交集团大力营造执行力文化氛围。在全系统建设令行禁止、真抓实干、勇于担当、创优争先的良好政治生态。坚决维护公交集团领导集体的决策指挥权威,一张蓝图绘到底,一级带一级,一级抓一级,杜绝上有政策下有对策,执行中变味、走样的问题。坚持问题导向,及时解决执行中出现的问题,对精神状态不佳,执行力不强,政绩平平,经教育帮助仍无明显改变的管理干部,坚决进行岗位调整。以强化落实规章制度和行为准则为抓手,发挥教育、启迪、感染、约束、强制多种功能的合力作用,提高全体员工的执行力。

四、北京公交集团企业文化建设效果

经过不懈努力,北京公交集团的企业文化形成了完整的建设体系,取得了显著的建设效果,为企业生产经营和健康发展,提供了文化、智力支撑和思想保证。

(一) 形成了广泛认同的企业文化理念体系

北京公交集团传承中华民族优秀传统文化和传统美德,汲取百年公交积淀的优秀文化的精华,以中国特色社会主义文化为指导,结合企业使命和责任,形成了"同行文化"理念体系。这一理念体系包括"同行内涵""同行价值""同行共识"三个方面,得到公交集团员工的广泛认知认同。

1."同行内涵"

"同行内涵"是:同心同德,和融共生;行无止境,追求卓越。

(1)同心同德,和融共生

同心,即共筑公交梦,共促公交事业,统一思想行动;同德,即继承传统美德,恪守职业道德,弘扬精神文明;和融,即秉持公益定位,响应各方期盼,共建和谐生态;共生,即坚守惠众利民,坚持携手共进,实现协同发展。"同心同德,和融共生"是北京公交集团同行文化体系中"六元价值"的内涵体现。与员工同行、与乘客同行、与政府同行、与社会同行、与行业同行、与伙伴同行,是"同行文化"体系的"六元价值"。同心同德,和融共生是"六元价值"的核心,表明北京公交集团与各同行方相互促进、携手共建,实现乘客满意、政府信任、员工幸福、社会赞誉、伙伴共赢、行业引领,共创首都公交美好明天。

(2)行无止境、追求卓越

行无止境、追求卓越是进取,更是信念。行无止境,要勇担社会责任,提升服务品质,实现宏伟愿景;追求卓越,谋求持续进步,推动跨越发展,实现公交梦想。"行无止境、追求卓越"是北京公交集团新时期"三步走"发展战略的内涵要求,表明持续提升公交服务品质,提升资产经营质量,提升资本运作效益,促进企业健康可持续发展,致力成为"世界公共交通服务领域内具有较强影响力的公交企业"。

2."同行价值"

"同行价值"是北京公交集团的企业价值体系,包括企业使命、企业愿景、核心价值观和企业精神。

（1）企业使命

北京公交集团的企业使命是"让更多的人享受更好的公共出行服务"。这一使命明确了北京公交集团存在的本质意义和肩负的根本任务。这一企业使命表明北京公交集团的企业本质是公益性服务，定位是现代公共交通综合服务。为公众提供安全、快捷、方便、准时、舒适的公交出行服务，是企业的根本职责和向社会的庄严承诺。这一企业使命表明北京公交集团立足首都，服务京津冀的企业责任。不断拓展经营领域，不断提升服务水平，不断满足公众出行需求，不断增强公交吸引力，让更多的人享受到公交优质服务，是治理首都空气污染，打赢蓝天保卫战，疏解城市道路拥堵的企业责任担当。这一企业使命确立了北京公交集团靠服务和科技促发展的企业发展根本途径。坚持这一企业使命，就是要始终把提高出行服务品质放在首位，持续推进现代公交发展，以现代化设施、精细化管理、标准化服务，让公众享受到更好的公交出行体验。

（2）企业愿景

北京公交集团的企业愿景是"引领公众出行方式，提升城市生活品质，成为卓越的国际性控股集团"，是北京公交集团在科学认识城市客运交通发展趋势基础上，在公众多种出行方式中，发挥公交优势，倡导文明交通，推动绿色出行，共筑智慧公交，引领公众出行方式，提升城市生活品质。这一愿景体现北京公交集团对未来发展的现实追求——做强做优做大主业，以一流人才、一流管理、一流经营、一流服务、一流效益、一流品牌，提升综合实力，提升服务品质，打造国际性控股集团，逐步成为世界公共交通领域内具有较强影响力的公交企业。这一愿景是北京公交人为之奋斗的美好蓝图，是努力实现的长远目标。唯有卓越，方能拥抱未来。

（3）核心价值观

北京公交集团的核心价值观是"以人为本、乘客至上、创新发展、追求卓越"。这一核心价值观是北京公交集团企业存在意义的评价标准和北京公交人行为价值的选择标准，是北京公交集团的文化本质。以人为本、乘客至上，是北京公交集团文化的历史积淀；创新发展、追求卓越，是北京公交集团文化的时代引领。坚持这一核心价值观，就是要视员工为企业的根本，坚持人性化管理，维护员工基本权益，促进员工全面发展，营造积极和谐的企业氛围，打造北京公交人共同的精神家园。坚持这一核心价值观，就是要视乘客为服务的主体，秉承吃苦耐劳、乐于奉献、勇挑重担、先进引领的优秀品质，践行让乘客满意的社会责任和让政府放心的政治责任。坚持这一核心价值观，就是要视创新为发展的核心，坚持观念创新、管理创新、技术创新，以创新推动企业健康发展。坚持这一核心价值观，就是要视卓越为前进的目标，追求持续进步，追求跨越发展，追求实现乘客利益最大化、员工进步最大化、公交发展最大化，实现国内领先、世界一流，筑就"公交梦"。

（4）企业精神

北京公交集团的企业精神是"一心为乘客、服务最光荣、真情献社会、责任勇担当"。这一企业精神是北京公交集团员工在长期工作实践中形成的意志品质，是企业发展、员工进步的精神动力。弘扬和践行"一心为乘客、服务最光荣、真情献社会、责任勇担当"的企业精神，全体员工要以奉献公交事业为荣，全心全意为乘客服务。温暖同乘，快乐同行，要以真心感动乘客，以爱心关怀乘客，以热心帮扶乘客，以诚心回应乘客，在平凡岗位上永葆创先争优、服务一流的精神追求。弘扬和践行"一心为乘客、服务最光荣、真情献社会、责任勇担当"的企业精神,企业要以保障公众利益为责,真心实意为社会服务。要情牵社会,心系民生,勇于肩负首都国企的政治责任和公益企业的社会责任,时刻保持敢打硬仗、能打胜仗的责任担当,为实现国际一流的和谐宜居之都贡献力量。

3. "同行共识"

"同行共识"是北京公交集团在实践中形成并不断完善的企业文化相应理念体系,包括涉及生产经营和队伍建设的八大理念,即服务理念、管理理念、安全理念、科技理念、人才理念、学习理念、廉洁理念、品牌理念。

(1)服务理念 —— 真情公交。"真诚于心、奉献于行"的服务理念,是北京公交集团为展示良好行业形象、赢得公众认知所奉行的基本信念,体现北京公交人恪守公益性国有企业定位的服务本质。真诚是北京公交人一脉相承的光荣传统。北京公交人把真诚作为优质服务的第一要义、职业素养的第一准则,以诚挚的爱心、热忱的态度、和善的言语、文明的举止服务于社会公众。奉献是北京公交人代代相传的优良作风。北京公交人坚守国企职责,忠诚公交事业,在急难险重任务中迎难而上,在平凡工作岗位上兼程往复,以强烈的政治责任感和社会使命感奉献于首都发展。

(2)管理理念 —— 精益公交。"管必精细、行必高效"的管理理念,是北京公交集团开展管理活动的基本原则,是实现固本强基、提质增效等一系列管理实践的基础保障。坚持目标导向,推行精细化管理。通过"决策科学化、经营法治化、基础坚实化、行为标准化、规范全员化",管理环节做实做细,实现工作流程精细创优,达到"人人重细节、事事见效益"。坚持问题导向,聚焦高效执行力。言出必践,发挥主观能动性,全面准确,落实决策部署;行有建树,提高工作效率,加强团队协作,实现组织优化协同创效,达到"责任全方位、行动高效率"。

(3)安全理念 —— 平安公交。"安全发展、共享安全"的安全理念,是北京公交集团打造"大安全"体系,打牢安全维稳基础的指导思想,是实现企业持续安全稳定发展的基本原则。安全是企业的生存之本。要牢固树立"总体安全观",坚持"安全第一"的红线意识和底线思维,依法建安全、规范促安全、精细创安全、科技强安全,打牢安全维稳基础,提高全面保障能力,实现企业长治久安。要牢固树立"公交无小事"的责任意识,坚持维护安全稳定人人有责,完善责任体系,发挥协同效应,使全员"想安全、懂安全、保安全",共建和谐稳定环境,共享安全发展红利。

(4)科技理念 —— 智慧公交。"创新驱动、引领发展"的科技理念,是北京公交集团不断追求公共交通服务科技现代化、信息化及设备设施技术开发应用等方面的基本认知。着力创新驱动。依托"互联网 + 公交"的深度融合,发挥创新思维,凝聚创新力量,促进绿色公交、信息公交、智能公交等领域的新技术应用,推动公交科技进步,保持领先水平。引领未来发展。关注公众出行方式的转型升级,聚焦运营效率、服务品质、节能环保、产业发展的全面提升,深化数据资源互联互通,提高国际化智能科技水平,打造城市智慧公交。

(5)人才理念 —— 人文公交。"尊重关爱、共同成长"的人才理念,是北京公交集团对员工价值和团队管理的根本认知,体现出北京公交集团与员工共生、共创、共赢的发展原则。员工是企业创新发展的核心推动力。要尊重每一位员工的人格尊严与职业诉求,关爱每一位员工的身心健康与发展进步,保障员工合法权益,营造和谐工作环境,激发员工工作热情,增强员工归属感。员工是公交事业进步的关键同路人。依靠每一位员工的价值创造力,完善培育激励机制,提供职业发展平台,让员工更加自信、更加自强、更加自豪,实现企业与员工同步发展、共同成长,增强企业凝聚力。

(6)学习理念 —— 知识公交。"尚学求进、尚行求实"的学习理念,是北京公交集团对学习重要性和方法论的认知,是打造学习型企业的指导思想。营造"书香公交"的学习氛围。强调全员学习、主动学习、终身学习,让学习成为习惯、成为乐趣,在学习中开拓思维、增长能力、提升素养,做知识型北京公交人。推崇行动,讲求实干。强调工作岗位就是实践平台,工作过程就是实践过程,工作结果就是学习成果,让实干成为自觉、成为风尚,在实践中知行合一、学以致用,做实干型北京公交人。

(7)廉洁理念 —— 阳光公交。"严格自律、风清气正"的廉洁理念,是北京公交集团各级领导干部在党风廉政建设中所遵循的基本原则和政治素养。各级领导干部要做到:自律其身,忠诚信仰、严守底线、慎独慎微;自律其位,坚持原则、秉公履职、知人善任;自律其权,依法用权、公正用权、谨慎用权;自律其行,遵规守纪、率先垂范、接受监督。党组织和纪检监察部门坚持"零容忍"的态度惩治腐败。全面构建廉政风险防控体系,筑牢防线、拒腐防变,做到不敢腐、不能腐、不想腐。弘扬风清弊绝的浩然正气,营造激浊扬清、以廉为美的清廉风尚。

(8)品牌理念 —— 品质公交。"一路同行、一心为您"的品牌理念,是北京公交集团的品牌价值承诺,体现北京公交集团的历史使命与价值追求。北京公交与"您"一路同行。"您"是乘坐北京公交的乘客,是我们赖以生存的根基,"您"的需求就是我们前行的动力。我们是"您"最忠实的伙伴,信守与"您"的约定,寒来暑往真情服务,披星戴月永葆初心。北京公交为"您"一心服务。致力构建更加安全、快捷、方便、准时、舒适的现代公共交通服务体系,为"您"营造更加通畅、和畅、舒畅的出行体验,让更多的人享受更好的公共出行服务。

(二)构建行之有效的企业文化建设管控模式

北京公交集团坚持把企业文化管理作为推动企业科学稳定发展的重要驱动力,努力构建高效率的企业文化管控模式,制定并实施《公交集团公司企业文化建设管理办法》和《公交集团公司母子文化管理规范》,使企业文化建设与集团发展战略和各项改革任务深度融合;与宣传思想政治工作深度融合;使企业文化建设与首都功能定位和京津冀协同发展的时代要求相一致、与公交集团改革发展战略规划相一致、与公交集团党委阶段性任务目标相一致,实现企业文化提供精神动力和文化支撑的效能最大化。

1. 完善企业文化建设组织机构与工作职责

(1)公交集团公司成立企业文化建设指导委员会。负责贯彻落实党中央、北京市、上级主管部门和公交集团公司党委关于企业文化建设的方针政策和工作部署,研究决定公交集团公司企业文化建设重要事项。修订企业文化核心内容,制订公交集团公司企业文化建设中长期规划和实施方案,并监督其实施;制定完善公交集团公司企业文化建设各项规章制度,推动其贯彻落实;指导评议公交集团公司企业文化建设总体工作,统筹协调使用企业文化建设专项资金,研究审议所属各单位企业文化建设重大事项。

(2)公交集团公司企业文化建设指导委员会下设办公室。负责贯彻落实公交集团公司企业文化建设指导委员会的决议精神,研究起草企业文化建设中长期规划、实施方案和各项规章制度,修订完善企业文化核心内容;负责企业文化项目的立项审核、组织实施、经费管理、项目验收和成果管理;组织开展公交集团公司层面的企业文化对外宣传、文化传播等载体活动;指导、监督、评议和考核各单位、各部门企业文化工作;组织开展企业文化建设专项培训和交流研讨活动,做好企业文化建设日常管理工作。

(3)二级单位成立企业文化建设领导小组。负责贯彻落实集团公司有关企业文化建设的决策部署和规章制度,细化形成本单位的《企业文化建设实施方案》和《企业文化建设管理细则》;组织实施企业文化的宣传教育培训和载体活动,结合本单位实际创造性地开展企业文化建设工作;申报本单位的企业文化项目,统筹使用项目经费。

(4)三级单位成立企业文化建设工作小组。负责组织实施公交集团公司和本单位企业文化建设相关工作,贯彻落实本单位《企业文化建设实施方案》和《企业文化建设管理细则》;开展企业文化实践载体活动,使企业文化建设与运营服务中心工作紧密融合;创新宣传教育内容和方式,使企业文化建设与宣传思想政治工作紧密融合。

(5)成立企业文化建设专家顾问组。根据企业文化建设开展情况,聘请企业文化专家学者、主管部门领导和企业内部资深人员,组成企业文化建设专家顾问组,对企业文化理念宣贯和载体活动给予帮助指导。

2. 实行企业文化建设任务目标管理

(1)建立企业文化建设体系。建立企业文化理念体系和行为规范体系,优化升级和梳理完善企业文化核心内容。建立企业文化视觉识别体系,形成《品牌形象视觉识别(VIS)系统手册》,制定实施《公交集团公司品牌形象视觉识别管理规范》;建立企业文化建设组织体系,组建各级企业文化建设领导机构;建立企业文化建设考核考评体系,优化企业文化建设评价、激励机制;建立企业文化建设实践体系,制订《公交集团公司推进"六大文化"建设实施方案》,丰富企业文化建设内容和载体。

(2)塑造北京公交品牌形象。明确"北京公交"品牌核心价值,构建包含品牌理念、品牌标识、品牌推广、品牌活动、品牌管理等内容的企业品牌形象规划,全面推进集团公司品牌形象的统一化、规范化。按照《公交集团公司母子文化管理规范》对接公交集团公司企业文化理念,构建二、三级单位特色子文化体系,努力打造社会各界广泛认可的特色服务品牌。

(3)提升企业文化战略引领。坚持企业文化建设与经营管理、优质服务、科技创新等相关工作紧密结合、相互融合、协同推进,以企业文化引领集团公司改革发展和转型升级;坚持企业文化建设与宣传思想政治工作相融合,做到载体同构、内容互补、成效统一,以企业文化提高企业向心力、凝聚力和竞争力,进一步凝聚干部职工改革发展共识。

(4)提高企业文化管理水平。落实《公交集团公司企业文化建设管理办法》《公交集团公司母子文化管理规范》等规章制度,建立完善企业文化交流平台、活动平台、学习平台和形象展示平台,切实提高企业文化建设的标准化、规范化和精细化水平。

3. 强化企业文化建设管理规范与流程

一是规范企业文化理念。公交集团公司形成统一的企业文化理念。各二级单位组织开展企业文化理念宣贯,使公交集团公司统一的企业文化理念成为全体干部员工的思想共识和行动自觉。

二是规范品牌形象标识。公交集团公司制定《品牌形象视觉识别(VIS)系统手册》和《公交集团公司品牌形象视觉识别管理规范》,规范视觉识别系统标准和企业标识(LO-GO)应用。各二级单位按照规范要求,结合实际做好企业标识的应用。

三是规范企业员工行为。公交集团公司形成统一的行为公约、行为准则和行为礼仪。

各二级单位通过覆盖全员的宣传教育,使全体干部员工普遍认同和遵守。

四是规范文化活动流程。公交集团公司结合企业文化建设重点任务和阶段特点,制定统一的企业文化仪式和载体活动流程。各二级单位按流程要求组织开展相应的文化活动。

五是规范文化项目管理。公交集团公司企业文化建设办公室负责开展集团级企业文化项目,并对各二级单位申报的企业文化项目进行立项审核、成果验收和资金管理。各二级单位企业文化建设领导小组指导所属部门和基层单位组织开展企业文化项目,妥善应用企业文化建设专项资金,做好本单位企业文化项目的立项申报、经费管理和成果验收。

六是规范企业文化建设信息报送。公交集团公司定期组织企业文化交流研讨活动,推广企业文化先进典型经验,树立企业文化建设示范标杆。各二级单位及时梳理总结文化理念宣贯和实践载体活动中的好经验和好方法,向公交集团公司企业文化建设办公室报送企业文化建设工作信息。

七是规范企业文化建设审批备案。各二级单位将上年度企业文化建设成果总结和本年度计划,报公交集团公司企业文化建设办公室备案。各二级单位组织开展的大型企业文化活动,编印的企业文化论文集、案例集、画册等宣传材料,按照《公交集团公司母子文化管理规范》进行的特色子文化建设,以及全资子公司、控股子公司和新成立企业对本单位企业标识(LOGO)的专项设计与应用,报集团公司企业文化建设办公室备案并经批准执行。各二级单位结合基层企业文化建设实际,创新开展企业文化项目,向公交集团公司企业文化建设办公室申报意向,争取企业文化建设专项资金支持,并及时上报立项报告书、项目结果报告书和项目相关信息。

4. 实施企业文化建设考核与奖惩

完善集团公司企业文化建设考评体系,按企业文化建设考核评价标准进行考核。把企业文化考核评价结果纳入年度绩效考核指标体系,作为干部选拔使用、人才招聘、薪酬管理和评选各类先进典型的标准之一。

根据企业文化建设考核评价标准,由公交集团公司企业文化建设办公室负责,采取定期督查、不定期抽查和二级单位自检自查等形式,对企业文化建设整体推进情况进行督导检查;二级单位制定本单位的企业文化建设考核细则,对本单位所属部门和基层单位的企业文化建设工作进行考核。

通过评选企业文化建设先进单位、先进集体、先进个人和优秀案例,对企业文化建设业绩考核优秀的单位和个人进行通报表彰,予以奖励;对违反企业文化建设相关制度规定,企业文化建设工作不落实、消极怠工、推诿扯皮的单位和个人,予以通报批评,并追究相关责任。

5. 严格企业文化建设经费的管理和使用

设立企业文化建设专项经费并纳入预算管理。企业文化建设专项资金主要用于企业文化产品设计制作、环境建设、媒介应用、活动开展、先进奖励、对外宣传报道等。公交集团公司企业文化建设办公室负责公交集团层面企业文化宣传推广、教育培训等相关活动经费的申请和使用。各单位企业文化建设领导小组负责本单位专项经费的建立、提取、使用和监督。

6. 实行集团公司母子文化规范管理

"母文化"是指公交集团公司企业文化;"子文化"是指在公交集团公司企业文化建设指

导委员会统一领导下,所属各公司、分公司、直属单位对本单位企业文化建设的创新与融合。

通过建立母子文化管理制度,全面构建与公交集团公司战略目标相匹配、母子文化相融合、全体员工普遍认可、具有北京公交特色和时代特征的母子文化体系,促进全系统文化建设融合发展。

实行母子文化管理,要坚持统一领导、一主多元、分类管理的原则。

坚持统一领导原则。公交集团公司企业文化属于"母文化",是公交集团公司企业文化建设的核心,具有统一性、规范性、导向性和包容性。公交集团公司成员单位企业文化属于"子文化",是公交集团企业文化的分支,具有服从性、适应性、多样性和独特性,必须服从于、服务于公交集团公司的企业文化建设,必须反映公交集团公司的文化特征,不得与公交集团公司的价值理念、行为规范、环境标识等,相违背或冲突。

坚持一主多元原则。公交集团公司成员单位须承认并接受公交集团公司企业文化,自觉维护公交集团公司母文化的权威地位。如存在企业文化体系缺位或与公交集团公司企业文化之间有表述差异的,须以公交集团公司企业文化体系为准,进行自身文化的完善修订。在全面贯彻公交集团公司企业文化的前提下,各单位可结合实际,突出特点,创新工作,形成特色鲜明、内涵丰富、形式多样的多元文化体系。

坚持分类管理原则。公交集团公司所属分公司、直属单位必须坚持文化的共同性,在核心理念、关键行为、视觉传达方面与公交集团公司企业文化保持高度一致,并结合企业发展实际与行业特性,形成传承型子文化。公交集团公司全资子公司、控股子公司在传承公交集团公司企业文化的同时,可以坚持文化的多样性,充分挖掘自身文化的鲜明特色,形成兼容型子文化。

母子文化的管理规范包括制度建设、对标管理、文化宣贯、子文化保留和修订、特色子文化建设、子文化标识管理等。在制度建设方面,集团公司成员单位要按照《公交集团公司企业文化建设管理办法》和各项企业文化建设制度规范,健全完善本单位的相关制度,按照管理规范要求落实各项母子文化建设工作。在对标管理方面,公交集团公司成员单位要全面贯彻《公交集团公司品牌形象视觉识别管理规范》相关内容、标准和要求。在文化宣贯方面,公交集团公司成员单位要按照《北京公交集团企业文化手册》,全面宣贯企业文化"核心理念""员工行为规范"和"企业标识",统一使用公交集团公司的使命、愿景、核心价值观、企业精神,实现与公交集团公司企业文化的有效对接与深度融合。在子文化保留和修订方面,公交集团公司成员已有并认为有必要保留的子文化,须上报公交集团公司企业文化建设指导委员会审议,经批准后可予以保留。保留的子文化须根据公交集团公司企业文化理念体系、行为规范体系和品牌形象识别体系进行修订,保持与公交集团公司核心理念、企业标识的一致和协调。在特色子文化建设方面,公交集团公司成员单位在全面贯彻公交集团公司企业文化核心理念的基础上,可以根据经营板块、业务特点和发展实际,有选择性地提炼形成符合自身发展实际,具有鲜明特色的子文化理念。在子文化标识管理方面,公交集团公司成员单位须严格按照《公交集团公司品牌形象视觉识别管理规范》有关要求,做好企业标识的应用和管理,不得违反集团公司品牌视觉形象识别系统和应用原则。

(三)创新了多种形式的企业文化教育实践载体活动

北京公交集团从实际出发,在企业文化建设实践中,总结提高,求实创新,创新内涵丰富的企业文化教育实践载体活动,推动企业文化建设与企业生产经营和构建和谐企业紧密融合,不断向更高水平发展。

1. 创新多样性企业文化传播载体

在坚持下发企业文化宣传资料、组织员工学习、干部和文化教员宣讲等传统传播方式的基础上,创新多样性企业文化传播载体。

发挥自办媒体的影响力。通过在《北京公交报》和北京公交集团网站、官方微信、微博上开辟企业文化专题栏目,通过制作企业文化专题宣传片等方式,推广北京公交集团的企业价值理念,展示企业文化建设成果,宣传企业精神和先进人物风采,唱响主旋律,增强正能量,引导员工不断深化对北京公交集团企业文化的认知和认同。

拓展对外新闻宣传渠道。充分利用主流媒体的影响力和新媒体的传播力,通过主动加强与主流媒体和影响力大的新媒体的联系,共同策划宣传北京公交集团企业文化建设优秀成果、宣传北京公交集团员工精神风貌和先进人物感人事迹、宣传北京公交集团满足乘客出行需求提升服务水平的新举措的新闻报道、专题采访,扩大"北京公交"品牌形象和北京公交集团企业文化的社会影响力,增强员工的光荣感、使命感和责任感。

2. 创新多层次企业文化教育培训载体

建立全覆盖、分层次的企业文化培训体系,创新培训方法,定期开展分层、分批的企业文化专题培训。将企业文化的宣贯培训纳入对各级管理人员日常培训的工作中,提高各级管理人员的文化自觉、自信,增强企业文化建设工作的执行力。定期对企业文化建设骨干队伍进行培训,提高企业文化内训师的理论水平和宣贯技能,发挥他们在企业文化建设中的骨干作用。在新员工入企培训中,加大企业文化培训力度,促进新员工对公交集团的文化认同。坚持对全体员工的教育培训,将形势任务教育与企业文化教育相结合,统一思想,凝心聚力,全面提升员工队伍思想文化素质。

创新企业文化培训方法,综合运用讲座、参观、体验等形式,灌输教育与自我教育相结合,用我们正在做的工作诠释北京公交集团企业文化理念,用具体形象的描述展现企业发展愿景,用先进人物的事迹培育企业精神,使培训成为干部职工获得企业文化滋养、增强精神力量的"补给站"。

3. 不断深化主题实践活动载体

创新企业文化建设主题实践活动,突出活动的思想性、教育性、实践性,吸引员工广泛参与,使员工在参与互动中固化企业文化核心理念,感悟北京公交人的责任和使命担当。

以践行社会主义核心价值观和公交集团核心价值理念为主题,开展"最美公交人""公交人宣言""流动的风景线""文明随手拍"等以优质服务为主题的实践活动,展示窗口行业的良好形象,彰显北京公交集团"一心为乘客、服务最光荣、真情献社会、责任勇担当"的企业精神。

坚持开展"放飞心情""关爱公交司机""冬送温暖、夏送清凉"等以健康、关爱为主题的实践活动,倡导员工健康生活、快乐工作。

开展"公交展示馆系列课程""乘车体验""家属体验日"等体验实践活动,提升员工家属对公交的认识、对服务的认识,获得员工家属的支持。

依托公交员工书画、写作、摄影、棋牌、球类、爬山等不同的文体协会,组织员工定期开展文体活动,丰富员工业余文化生活,增强团队合作精神。

积极开展助残、指路、维护乘车秩序等以公益为主题的实践活动,与社会良性沟通,积极履行社会责任。

4. 创新讲好北京公交故事的宣传载体

讲好故事具有传承企业精神、诠释企业理念、感召员工行为、柔化企业管理、传播品牌形象等多重功能。北京公交集团把讲好北京公交故事作为宣传企业文化的重要载体,培养了一支写作团队,加强素材管理,深入挖掘优秀团队、先进典型的思想内涵和个性魅力,不断推出反映企业价值观,真实、生动、感人的北京公交故事。创新讲故事的形式,组建了职工宣讲团,采取书面讲、口头讲、图片讲、镜头讲等不同方式,到车队、场站巡回宣讲。采用举办故事会、演讲比赛、舞台剧表演等多种形式,让理念融在故事中,让故事提供正能量。以"讲得出、听得进、记得住、传得开"为原则,制定"公交好故事"评价标准,开展"公交好故事"评比活动,并在微信、内网、内刊等媒体上进行刊载,为优秀公交故事创作与推广提供平台。

(四) 塑造了公众满意的"北京公交"品牌形象

北京公交集团以立足首都,服务京津冀,为公众提供安全、快捷、方便、准时、舒适的出行服务为主线,努力打造社会公众满意的"北京公交"品牌,树立良好的品牌形象。

服务质量和服务品质是"北京公交"品牌的生命。真情服务,一心为您,致力构建更加安全、快捷、方便、准时、舒适的城市现代公共交通服务体系,为乘客营造更加通畅、和畅、舒畅的出行体验,让更多的人享受更好的公交出行服务,是"北京公交"品牌优质服务的显著特征。北京公交集团适应城市发展,心系新建小区百姓出行方便,克服困难,挖潜提效、减重复、增覆盖、便接驳、提运速,加快发展微循环线路,扩大线网、站点和夜班公交的覆盖范围,并依托公交专用道施划升级,全力打造以"环路 + 放射线 + 主干路"为依托的地面公交快速通勤系统网络,最大限度满足百姓"最后一公里"出行需求。在全国率先建设定制公交商务平台,推出定制公交、快速直达专线、旅游观光线等多样化服务线路,"快、普、支、微、多、夜、郊"线网结构和城优郊进战略发展格局初具雏形。为满足广大乘客出行需求、缓解交通拥堵、治理大气污染和维护首都和谐稳定做出了重要贡献。

以优质服务先进群体引领实现全面标准化服务达标是"北京公交"品牌的基石。北京公交集团深入开展"标准化服务达标"和"树品牌、树亮点、树标兵"等多项活动,形成了1 路、103 路等一批服务品牌。1 路车队被中组部授予"先进基层党组织",被交通运输部授予"全国城市公共交通十佳优质服务路线"荣誉称号。创建"工人先锋号"车(班)组、"三八红旗号"车(班)组、"工人先锋号"线路等。优质服务、特色服务品牌队伍的不断扩大,有效促进了整体服务质量的提高。通过加强企业文化建设和开展精神文明创建活动,实施品牌战略,北京公交集团在社会上树立了良好的"北京公交"品牌形象,得到社会公众的高度信赖。先后荣获首都"影响百姓经济生活的十大企业""首批京津冀影响力品牌"和"2017 创新发展实力品牌"称号。

给人以深刻印象的标识是"北京公交"品牌的视觉标志。椭圆造型、灰红基色、三线环绕、红色丝带穿中的"北京公交"标识,大气稳重、寓意深刻,象征北京公交人传承历史、开拓创新、同心同德、一路同行、和融共生、追求卓越、行无止境。"北京公交"标识妆点北京公交集团每一辆公交车上,广大公众看到这一标识,就会自然联想到乘坐"北京公交"享受高质量、高品位公交服务的体验。

(五)形成了团结奋斗的凝心聚力企业生态

北京公交集团加强企业宣传思想政治工作、企业文化建设和精神文化建设,产生的综合效果是不断增强了企业的向心力、凝聚力,不断增强了员工的认同感、归属感,形成了团结奋斗、凝心聚力的良好企业生态,实现企业和员工和融共生,共同发展。

通过企业文化建设,广大员工用"同行文化"价值理念统一思想和行动,把责任担当铭于心、践于行,形成良好的精神状态,用奋斗和奉献不断满足公众公交出行需求,以高度的政治责任高标准完成首都重大活动的运输服务保障任务。圆满完成全国"两会"、APEC会议、世界田径锦标赛、抗战胜利70周年"9.3"阅兵等重大活动和节日期间的运输保障工作。

通过企业文化建设,北京公交集团不断强化以员工为企业的根本的理念,坚持人性化管理,维护员工基本权益,依靠员工,培育员工,成就员工,尊重关爱,与员工同行,促进员工的全面发展。坚持为员工办实事、解难题,近几年先后改造老旧场站并新建场站,大大改善了员工工作生活条件。组建了"贴心人服务队",冬送温暖、夏送凉爽,服务一线员工。关心困难职工,开展扶危帮困活动,让困难职工感受到企业的温暖。建立职工书屋,满足员工提高技能和精神文化需求。员工在有干头、有奔头、有尊严、有幸福感的工作环境中,不断提升对企业的自豪感、认同感和归属感。

通过企业文化建设,广大员工以从事公交行业为荣,弘扬企业精神,做好服务乘客工作,以真心感动乘客、以爱心关怀乘客、以热心帮扶乘客、以细心照顾乘客、以诚心回应乘客,在平凡岗位上为首都、为企业增光添彩。北京公交集团的10万名员工,起早贪黑,不辞辛苦,风雨无阻,年复一年,始终如一履行工作职责,忠诚于自己的岗位。这缘于文化力产生向心力、凝聚力,广大员工在"同行文化"的环境氛围中,关心企业改革发展,珍视"北京公交"品牌声誉,敬业爱岗努力工作,进而形成"北京公交"品牌的竞争力。

复习题

一、思考题

1. 如何认识企业文化的地位?

2. 为什么说精神文化是企业文化的核心层次?

3. 企业文化建设应坚持哪些原则?

4. 怎样推进北京公交集团"六大文化"体系建设?

二、简答题

1. 企业文化有哪些主要功能?

2. 简要回答企业文化的培育方法。

3. 北京公交集团优秀文化积淀体现在哪些方面?

第五章

城市公共交通企业
新闻宣传工作

党的新闻舆论工作是党的一项重要工作。习近平新闻思想是习近平新时代中国特色社会主义思想的重要组成部分。党的十八大以来，习近平总书记对加强和改进党的新闻舆论工作提出一系列富有创见的新观点、新论断、新要求，科学回答党的新闻舆论工作，长远发展一系列根本性、战略性、全局性重大问题，深刻论述党的新闻舆论工作的历史方位、职责使命、方针原则等重大课题，形成了体系完整、科学系统的新闻思想。习近平新闻思想与我们党长期形成的新闻思想一脉相承又与时俱进，丰富和发展了马克思主义新闻理论，是做好新时代党的新闻舆论工作的科学指南、根本遵循。做好党的新闻舆论工作，营造良好的舆论环境，是治国理政、定国安邦的大事。企业的新闻宣传工作是党的新闻舆论工作的组成部分。企业新闻宣传对树立企业形象，服务企业发展，营造良好的企业外部环境起着重要作用。企业的新闻宣传同时是思想政治工作和企业文化建设的组成部分，发挥着统一思想、团结鼓劲、教育引导、凝聚力量、推进工作的作用。城市公共交通企业的公益性和满足公众公交出行需求的社会服务职能，更凸显新闻宣传工作的重要性。

第一节 新闻宣传工作概述

一、新闻宣传的定义

新闻宣传工作即新闻舆论工作，理解新闻宣传的定义和内涵，需要搞清楚新闻与舆论、新闻与宣传、舆论与宣传的关系。

(一) 新闻与舆论

1. 新闻

新闻是指报纸、电台、电视台、互联网等媒体经常使用的记录与传播信息的一种文体。新闻的内容是新近发生的、有价值的事实。新闻概念有广义与狭义之分。广义上的新闻概念是指，除了发表于报刊、广播、互联网、电视上的评论与专文以外的常用文本，包括消息、通讯、特写、速写等。狭义上的新闻概念是专指在报刊、广播、互联网、电视等媒体迅速及时报道的新闻事件。

新闻由六个基本要素，时间、地点、人物、事件的起因、经过、结果构成，即五个"W"和一个"H"[Who(何人)、What(何事)、When(何时)、Where(何地)、Why(何因)、How(怎样)]。新闻具有公开性、真实性、针对性、时效性、准确性、开放性、广泛性等特征，其中真实性和时效性是新闻最突出的基本特点，由此延伸为新闻报道要迅速、及时等要求。

新闻是以大众传媒为载体，对当前社会生活和意识形态做出真实、客观的反映，是对新近发生或发现的、有社会意义的、能引起广泛兴趣的事实的传播，是报刊、广播、电视、网络经常大量运用的一种文体。

2.舆论

舆论是指在特定的时间空间里,公众对于特定的社会公共事务公开表达的基本一致的意见或态度。舆论的形成有两个相辅相成的过程。一是源于公众自发。当社会出现某一新问题时,社会群体中的个人基于自己的利益和文化素养,自发地、分散地表示出对这一问题的态度。持有类似态度的人逐渐增多,并相互传播,相互影响,凝聚成引人注目的社会舆论。二是源于有目的的引导。政党或社会组织,提出某种主张或号召,并引起广泛共鸣,转化为社会舆论。

3.新闻与舆论的关系

新闻往往是舆论的源头,对社会舆论起重要作用:新闻和舆论的结合,构成新闻舆论。在很多时候,舆论热点的形成源于新闻报道。一个事件通过新闻媒体的传播,引起社会的关注,对这一事件的意见或态度相同、相近的人越来越多,就成为社会舆论。这种社会舆论再通过媒体不断报道,则进一步强化这种舆论,不仅影响更多的人,还会影响更深的层面。

信息技术的高速发展和广泛应用,手机、互联网等新媒体的出现,使人们不再是单纯的信息接收者、使用者,还成了信息发布者、传播者,传统舆论场的格局被打破,形成了更多的舆论场。科技的发展和人们对新闻的关注,改变了传统的舆论引导和传播格局,而且这个变化还在继续,舆论生态呈现更趋复杂的态势。

(二)新闻与宣传

1.宣传

宣传,这里特指通过报刊、广播、电视、互联网等媒介的宣传,即新闻宣传。新闻宣传是指专门为了服务某一特定议题的讯息表现手法,在报道新闻事件事实的同时,对公众作说明讲解,使公众相信并跟着行动。

新闻宣传是行为主体借助媒介传播特定内容,受众对象是社会大众,这反映出新闻宣传的社会性。新闻宣传是一种社会传播活动,旨在影响他人意识和行为,具有鲜明的政治性。

2.新闻和宣传的关系

(1)新闻和宣传的区别

新闻的主要特征是客观性,表现为真实性、及时性和开放性。宣传的主要特征是特定性,专门服务于某一特定议题,表现为取向性、反复性和范围性。新闻传播只能通过大众传媒来体现,而宣传则不同。除了运用新闻的形式以外,宣传可以用其他传播形式来达到宣传的目的,如举办各种活动、发放传单、广告,下发文件,召开会议,开办讲座,等等。新闻重事实,宣传重观点;新闻重时效,宣传重时机;新闻重平衡,宣传重倾斜。新闻同样具有倾向性和政治性,它的倾向性和政治性是通过对客观事实的报道来表现的,一般不是新闻发布者的直接表达。宣传的倾向性和政治性是直接表达,直接告诉人们应该怎么做或不应该怎么做,具有强烈的思想性和理论性。新闻的传播是一次性的,第二次、第三次就不能再称为新闻。宣传却需要经常重复,以加深人们的印象,利于人们的了解和理解,并往往用一种或多种不同的形式反复宣传同一种观念。

（2）新闻和宣传的共同点

新闻与宣传之间不是并列的、截然分开的，而是相互交叉的、相互渗透的。从本质上来说，新闻和宣传都是为了传递某种主张、传播某种思想。它们的共同点主要有以下几点：

第一，具有共同的理论基础。党的宣传工作和新闻工作都必须高举中国特色社会主义伟大旗帜，坚持以马克思列宁主义、毛泽东思想、邓小平理论、"三个代表"重要思想、科学发展观、习近平新时代中国特色社会主义思想为指导思想，这是宣传工作和新闻工作共同的理论基础。

第二，具有鲜明的政治性。新闻是政治宣传的一个组成部分，新闻报道要坚定不移地宣传好党的理论路线方针政策，用新闻事实引导广大群众同心同德建设中国特色社会主义，实现中华民族伟大复兴的中国梦。讲党性、讲政治是新闻工作与宣传工作的共同准则。

第三，具有广泛的群众性。新闻和宣传工作离不开群众，离开了群众就无新闻宣传可言。群众意识是新闻工作与宣传工作的共同属性。新闻工作和宣传工作能否得到群众的支持、理解，能否被群众关注、接受，是工作成败的关键。

（三）舆论与宣传

舆论的兴起往往依靠宣传的力量和依仗媒体的力量来表达呼声，形成舆论。营造良好的舆论氛围，坚持正确的舆论导向，同样需要依靠宣传的力量。舆论的传播对公众的行为影响具有普遍性，其影响是潜移默化、循序渐进的。舆论通过宣传形成社会认同的、群体合力地对社会事物的正确看法，从而引导受众主体调整自己的行为，使之符合社会公认的价值取向和道德准则。

宣传的内容又总是舆论的引题，宣传的内容引导舆论的走向。牢牢掌握新闻舆论工作的领导权、管理权和话语权，通过宣传的引导，把控舆论的走向，增强舆论的正能量，在事关大是大非和政治原则问题上，增强主动性、掌握主动权、打好主动仗，是新闻舆论工作的重要政治责任。

二、新闻宣传工作

新闻宣传工作即新闻舆论工作，是党的一项重要工作。习近平总书记指出："舆论历来是影响社会发展的重要力量。党的新闻舆论工作是党的一项重要工作。做好党的新闻舆论工作，事关旗帜和道路，事关贯彻落实党的理论和路线方针政策，事关顺利推进党和国家各项事业，事关全党全国各族人民凝聚力和向心力，事关党和国家前途命运。"[①]这五个"事关"，深刻阐明了新闻舆论工作的重要地位和作用。

（一）新闻宣传是党和政府的喉舌

用新闻媒体传播真理、组织群众、推动工作，是我们党领导革命、建设和改革事业不断

---

① 《在党的新闻舆论工作座谈会上的讲话》，2016 年 2 月 19 日，中共中央文献出版社，《习近平关于社会主义文化建设论述摘编》，第 38 页。

取得胜利的一个重要法宝。新闻传媒作为信息传播和舆论引导的载体,其中舆论引导起到至关重要的作用。党和政府主办的媒体是党和政府的宣传阵地,党的新闻舆论工作要体现党的意志、反映党的主张,维护党中央权威、维护党的团结,做到爱党、护党、为党,切实当好党和政府的喉舌。

(二)新闻宣传是意识形态领域的前沿

在复杂的国际环境中,国际间思想文化交流、交融和交锋更加频繁,意识形态范围内的斗争深刻复杂,意识形态的斗争一刻也没有停止过。我国改革开放以来,思想文化道德方面出现的多样状态和复杂现象,对主流思想价值观念产生冲击和激荡。以互联网为代表的信息传输技术以前所未有的速度发展,带来了信息传播方式的巨大变化。因此,意识形态领域面临的复杂局面和遇到的挑战前所未有。新闻宣传是意识形态领域的前沿,其根本任务就是巩固马克思主义在意识形态领域的指导地位,巩固全党全国人民团结奋斗的共同思想基础。新闻宣传工作必须做到守土有责、守土负责、守土尽责。

(三)新闻宣传是党和政府联系人民群众的桥梁

新闻宣传是在党和人民群众之间架起的一座桥梁。党通过媒体传播党的纲领、路线、方针、政策,将党的声音传到人民群众中间;政府通过媒体传播国家的政策、法律法规和社会治理的举措;人民群众也通过媒体反映问题,提出建议和意见。新闻宣传发挥着联系人民群众同党和政府之间关系的上下通达的桥梁作用。新闻宣传工作要坚持党性和人民性相统一,把党的理论和路线方针政策变成人民群众的自觉行动,及时反映人民群众的创造经验和面临的实际情况,丰富人民的精神世界,增强人民的精神力量。

三、新闻宣传工作的基本方针和原则

(一)基本方针

以团结、稳定、鼓劲、正面宣传为主,是党的新闻舆论工作必须遵循的基本方针。

新闻舆论是社会信息和思想文化、意识形态传播的重要渠道,营造团结、稳定、鼓劲的良好舆论氛围,巩固壮大积极、健康向上的主流舆论,是党的新闻舆论工作的重要职责。党的新闻舆论工作牢牢把握以团结、稳定、鼓劲、正面宣传为主的基本方针,对跨入中国特色社会主义新时代,决胜全面建成小康社会,开启全面建设社会主义现代化国家新征程,实现中华民族伟大复兴的中国梦,具有重要意义。

遵循以团结、稳定、鼓劲、正面宣传为主的基本方针,就是要体现昂扬向上的社会主流,反映光明进步的社会本质。新闻舆论工作必须坚持巩固壮大主流思想舆论,弘扬主旋律,传播正能量,激发全社会团结奋进的强大力量。

遵循以团结、稳定、鼓劲、正面宣传为主的基本方针,就是要确保新闻的真实性。正确把握新闻的真实性,关键在于牢固树立马克思主义新闻观,坚持以马克思主义的立场、观点和方法,对新闻事实进行符合实际的调查研究和科学分析选择,在此基础上保证正确的舆论导向。

遵循以团结、稳定、鼓劲、正面宣传为主的基本方针,就是要充分认识舆论监督和正面宣传的统一。新闻媒体要直面工作中存在的问题,直面社会上的一些丑恶现象,激浊扬清、针砭时弊,运用正确的立场、观点和方法,选择那些带有典型性的有普遍教育意义的事例,用以教育干部和群众,共同努力纠正和克服消极现象,增强人民的信心和力量。以团结、稳定、鼓劲、正面宣传为主,绝不意味着放弃舆论斗争,在事关大是大非和政治原则问题上,必须增强主动性、掌握主动权、打好主动仗,敢于亮剑、善于发声;必须增强阵地意识,加强阵地管理,不给错误思想提供传播渠道。

遵循以团结、稳定、鼓劲、正面宣传为主的基本方针,就是要把握好新闻舆论工作的时、度、效。不管是主题宣传、典型宣传、成就宣传,还是突发事件报道、热点引导、舆论监督,都要从时、度、效着力,体现时、度、效要求。

(二)基本原则

党性原则是新闻舆论工作的基本原则。党的新闻舆论工作是党的一项重要工作,是治国理政、定国安邦的大事,必须坚持党性原则。

坚持党性原则,新闻舆论的所有工作都要体现党的意志、反映党的主张,维护党中央权威、维护党的团结;都要增强政治意识、大局意识、核心意识、看齐意识,在思想上、政治上、行动上同党中央保持高度一致;都要坚持党性和人民性相统一,把党的理论和路线方针政策变成人民群众的自觉行动,及时反映人民群众的创造经验和面临的实际情况。

坚持党性原则,最根本的是坚持党对新闻舆论工作的领导。不管传播形态、媒体格局如何变化,党管媒体的原则和制度不能变,都要坚决维护国家意识形态安全和政治安全。

坚持党性原则,新闻舆论工作要适应国内外形势发展,从党的工作全局出发把握定位,坚持党的领导,坚持正确的政治方向,坚持以人民为中心的工作导向,尊重新闻传播规律,创新方法手段,切实提高新闻舆论的传播力、引导力、影响力、公信力。

(三)职责使命

"在新的时代条件下,党的新闻舆论工作的职责和使命是,高举旗帜、引领导向,围绕中心、服务大局,团结人民、鼓舞士气,成风化人、凝心聚力,澄清谬误、明辨是非,连接中外、沟通世界。"①习近平总书记提出的这48个字,为新形势下党的新闻舆论工作提供了强大的思想武器和根本遵循。要承担起这个职责和使命,坚持正确的政治方向是第一位的。

高举旗帜、引领导向,即要深刻认识党的新闻舆论工作事关旗帜和道路,事关贯彻落实党的理论和路线方针政策,事关顺利推进党和国家各项事业,事关全党全国各族人民凝聚力和向心力,事关党和国家前途命运。要坚持正确的政治方向,高举中国特色社会主义伟大旗帜,坚持以马克思主义为指导,牢牢掌握意识形态工作领导权、管理权、话语权;坚持正确的舆论导向,引导好人民思想,引导好社会舆论,做到新闻舆论所有工作;坚持党的领导和中国特色社会主义制度,增进全国各族人民团结,维护社会和谐稳定。

围绕中心、服务大局,即要深刻认识党的新闻舆论工作是党和政府联系人民群众的桥

---

① 《在党的新闻舆论工作座谈会上的讲话》,中共中央文献出版社,《习近平关于社会主义文化建设论述摘编》,第38页。

梁;要把围绕中心、服务大局作为基本职责,胸怀大局、把握大势、着眼大事,找准工作切入点和着力点,做到因势而谋、应势而动、顺势而为。要深入宣传习近平新时代中国特色社会主义思想和党的十九大精神,宣传党的十八大以来党中央提出的一系列治国理政新理念、新思想、新战略,宣传在统筹推进"五位一体"总体布局和协调推进"四个全面"战略布局上取得的重大成就,宣传广大干部群众为实现"两个一百年"奋斗目标、实现中华民族伟大复兴的中国梦而扎实工作的实际行动。

团结人民、鼓舞士气,即要深刻认识做好党的新闻舆论工作事关全党全国各族人民凝聚力和向心力。要坚持以团结、稳定、鼓劲、正面宣传为主的新闻舆论工作基本方针,加强正面宣传,强化正面引导,壮大主流声音,唱响时代主旋律;加强对干部群众关心的热点、难点问题的解疑释惑,把全体人民的精神振奋起来;加强网络空间治理,做强网上正面宣传,培育积极健康、向上向善的网络文化,用社会主义核心价值观和人类优秀文明成果滋养人心、滋养社会。

成风化人、凝心聚力,即要深刻认识党的新闻舆论工作必须树立以人民为中心的工作导向。要把服务群众同教育引导群众结合起来,把满足需求同提高素养结合起来,多宣传报道人民群众的伟大奋斗和美好生活,多宣传报道人民群众中涌现出来的先进典型和感人事迹,丰富人民的精神世界,增强人民的精神力量,满足人民的精神需求。

澄清谬误、明辨是非,即要深刻认识党的新闻舆论工作站在意识形态斗争的前沿,要高度重视意识形态斗争的严峻性、复杂性,在事关大是大非和政治原则问题上,必须敢于亮剑、善于发声,必须增强主动性、掌握主动权、打好主动仗。

连接中外、沟通世界,即要深刻认识党的新闻舆论工作在全面对外开放的条件下宣传中国的艰巨任务。要发挥好新闻媒体的作用,增强对外话语的创造力、感召力、公信力,讲好中国的故事,传播好中国的声音,阐释好中国的特色,引导人们更加全面、客观地认识当代中国、看待外部世界。

第二节 企业新闻宣传工作

企业的新闻宣传工作是党的新闻舆论工作的组成部分,对树立企业形象、服务企业发展、营造良好的企业外部环境等发挥了重要作用。企业在进行新闻宣传的同时又是企业宣传思想文化工作的组成部分,发挥着统一思想、团结鼓劲、教育引导、凝聚力量、推进工作等作用。

一、企业新闻宣传的特性

企业新闻宣传,是指通过媒体报道有关企业内部新近发生的、有社会意义的、能引起社会广泛兴趣的事实。企业新闻宣传工作同样要遵循新闻规律和党对新闻舆论工作的要求,必须坚持以团结、稳定、鼓劲、正面宣传为主的基本方针和党性原则。

(一) 企业不是新闻发布的直接主体

企业的新闻宣传,不同于报纸、电台、电视台等社会媒体的新闻传播,企业不是新闻的直接发布者,企业新闻发布的主动权不在企业而是在媒体,只有媒体认为有新闻价值的企业消息才能将其作为新闻向社会发布出去。在日常工作中,经常会出现这样的情况,企业认为很需要向社会宣传报道的事情,而媒体却不感兴趣,投的新闻报道稿件不被媒体采编刊用,其原因主要是企业需要报道的东西缺乏社会新闻价值,或虽有社会新闻价值但其他企业同类的消息已有报道,失去了新闻的时效性。

(二)企业新闻宣传有明确的目的性

企业新闻宣传的目的性非常明确,即为企业服务——通过媒体向社会宣传企业形象,宣传企业产品和品牌形象,宣传企业的发展与成就,宣传企业中对社会有影响的典型,宣传企业服务社会公众的有关事项。要达到新闻宣传的目的,企业需要加强同媒体的沟通和联系,找准所要宣传内容的新闻点,按新闻的要求撰写报道稿件,把企业新闻转化为社会新闻,进而为媒体所接受和认可,提高刊登播发的概率。

(三)企业新闻具有不可控性

由于企业新闻发布的主动权不在企业而是在媒体,因此企业的新闻就具有一定的不可控性。企业想发布消息或进行通讯报道时,能否播发的决定权在新闻媒体。当企业发生突发情况,或经营与服务发生变化,对社会产生影响时,企业的新闻事件引起媒体的关注,但是否播发的决定权仍不在企业。对企业的负面报道,新闻媒体往往不会事先征询企业的意见,只要是真实的具有新闻价值的事实就可以播发。

(四)企业新闻宣传具有对外和对内的双重作用

企业新闻宣传对外的作用主要体现在外塑企业形象。通过新闻宣传营造企业生产经营和发展的良好外部环境,提高企业的社会知名度,提升企业的市场竞争力。一些企业的新闻宣传工作除了通过媒体以新闻的方式宣传企业外,还把其他对外宣传的工作也纳入其中,如广告、展览等。

企业新闻宣传对内的作用体现在内聚发展的正能量。企业的员工从广播、电视、报刊、互联网等媒体看到宣传自己企业的正面新闻报道,能够受到鼓舞和激励,增强荣誉感和责任感,产生振奋精神、鼓舞士气、凝心聚力、推动工作的作用。企业自办的企业报、期刊、官方网站等具有一定的新闻特征,它的受众对象是企业内部员工,更是对内宣传的一种方式和载体。

二、企业新闻宣传工作的原则

根据企业新闻宣传工作的特性和职责,企业新闻宣传工作在遵循党的新闻舆论工作基本方针和党性原则的基础上,还应坚持以下原则。

(一)坚持党委管新闻舆论的原则

企业的新闻宣传工作必须坚持党委管新闻舆论的原则。企业的新闻宣传工作必须实行企业党委统一领导,党委宣传部门归口管理的领导体制和工作机制,这是企业新闻宣传舆论工作遵循党的新闻舆论工作基本方针和坚持党性原则的根本保证。企业党委要牢牢把握意识形态工作的领导权,认真落实意识形态工作责任制,加强对新闻宣传工作的领导,定期听取企业的新闻宣传工作汇报,检查指导企业的新闻宣传工作,及时发现问题、解决问题。党委主要领导对新闻宣传的重要工作要靠前指挥,对重要稿件要亲自把关,对企业自办的报纸、刊物、网站、微博、微信,要把好采访、组稿、审核、发稿环节,坚决杜绝发生政治性、政策性问题。

(二) 坚持服务企业工作大局的原则

企业的新闻宣传工作必须坚持服务企业工作大局的原则。要围绕树立企业形象,营造企业健康发展的外部环境,根据企业的中心工作要求,组织开展企业新闻宣传工作,让社会公众加深对企业形象和品牌形象的了解和认识,提高企业及品牌的社会知名度和信任度。要深入挖掘企业发展成就和工作经验的社会价值切入点,努力把企业新闻转变为社会新闻,引导媒体关注和刊用。要善于运用新闻的手法反映企业员工的精神风貌和先进典型事迹,通过媒体宣传报道出去。

(三) 坚持及时有效应对负面新闻的原则

企业的新闻宣传工作必须坚持及时有效应对负面新闻的原则。当出现对企业某些问题的负面报道时,企业党委宣传部门要迅速启动应急预案,以最快的速度摸清情况,核查事实,统一口径,快速反应。要及时通过媒体向社会说明真实情况,表明对问题的态度,公布解决问题的措施,采取多种有效的方式引导舆论态势向好的方向发展,最大限度减少负面报道对企业的影响。要把媒体舆论监督作为改进企业工作的契机和动力,接受教训,举一反三,从深层次解决问题,重塑企业形象。

(四) 坚持服务人民群众的原则

企业的新闻宣传工作必须坚持服务人民群众的原则。企业新闻宣传面向的是社会公众,只有抓住人们的关注点,企业新闻才有价值,才容易被媒体传播。要找准服务群众和宣传企业的结合点,特别是像北京公交集团这样的公益性、服务性企业,应该多宣传改进工作和提高服务质量的举措,及时介绍有关线路调整、增加班次、开辟新线的情况,回答社会关切的问题,通过服务群众的新闻宣传塑造良好企业形象。

三、企业新闻宣传的方式

企业新闻宣传依托于新闻媒体。向媒体提供新闻稿件、邀请媒体参加新闻发布会和接受媒体采访,是企业对外新闻宣传的基本方式。

(一) 向媒体传送企业新闻稿件

企业根据新闻宣传需要,把企业希望媒体报道的内容编写成新闻稿件,经一定的审查把关程序,传送给有关新闻媒体,请求媒体刊用。企业新闻稿件要真实地反映新闻事实,采用新闻写作体裁和方式,满足新闻六要素要求。要善于把宣传企业的目的性隐含在适应社会关切之中,注重企业新闻的社会价值。向媒体传送企业新闻稿件,不仅要把握企业新闻的时效性,还要契合新闻媒体宣传报道的重点。只有适合媒体报道的需要,才能提高企业新闻稿件被媒体采用的概率。

(二)召开新闻发布会

企业有较大社会影响的重要新闻,可通过召开新闻发布会的形式向媒体发布。召开新闻发布会,要确定新闻发布主题,原则上一次新闻发布会只突出一个主题,便于媒体进行报道。会前要做好准备工作,主要是准备好新闻通稿和做好邀请媒体记者工作。新闻通稿以第三人称撰写,应尽可能地反映较翔实的事实、数据、做法及新闻的社会意义,发给应邀参会记者。新闻发布会一般由企业新闻发言人或相关负责人主讲,并回答记者的提问。

(三)接受媒体记者采访

企业经常会遇到媒体记者来采访的情况,接受媒体记者采访是企业新闻宣传必须高度重视、认真对待的工作。

接受媒体记者采访主要是两种情况:一是接待媒体记者来采访。接到媒体记者来采访的要求,应马上向企业党委宣传部主管新闻宣传工作的领导或党委宣传部负责人汇报、请示是否接受采访。如果不同意接受采访,应以恰当的理由婉转拒绝;如果同意接受采访,要指定专人接受采访。接受采访时要热情接待,了解采访意图,同记者进行充分沟通。接受记者采访要严格按规定的宣传口径。介绍情况、回答问题要准确、严谨,掌握分寸,留有余地。采访结束后应留下记者的联系方式,要求记者将采访稿进行反馈,经企业宣传部门核实审定后再发布。二是接听媒体记者电话采访。电话采访,就是媒体记者通过打电话了解企业新闻事实。当了解到媒体记者要求电话采访时,应将电话转到党委宣传部门或有新闻发布权的部门,同样要严格落实接受采访的规定和要求,并要特别谨慎对待,稳妥应对。

此外,还有一种情况是邀请媒体来采访。邀请媒体来采访实际上是经过策划的、有目的的对外宣传报道活动,组织媒体记者来企业参观体验,或对先进典型进行专访,请媒体对企业作深度报道。

企业接受媒体记者采访,要按新闻管理制度指定专人接待并接受采访。要摸清记者采访的意图,积极稳妥应对,对记者形成的新闻稿应进行审核确认。

四、企业新闻宣传工作的管理

企业新闻宣传工作是企业党委工作的重要部分,是服务企业大局、服务社会大众、服务企业员工的重要工作,必须加强管理,规范流程,严格纪律,落实责任。

(一)加强组织领导

企业新闻宣传工作要在企业党委的领导下,形成党委主抓,党政共同负责的领导体制。党委宣传部门是企业新闻宣传工作的主要责任部门,在党委的领导下,负责对外宣传报道工作,对新闻宣传稿件审核把关,接待媒体记者采访或安排有关人员接受采访。企业其他职能部门要从各自业务的工作角度向宣传部门提供企业新闻信息,对新闻宣传工作给予支持与配合,形成有效的工作机制。

(二)建立健全的管理制度

企业新闻宣传工作包括新闻宣传素材的采集、新闻发布内容的认定和审批、新闻发布权限、舆情监测和突发事件处置等对内对外多个环节流程,需要多部门、多方面协调配合,协同运作。因此,必须健全制度,实行规范管理,以保证企业各部门、各方面协调一致,各环节运作顺畅高效。

根据北京公交集团新闻宣传工作的实践,企业新闻宣传工作应建立健全管理制度,如《公交集团公司新闻宣传工作条例》《公交集团公司突发事件新闻舆情快速反应处置工作细则(试行)》等相关制度。

(三)建立与新闻媒体的沟通机制

由于企业新闻传播的主动权不在企业,建立与媒体的良好关系,形成通畅的沟通机制非常重要。企业党委宣传部门要与新闻媒体建立固定的联系渠道,同媒体定期联系沟通,同负责行业采编的记者建立密切联系,邀请媒体派遣记者参加企业的重要活动,和媒体共同策划企业新闻选题,了解和掌握媒体新闻报道重点和要求,及时向媒体报送企业新闻稿件。沟通机制应包括定期联系、互通信息、增进友谊、交流沟通等内容。与新闻媒体的沟通机制要体现友好协作、共享共赢,兼顾企业和媒体的需要,达到情感上和工作上的契合。

(四)严格新闻宣传工作纪律

企业新闻宣传工作的重要性和特殊性决定了必须以严格的新闻宣传纪律做保证。新闻宣传工作纪律的核心是内外有别,严格对外发布新闻的程序。企业新闻纪律主要包括政治纪律、新闻发布纪律、采访接待纪律、逐级报告审批制度等。

在新闻纪律中,首要是政治纪律。党的十八届六中全会通过的《关于新形势下党内政治生活的若干准则》中指出:"政治纪律是党最根本、最重要的纪律,遵守党的政治纪律是遵守党的全部纪律的基础。全党特别是高级干部必须严格遵守党的政治纪律和政治规矩。党员不准散布违背党的理论和路线方针政策的言论,不准公开发表违背党中央决定的言论,不准泄露党和国家秘密,不准参与非法组织和非法活动,不准制造、传播政治谣言及丑化党和国家形象的言论。"企业新闻宣传工作必须严格遵守党的政治纪律,新闻稿件绝对不能发生政治性的问题。

在新闻纪律中,必须严格执行新闻发布纪律、采访接待纪律和逐级报告审批制度。新闻发布和采访接待必须统一归由党委宣传部门,重大新闻发布由企业党政领导批准,一般新闻稿件由宣传部门审核把关。未经授权,任何人不得擅自发布企业新闻和接受媒体采访。

五、北京公交集团新闻宣传工作

北京公交集团高度重视新闻宣传工作,从公交集团的实际出发,完善了新闻宣传工作的领导体制和工作机制,形成了覆盖集团公司全部的新闻通讯报道网络,健全新闻宣传相关的工作程序和规范,发挥了树立企业良好形象、营造企业健康发展的外部环境,服务公众乘坐公共交通满意出行,激励、凝聚员工队伍的新闻宣传工作等作用。

（一）形成新闻宣传工作机制

北京公交集团党委切实加强对新闻宣传工作的领导，通过建立领导体制和形成工作机制加强和规范企业新闻宣传工作。

明确新闻宣传工作的指导思想：坚持以习近平新时代中国特色社会主义思想为指导，深入学习贯彻落实党的十九大精神，深入学习贯彻习近平总书记关于宣传思想工作重要论述，深入学习贯彻习近平总书记系列重要讲话精神，切实增强"四个意识"，坚定"四个自信"，紧紧围绕和服务企业中心工作，融合运用媒体宣传报道北京公交集团建设"国内领先、世界一流现代公共交通综合服务企业"进程中的新气象、新担当、新作为，为企业全面深化改革发展营造良好的社会舆论环境。

新闻宣传工作的基本原则：加强党对宣传思想工作的全面领导，坚持党委统一领导，宣传部门主要负责，各专业部门协调配合的原则，形成"统一协调、分级负责；严明纪律、服从全局；加强策划、注重实效；程序规范、资源共享；尊重事实、正确引导"的组织格局和工作格局，把握正确舆论导向，提高新闻舆论传播力、引导力、影响力、公信力。

在集团公司党委的统一领导下，成立由集团公司党委副书记任组长，新闻发言人任副组长，各部门负责人为成员的新闻宣传工作领导小组。领导小组下设办公室。办公室设在集团公司宣传部，办公室主任由宣传部负责人担任。领导小组负责审定重大新闻发布方案、整合新闻资源、应对舆情宣传、优化舆论环境。新闻宣传工作办公室的主要职责是：负责指导、协调全系统的新闻宣传工作；执行新闻宣传的各项工作制度；研究制定和组织实施企业年度新闻工作计划和重大新闻宣传报道活动；会同相关专业部门编制对外宣传口径及新闻素材，审核集团公司相关领导的媒体采访内容；负责与新闻媒体的沟通联络，组织协调新闻采访活动，审核记者提交的新闻稿件；跟踪、分析和报送有关集团公司的舆情动态，组织开展媒体公关和重大新闻宣传工作后评估等工作。

（二）畅通新闻线索来源渠道

北京公交集团形成了新闻宣传的大格局，通过机制保证新闻线索和新闻素材来源渠道的畅通，使宣传部及时获得集团公司整体工作、各部门工作和各基层单位工作的新闻信息，保证了对外发布新闻的时效性、及时性和真实性。

1. 畅通宣传部门掌握全面情况的渠道

明确集团各部门向宣传部门提供新闻线索的职责和内容，并实行责任考核。宣传部门参加集团公司全局性和专业性会议，通过参加各种会议了解和掌握信息，捕捉有价值的新闻线索和素材。宣传部门工作人员在深入二级公司、基层车队调查研究及检查工作时，注意及时发现基层单位新闻线索。

2. 建立新闻通讯报道网络

集团公司各部门和各基层单位都安排一名兼职通讯员组成新闻通讯报道队伍，负责向宣传部门提供各自工作领域有价值的新闻线索。集团公司宣传部每年举办通讯员培训班，请媒体资深编辑、记者给通讯员授课，讲评通讯员新闻稿件，提高通讯员捕捉新闻信息和进行新闻写作的能力。

(三)精心策划新闻宣传方案

北京公交集团根据全年主要工作和重要节点,积极策划新闻宣传方案,做到企业有新闻价值的重要工作或活动都有对应的宣传方案,有准备、有计划、有步骤地打好每一个对外宣传战。

策划新闻宣传方案,是指在促成新闻媒体正面宣传报道企业新闻上发挥主动性,实现企业新闻宣传的内容和媒体报道需要的高度契合,实现企业想对外宣传的内容正是媒体报道所需要的。北京公交集团新闻宣传围绕新能源公交、公交线网重塑等重点、亮点工作,精心策划新闻宣传方案,对外宣传内容紧扣环保、民生、安全、维稳等主题,适应社会对城市公共交通的关切,新闻宣传活动较好地实现了新闻方案的预期,创造了深度报道的机会。

注重细节,选准角度,增强企业对外宣传的针对性。把企业新闻变成社会新闻,主动引导社会舆论对企业的正面关注,提升企业形象和品牌形象,策划新闻宣传方案就要注重细节,选准角度,使宣传内容通过细节和角度增强其可读性和吸引力,增强企业对外宣传的针对性。例如,2014年北京公交集团新开通34条夜班新线,是满足有夜间出行需求的市民乘坐公交的新服务举措。公交集团宣传部门紧紧围绕夜班线网调研、方案制订、征求意见、完善方案、夜班线网运行时刻表编制完成、正式开通线路公示、最后一次测试演练和开通当天体验乘坐等八个细节进行宣传策划,从能够引起媒体共鸣的角度挑选出一批回答记者和市民关切的选题。通过精心策划,在这次新闻宣传战中,中央和市属主流新闻媒体共刊发相关夜班线网的正面报道200余篇,营造了良好的舆论氛围。

(四)主动占领新闻宣传阵地

北京公交集团不断增强阵地意识,充分利用传统主流媒体和网络新媒体开展企业新闻宣传工作,主动占领新闻宣传阵地。

巩固同传统主流媒体建立的良好关系,充分利用报纸、电视、广播宣传企业,提高北京公交品牌的公信力和社会满意度。北京公交集团长期以来同中央和北京市主要新闻媒体建立了良好关系,形成通畅的沟通机制。集团公司宣传部与新闻媒体建立了固定的联系渠道,落实同负责行业采编的记者专人联系制度,并同他们建立密切联系,了解和掌握媒体新闻报道重点和要求,及时向媒体报送企业新闻稿件。集团公司宣传部同媒体定期联系沟通,并邀请媒体派记者参加企业的重要活动,和媒体共同策划企业新闻选题。通过有效的沟通机制兼顾了企业和媒体的需要,达到情感上和工作上的高度契合,使传统主流媒体成为宣传企业的主阵地。

适应网络快速发展的新形势、新变化,开辟自媒体企业新闻宣传新渠道,加强网络舆情动态监控,主动出击,提高在网络舆论方面的引导力和话语权,占领新闻宣传网络阵地。北京公交集团于2013年7月开通了公交集团官方微博、微信平台。北京公交官方微博、微信定位于服务乘客出行,传播企业文化,沟通社情民意,改进服务工作,发挥微博、微信的宣传、引导和服务等功能,使微博、微信成为企业与社会之间交流沟通的网络平台。北京公交官方微博、微信成为企业新闻宣传的又一个新阵地。

第三节 《北京公交报》编辑

《北京公交报》创刊于 1987 年 11 月 10 日,作为企业新闻宣传的主力军,《北京公交报》的功能定位是:公交新闻平台、公交业务展示、公交服务手段、公交文化载体。《北京公交报》为半月刊,每期四版,全年编辑制作正刊 24 期,根据需要每年还增加特刊和增刊若干期。《北京公交报》创刊 30 多年来,面向企业内部员工,坚持正确的思想舆论导向,服务企业大局,报道企业新闻,宣传先进经验,内容日渐充实,其专业性、可读性逐步提高,发挥了及时传递集团公司工作部署要求,推广先进典型经验,营造良好的内部舆论环境等作用。

报纸编辑工作是在报纸交付印刷前所进行的一系列工作,包括策划、编稿、组版三部分工作。

策划是报纸编辑的第一个环节,每一期报纸都要进行策划,对每一版面都要进行构思。编辑策划一般要有一定的提前量,如《北京公交报》为半月刊,15 天出一期,至少应有本月策划下月刊发的方案和内容。

按策划方案编稿是报纸编辑的第二个环节。分析、选择、修改稿件和制作标题是这个环节的主要工作。编稿包括约稿、采编、选择、修改等,使稿件达到刊用要求。

报纸编辑的第三个环节是组版,即配置版的内容和设计版面。组版要考虑版面的整体效果,将重要稿件配置在重要位置。此外,还要考虑版面的美观性,长、短稿件要合理搭配,版面安排要做到错落有致、图文并茂。

企业报纸不同于公开发行的日报,其新闻时效性相对而言可以稍长一些,主要以新闻文体反映企业动态,传递企业重要信息,传播先进经验或做法。

一、新闻稿件编辑

新闻稿是报纸上发布的具备新闻要素的消息。新闻稿不等于新闻,新闻是实际发生的事情,新闻稿是记者或通讯员根据新闻素材撰写的稿件。新闻稿编辑工作的主要职能是做好新闻稿件的选择和修改,严格把握稿件的政治关、事实关、文字关,对稿件内容是否正确、主题是否突出、叙述是否清楚、条理是否分明、语句是否通顺、行文是否生动、标点是否准确、字词是否有误等问题进行认真审视,把握新闻稿件是否具有新闻价值以及稿件中是否具有"新闻六大"要素。编辑修改新闻稿件应遵循以下步骤。

(一)找出主题,挖掘稿件的中心思想

所谓主题是指作者在说明事物、阐述道理、反映生活时通过全部文章内容所表现出来的基本思想。在新闻类的文章中,主题即主要内容。常见的表现主题方法有以下几种。

开门见山,开宗明义。开篇就把主题直接、扼要、明确而醒目地提示出来。

片言居要,点题显旨。在文章的关键处用一两句精彩、精辟的话将全文精神点化出来,点题的话或一两个字,或一两句话,或一段细节文字,无固定要求。点题的形式,或在篇首,或在篇中,或在篇末,应以文而定,总的要求是安排在作者感情流溢亢奋之处。

一以贯之,依源扣题。依循主题行文,时时注意紧扣主题。

只有将文章主题找出来,才能加深对文章的理解,对整个新闻稿件的内容有一个整体把握,为后续的修改稿件提供便捷。

(二)理顺思路,寻找事件发展的逻辑关系

文章的思路体现着作者撰写新闻稿件的思想,也在一定程度上反映了事情发展的逻辑关系。因此,理顺思路,就是客观、真实地理出事件发展的逻辑关系,对事件发展的来龙去脉形成一个清晰的认识。

1. 依据文章的体裁特点理清思路

不同文章的思路遵循着不同的规律,理清文章的思路可以从不同的体裁入手。作者写文章时总要受到体裁的限制,而每一种文体又都有各自的特点。因此,可以依据不同文体的特点理清编辑修改的思路。

2. 借助文章的线索来理清思路

任何稿件一般都具有贯串全文的线索,而这条线索往往折射出作者的写作思路。在编辑修改这类文章时,可以借助文章的线索理清思路。

3. 按照文章的组材顺序理清思路

有些文章作者所写的不仅是单一的事件,往往还同时写几件事情。编辑修改这类文章时,将作者所写的几件事或所选择的几则材料的排列顺序加以揣摩,便会悟出作者的写作思路。

4. 抓住文章中的语言标志理清思路

一篇文章常常有自己的语言标志,有时直接以词语出现,有时以句子出现,编辑修改时应加以注意,如文章中衔接上下文的"首先……其次……",表示递进关系的"更、而且",表示转折的"但是、相反、与此不同",总结式的"因此、总之、由此可见",等等。

(三)调整结构,让文章的条理更加清晰

调整结构是编辑在做好找主题、理思路两项工作后,依据文章实际情况而酌情处理的一道工序。是否进行结构调整必须要在充分做好前两项工作的基础上,斟酌文章的通篇结构是否合理,慎重考虑怎么调整、如何调整,最终使文章条理更加清晰。结构的调整应遵循新闻发展规律,也要遵循新闻体裁的要求,在认真了解事情的前因后果之后,编辑需要判断新闻稿件体裁是否符合要求,新闻六大要素是否齐全,所具有的新闻价值是否与新闻体裁相符合,最终根据所掌握的实际情况对稿件结构进行调整。

(四)理顺句子,让行文生动翔实

理顺句子主要是针对上下文及段落结构的逻辑关系进行的必要修改,确保文字语句通顺,内容不重复,能够反映文章主题。理顺句子时会用到的方法如下。

1. 校正

校正,即改正稿件中不正确的写法,包括稿件中的事实、思想、语法、修辞、逻辑等各方面。校正是改稿中运用得最广泛的改稿方法,也是最基础的一种改稿方法。校正的具体操作有替代、删节和加按语等方式和压缩、增补、改写等方法。

2. 压缩

压缩,即通过删节、删句和删字的方法,使原稿重点内容突出、节奏紧凑、表述简练。采用压缩的方法处理时,要先考虑它的构成,确定它的主题、思路、体裁与所报道的新闻事物要相符合。所要解决的是传达的信息过量、与新闻信息主体和主题关系不大的信息材料过多、形成行文累赘的问题,若不加以删节,不仅影响该稿的质量,还会挤掉其他稿件,不符合定量选择的要求。

3. 增补

增补,即增加和补充原稿中所缺乏的内容。就新闻稿而言,编辑可以增补的内容既有资料性补充来帮助读者了解事情发生的背景等内容,也有事实的回叙,即交代已报道过的事实,使受众对连续报道有个完整的了解。

4. 改写

改写是对原稿重新写作,是改稿中难度最大、操作最复杂的一种修改方法。改写通常是因为稿件的角度选择不当、材料的详略安排不当、稿件结构有问题或者体裁不合适等,需要重新组织材料、安排结构,重新写作。改写的方法包括改变主题和角度、调整结构、改变体裁、分篇和综合等。

(五)做好标题,让文章主题更加突出

标题是新闻稿件的眼睛。新闻要真实,标题要准确,做好标题对于提升稿件质量具有十分重要的意义。

1. 题文相符,准确无误

标题来源于新闻,必须与新闻内容一致,准确无误。标题中所概括的新闻事实要与新闻报道的内容一致,与文章的中心思想一致,不能游离于基本思想之外,不能以偏概全。标题的论断在新闻中要有充分的依据,不能任意拔高夸大。

2. 具体生动,言之有物

标题是新闻的眼睛,是简洁到不能再简洁的最单纯的新闻,应该有具体的新闻事实内容,而不应是抽象的、空洞的描述。标题不仅要准确、具体,还应力求生动形象,使读者在阅读的时候,既了解新闻事实,又能获得美的享受,从而进一步提高读者的阅读兴趣,增强传播效果。

3. 简洁精辟,短小精湛

凝练是新闻文风的要求,要求新闻内容凝练,作为新闻内容结晶的标题,就更要简洁凝练,而能不拖泥带水。

稿件的修改是一个反复的过程,在时间允许的条件下,编辑应多次审阅,以便发现上次修改后残存的漏洞。这种漏洞可能是由于粗心未被发现,也可能是有新的认识和想法。因此,编辑新闻稿应该仔细思考有疑点的地方,想想问题可能会出在哪里,看看调动自己已有的知识储备能否加以辨别。如果仅凭自己的大脑无法对疑点做出判断,那就需要考虑借助相关资料,以证真伪。

二、非新闻稿件编辑

《北京公交报》除了刊登企业新闻稿件,还安排一定的版面刊登其他非新闻性的稿件,如先进人物和先进集体的经验、反映公交员工精神风貌的故事、集体和人物特写,以及员工创作的短小文学作品等。这些非新闻稿件体裁形式多样,既要符合不同体裁的写作规范要求,又要符合版面文字量的要求。

编辑非新闻稿件,同样要严格把握稿件的政治关、事实关、文字关,对稿件内容是否正确、主题是否突出、叙述是否清楚、条理是否分明、语句是否通顺、行文是否生动、标点是否准确、字词是否有误等问题进行认真审视,同时还要把握不同体裁的行文是否规范。

(一)经验事迹型稿件

《北京公交报》上刊发的稿件,除了新闻稿和员工文学作品,大多为经验事迹型稿件。这类稿件的原型基本是会议用的经验交流材料和事迹材料,有的单位直接把这种会议用材料作为稿件向《北京公交报》投稿,同报纸刊用要求差距较大,编辑修改的难度也很大。编辑经验事迹型稿件应把握以下几点。

1.去粗取精,控制篇幅

经验材料和事迹材料不适合报纸刊用的一个重要因素是篇幅过长,即展现的面过宽,主题不突出,语言不精练。报纸选用的稿件不是部门或单位的工作总结,不能面面俱到。报纸版面有限,不可能用一个整版只刊登一个单位或一个人的经验事迹,编辑修改时必须去粗取精,控制篇幅。

编辑修改经验事迹型稿件要突出特色。有特色、有创新、有典型性是经验事迹型稿件的特性。经验事迹型稿件刊用的目的非常明确,即通过选择典型经验去指导一般,推动全局。编辑这类稿件时首先要熟悉某项工作的全局情况,针对工作中的问题提供解决这些问题的行之有效的经验。在编辑修改时要仔细研究原稿,找出该单位或个人有什么与众不同的特色,围绕特色在原有基础上进行修改,突出创新,突出典型性,一般化的、普遍都在做的内容要删掉。这样不仅大大压缩了文字,而且更能吸引人、感染人、打动人,使经验事迹型稿件更具穿透力。

编辑修改经验事迹型稿件要深度提炼。介绍的经验事迹是什么,引导读者学什么,是经验事迹稿件的主要内容,因此,对经验事迹需要进行深度加工提炼。属于介绍经验的稿件,要围绕宣传介绍的主题,提炼出最基本、最主要的经验。要突出经验的重点,介绍经验的稿件不可面面俱到。只有重点突出并能说明问题的经验,才为读者喜闻乐见。在编辑过程中会发现,有的原稿提炼的经验深度不够,甚至有的过于牵强;有的原稿只是工作情况介绍,没有上升到经验总结概括;有的原稿中甚至出现具体经验之间相互冲突的情况。编辑修改时要将原稿吃透,形成具体提炼修改意见。若修改量较大,可与原稿作者沟通,退回去重写。若能上手修改,则由编辑修改,修改后再与原稿作者沟通,征得认可。

2.减少议论,事实表述

经验事迹型稿件议论性话语多是篇幅长的又一个原因。作为会议发言材料,议论性话语多一些可以起到对某一观点强化的作用;而作为报纸刊用的稿件,议论性话语则要求少而精,起画龙点睛的作用。经验事迹型稿件,应利用有限的篇幅主要介绍具体生动的做法、事例,让读者通过事实认识经验的重要性、启发性和可学性,从而达到宣传先进典型经验的效果。经验事迹型稿件的编辑,要坚持以叙述为主,议论为辅,用事实来表达经验,把经验写得具体实在,使人看得见、摸得着、学得到。要多写经验成效,突出经验成果,特别注意要用一些典型事例对经验进行印证,使之阅读后更令人信服。

3. 生动形象,叙事集中

报纸刊用的经验事迹型稿件一般以通讯、特写的文体反映集体或个人的经验、事迹。这类通讯要着重写人的精神风貌,体现先进集体和个人灵魂之窗、思想之光、动人之举。因此,编辑修改这类稿件要把握典型的情节和细节,通过生动形象的典型事例和细节的集中叙事,使所宣传的集体或人物"站起来",避免用贴标签、发议论的表述方式代替具体事例。要抓住特点,把先进集体和人物放在具体环境、具体情境之中,不回避矛盾,包括外部的矛盾和自身的矛盾。只有充分地显示矛盾,才能揭示先进集体和个人的力量所在。

(二) 文学作品类稿件

《北京公交报》登载员工创作的文学作品。它这不仅是建设企业文化,丰富员工精神生活,陶冶员工情操的重要阵地,还是员工文学艺术才华的展示平台。编辑文学作品类稿件,要以马克思主义文艺理论为指导,运用历史的、人民的、艺术的、美学的观点评判和鉴赏作品,决定稿件的取舍。要熟悉和掌握小说、散文、诗歌、故事等不同文学作品体裁的特点和写作要求,按照文学作品创作规律和写作要求提出编辑修改意见。要善于同员工中文学作品的作者进行沟通、交流,从编辑的角度向他们提出修改建议。文学作品类稿件是作者的独立创作,编辑一般不宜做直接修改,主要是对作品进行政治上和艺术上审核,如不符合发稿要求,提出修改意见由作者自己修改,直到符合刊登要求为止。编辑可对个别错别字、标点符号等小问题进行修改。

三、图片编辑

在新闻报道中增强报纸的可读性、直观性是图片的传播优势。新闻图片的形象化能够弥补文字的抽象性,使得一篇枯燥的新闻变得绘声绘色,具有很强的画面感。好的图片可以吸引读者的眼球,人们在阅读大量信息的同时,通常会第一时间看到文字当中的图片,一篇新闻报道所要描述的内容,也能在图片中生动地反映出来。

(一) 新闻图片的特征

报纸刊用的图片是新闻报道的组成部分,同刊用的文字稿件一样,编辑图片不仅要严格把握政治关、事实关,还要严格把握摄影艺术关。新闻图片的特征决定了其在报纸中的价值与作用。

1. 图片具有新闻价值

图片反映的对象是新近发生、发现、发展的事实,要有足够的形象信息含量和充分的形象视觉效果反映新闻事实。图片的新闻形象是真实、自然的记录,新闻人物的动作、姿态、神情、性格都是活生生的展示。

2. 图片是新闻事件的特定瞬间

新闻图片是借特定瞬间来表现新闻事实,拍照得到的是一张瞬间表现新闻事实的形象画面,是真实的纪实性形象记录。

3. 图片需要与文字稿件相匹配

报纸选用的图片一般与文字稿件相匹配,形成对文字稿件的呼应。如重要会议新闻稿配发会议现场照片,可引起读者对会议新闻的关注。有时图片需要配文字说明,以说明照片画面所交代不清的事实,如新闻人物的图片,需要说明人物姓名和在做什么等内容。

(二)新闻图片编辑

新闻图片编辑包括选择图片、处理图片、应用图片、配发文字等工作内容。

1. 选择图片

选择图片是图片编辑最基础、最主要的环节。选择图片要考虑版面的整体视觉效果,决定在一个版面上用几张图片,安排在什么位置,占多大版面。一般在一个版面安排 2 ~ 3 张图片,图片过多占用版面不仅影响文字稿空间,而且在视觉上也会给人眼花缭乱的感觉。选择图片的标准是新闻性和艺术性的高度统一,应坚持内容标准、摄影标准和审美标准。

(1)图片的内容标准

图片的新闻性是由与之相匹配的新闻稿决定的,只有重要的新闻稿才需要配发图片,以强化新闻稿的重要性,引起读者重点关注。图片的画面本身要具有新闻价值,通过画面反映新闻稿的主题。因此,选择图片新闻性是第一位的。

首先,体现图片内容与编辑内容的对应性。要看图片内容是否体现了编辑主题,是否在编辑主题下补充或延伸了文字内容。

其次,体现图片拍摄时间与发布时间的对应性。例如,夏季发布内容如果选用的图片人物身着厚实的冬衣,会产生对季节感知的不和谐感,造成时效性误差的印象,因此,在保证内容真实性的前提下,要选用符合发布季节时令的图片。

最后,体现图片拍摄视角的独特性。独特的视角一方面是以图像来反映现实的新角度;另一方面也有利于以独特的视角形成与强化报纸自身的风格特点。

(2)图片的摄影标准

图片的摄影标准主要是指照片是否达到了摄影光学的物理标准,是否符合报纸发布图片的技术指标。一是摄影光学的物理标准,即摄影照片是否对焦清晰、曝光准确;景深是否达到画面主题突出、层次分明的效果;色彩的还原度是否合格;等等。二是满足报纸印刷的技术指标,包括清晰度、色彩等各项技术指标的具体要求。

(3)图片的审美标准

图片的审美标准是指摄影照片的画面在体现编辑内容要求之外,是否具有美感,是否满足人们欣赏美的心理需求。审美标准具体表现在摄影画面的构成是否合理;视觉效果是否平衡和谐;图片能否激发人们的联想,引发情感共鸣,满足审美心理。

2. 处理图片

处理图片是在对获取的图片进行选择后,针对主题内容与版面需求,遵循真实性原则,在保证不更改图片原有的主体意义表达的前提下,对图片进行编辑性与视觉性的处理。

（1）编辑性处理图片

编辑性处理图片是指围绕图片的内容与形式,通过裁切与合成、修图与抠图等方式突出图片的内容表现力。编辑性处理图片遵循的前提是真实性与客观性,对于图片的编辑性处理,只是让图片内容的效果更突出,但绝不能改变图片内容本身的含义。裁切图片是指将前期摄影照片中冗余无关的信息(如背景环境等)从画面中裁减去除,使得画面主体突出,但仍保持照片的矩形外观。合成图片是指将若干具有关联的图片合成在一个画面中,主要用于创意图片,体现不同人物、事物、事件的深层联系。抠图是指打破摄影图片矩形外观的限制,将画面主体(如体育运动中的人物、远山绿植等)从原有的摄影背景中释放出来,与发布环境中新的背景(如版面文字等)融合,形成新颖动态的视觉效果。修图是指在后期编辑中将前期摄影因被摄物体本身或摄影环境、器材等造成的细节瑕疵,通过暗房技术或电脑软件进行删除修饰,在保证真实性的基础上,提升画面细节的美感。

（2）视觉性处理图片

视觉性处理图片,是指通过视觉走向的调整、彩色照片的黑白单色、照片视觉横平竖直的校正等,完善图片发布后的最终效果。视觉处理主要是走向处理,即针对多张照片组合出现产生的方向感,特别是人物头像的视线朝向形成视觉走向,尽量将一组照片内的朝向方向进行统一,保证视觉移动的和谐感。

3. 应用图片

应用图片是指在处理图片之后,将图片具体应用在报纸版面中。版面是报纸刊发内容的具体承载单元,不同版面的具体形式有所不同。报纸的版面强调的是单版视觉,头版、二版、三版、四版,每个版分工不同,对图片摆放的要求会有所区别。编辑图片要满足版面对图片规格的要求,根据版面对图片不同尺寸要求进行处理。要处理好图片与版面及文字的空间关系,可采取开篇引文、穿插配文、图文混排等不同的图片布局方式。

应用图片还要满足报纸印刷的技术要求,将图片的分辨率、色彩模式、文件格式等方面的指标调整为适应印刷要求的形态。前期获得的图片可能有冲洗照片、电子照片、反转片、扫描件、手绘稿等,但后期用于印刷出版的图片主要是菲林片和电子格式两种形式的图片,要做好图片格式转换工作,在技术指标上达到出版印刷的要求。

第四节　新媒体编辑

随着信息技术的快速发展和互联网的触角深入人们生活的方方面面,相对于传统媒体的新媒体应运而生。新媒体的出现和迅猛发展,在给宣传思想文化工作提供了创新平台的同时,也带来了新的挑战。长期以来,国有企业新闻宣传工作主要依托报纸、电视、广播等传统媒体,面对新媒体大环境,如何因势利导,顺势而为,认识新媒体、学习新媒体、善用新媒体、应对新媒体,已成为当前企业宣传思想文化工作的一项重要课题。

一、新媒体的概念

新媒体相对于传统媒体而言,是继报刊、广播、电视等传统媒体后,应用数字技术发展起来的新的媒体形态。新媒体是指利用数字技术,通过互联网、无线通信网,有线网络等渠道,应用电脑、手机、数字电视机等终端,向用户提供信息和娱乐的传播形态及媒体形态。数字报刊、移动电视、博客、播客、微博客、微信朋友圈、网上论坛等都是新媒体。相对于报刊、广播、电视、户外广告等四大传统意义上的媒体,新媒体被形象地称为"第五媒体"。新媒体依托互联网,以多种多样的形式快速传递各种信息。较之传统媒体,新媒体消解了电视、广播、报纸、通信等传统媒体之间的边界,消解了国家与国家之间、社群之间、产业之间的边界,消解了信息发送者与接收者之间的边界。

(一) 新媒体的特征

新媒体突破了传统媒体的传播方式,在信息传播的时间和空间上都有颠覆性的变化。其主要特征如下。

1. 大众参与信息传播

新媒体出现以后,信息传播不再是专业机构、媒体单位的专利,每一个人都可以参与其中。个人不但是信息的接受者,而且是新闻的采集者和传播者。谁都可以是记者、编辑,谁都能通过互联网传播信息。微博、微信、博客、QQ、论坛等作为新媒体重要的信息传播工具,它可以为每一个人提供自己的客户终端。以微博、微信、微视频等作为传播媒介,每个人都可以随时随地发布自己的位置、状态、心情和所见所闻。由于网络为人们提供了虚拟的空间,人们可以匿名登录,不受约束地表达自己的观点,发布消息,传达资讯,就自己关心的话题进行留言、发帖、评论、投票。网络匿名登录的特性虽然可以更好地保护公众隐私,最大限度地实现言论自由,但是也导致出现虚假信息泛滥的现象。

2. 即时、实时、全时传播

在信息传播的时效性方面,新媒体信息传播打破了传统媒体定时传播的定势,信息随时随地都可以发布,表现出即时、实时、全时的特征。新媒体信息传播的速度非常快,网民通过手机、电脑或者其他智能终端,能够快速地发布信息和及时接收信息,打破了传统媒体定时传播的规律,真正具备了无时间限制和无地域限制的传播。新媒体的资讯、新闻可以随时发布、即时传输,网民会在第一时间知道事件发生的一切,不受制作周期、截稿时间等客观因素的制约。网络上的新闻总是在随时更新、变化。网络可以对热点事件进行现场直播,特别是对突发性自然灾害、重大伤亡事故的相关报道,新媒体比报纸、电视等传统媒体的反应时间更短,发布更迅速,事件发生的全过程可以迅速地传遍社会的各个角落,人们可以随时收看到事件的最新进展情况。

3. 信息传播的互交互动

在新闻传播线索搜集、采访、发布等一系列活动中,新媒体能使所有的用户都有机会参与进去,并且能发表个人的评论,互动使受众实现了由被动到主动的改变。传统媒体是单向传播,不管是广播、电视还是报纸都是单向传送信息,媒体处于强势地位,决定着受众接受什么样的信息,用户很难进行信息反馈,交互性差。而在新媒体环境下,信息的传输是双向的,甚至是多向的。每个用户都具有信息交流的控制权,公众既可以选择接收信息,也可以选择关闭客户端或屏蔽信息来源不再接收信息,用户不再是单纯被动地接收信息。同时,以微博、博客、微信等为代表的新媒体技术,也从根本上改变了用户的受众角色,公众既可以是信息的接收者,也可以转变为信息的发送者;既可以是信息的制作者,也可以是信息的传播者。任何人都可以是消息的来源,受众也可以随时对信息进行反馈、评论、补充和互动,最大限度地发挥社会公众的参与性和主动性,满足了公众掌握话语权的需求,真正成为双向互动的信息交流平台。

4. 信息共享的全球化

新媒体具有跨时空性。回顾人类发展史,每一次媒体形态的变革都扩大了人类认识世界的地理范围。无线广播和电视等传媒出现以后,各种资讯信息借助电波和信号可以传播到地球上的所有角落。但是由于广播电视大多是借助传送线路和地面发射接收设备来传输数据,国家为了防止境外思想和文化的冲击,纷纷对境外资讯的传播进行严格限制,传统媒体所传播的信息大都被限制在本国或者本地区区域范围内,并没有真正实现信息全球化。而新媒体利用通信卫星和全球性互联网进行数据传输,完全打破了有线网络的限制和国家等行政区划及地理区域的限制,可以在地球上的任何角落和世界相连。更值得一提的是,手机发送信息时间短、接收信息速度快、受制约因素少,几乎不受任何时间和地域的限制,只要在移动互联网络覆盖的任何地方,在任何时间,都可以搜索信息、查阅信息、发布信息,这是报刊、广播、电视等传统媒体无法比拟的。

5. 传播内容的碎片化

碎片化也可以叫作"微内容",它并非是整块的内容,很多内容只是零碎地堆砌在一起,而没有得到有效的整合。信息碎片化是指通过网络接触到的快餐式的、条目式的、海量的信息。信息化碎片化有两个突出特点:一是浮躁。浮躁是整个网络时代的通病,碎片化更是浮躁的具体表现,人们了解信息往往是蜻蜓点水、浅尝辄止。二是海量的信息与注意力转移之间的矛盾。新媒体海量的信息呈现爆炸性,令人目不暇接,人们在接受信息的过程中往往会分散注意力,发生注意力的转移。

(二) 新媒体的作用

新媒体是一把"双刃剑",用好了会传递出正能量,如果使用不好则会造成消极影响。要充分认识和发挥新媒体的积极作用,运用新媒体开展企业新闻宣传工作,同时要高度重视新媒体的消极作用,做好舆论引导和应急处置工作。

1. 新媒体在媒体格局中发挥着越来越大的作用

新媒体的异军突起,不仅打破了传统媒体一统天下的格局,而且在覆盖面、受众率、影响力等方面,渐渐呈现后来者居上之势。据统计,新浪、搜狐、网易、凤凰等门户网站的日均浏览量超过十亿人次;新浪微博的入住用户已经达到 2.5 亿个之多,每天更新微博 8500 多万条。腾讯微信用户达 8.9 亿,日均登录 9.02 亿次,日均发送消息 380 亿次。新媒体在媒体格局中正在向主流迈进,成了媒体格局中的生力军。新媒体带来的传播渠道多样化、便捷化、复杂化,促成使用者和接受者的数量快速增加,公众舆论观点的聚集效应显著增强,从而产生的影响力也更为深远。这就要求企业新闻宣传工作对新媒体的传播特性和对受众的影响程度有全面和深层的了解,充分认识新媒体的作用,在重视传统媒体作用的同时,主动运用新媒体开展企业的新闻宣传工作。

2. 新媒体成为意识形态斗争的重要阵地

互联网已经成为舆论斗争的主战场,新媒体成为意识形态斗争的重要阵地。在互联网这个战场上,我们能否顶得住、打得赢,直接关系我国意识形态安全和政权安全。要深入开展网上舆论斗争,严密防范和抑制网上传播的攻击渗透行为,对网上传播的错误思想观念进行批驳,掌握网络舆论斗争的主动权,帮助干部群众划清是非界限,澄清模糊认识。要充分发挥互联网、手机、网络电视、微博、微信等新媒体的内容丰富、传播迅速、互动性强、影响广泛等优势,唱响主旋律,传播正能量。新媒体同样要遵循以团结、稳定、鼓劲、正面宣传为主的基本方针,坚持党性原则。新媒体同样是党和政府的喉舌,是主流思想文化传播的主阵地。我们要通过新媒体传播先进文化,宣传科学理论,弘扬社会正气,为和谐社会建设营造良好的环境,使新媒体成为集新闻资讯、文化娱乐、信息服务为一体的综合新闻媒体和文化信息超市。企业宣传思想文化工作要注重发挥新媒体的社会教育功能,引导员工正确使用新媒体,通过网络吸收正能量,及时了解党的路线、方针、政策,学习、认同社会主义核心价值观,坚定建设中国特色社会主义的信念和信心,遵守国家法律法规和社会公德。企业自建的官网、微博、微信等,更是加强宣传思想文化工作的新方式、新手段,应充分发挥其功能和作用。

3.新媒体成为联系人民群众更便捷的桥梁

党通过媒体传播党的纲领、路线、方针、政策,将党的声音传递到人民群众中间;政府通过媒体传播国家的政策、法律法规和社会治理的举措;人民群众也通过媒体反映问题,提出建议。新媒体的互动特性使新闻宣传的桥梁作用在新媒体表现得更为便捷。例如,党和政府在重要政策、措施出台前通过网络媒体征询社会意见,可以更广泛、更便捷地征集到人民群众的意见,使决策更加科学、民主,更加符合实际。

4.新媒体成为服务社会的重要工具

强大的服务功能是新媒体的突出特色,新媒体已经成为政府和各行各业服务社会的重要工具。新媒体不仅具有媒体属性,还具有产业属性。大力发展新媒体,不仅是实施科技、文化双轮驱动战略的重大举措,还是繁荣文化产业,推动经济转型的重要途径。数据显示,2018年网络经济整体经营收入规模将突破2万亿元。

在充分认识新媒体的积极作用的同时,我们也要清醒地看到新媒体消极负面的一面。主要体现在:网络爆炸式的信息传播方式导致信息良莠不齐,低俗、虚假信息泛滥;市场利益驱使供应商传播不良信息,网络管理的法律法规还不完善;网络平台在提供便捷言论的同时产生网络暴力,使公民隐私难以维护;网络制度尚未完善,侵权、抄袭等现象难以遏制;等等。在新媒体环境下,信息源呈现多元化,如果信息不透明、不公开,不真实的信息就会散布流传,且被受众所接受,进而产生不良的心理影响,会在多种因素影响下转化为突发事件。政府和企业遇到这种情况,应透过新媒体查看民情,透过民众在新媒体的表现预见事件可能发展的态势,迅速发布权威信息,解释回答民众的疑问,以引导舆论向好的方向转化。

二、新媒体的发展

新媒体进一步深度嵌入我国社会经济和人民生活,成为影响中国未来发展的重要因素。互联网平台成为经济发展新动能,“互联网＋”成为媒体深化融合的新引擎,网络舆论的影响力越来越大。

(一)我国新媒体发展趋势

1.《新媒体蓝皮书》对我国新媒体未来发展的展望

中国社会科学院发布的《中国新媒体发展报告(2017)》,即《新媒体蓝皮书》,对我国新媒体未来发展提出了十大展望。

（1）"互联网＋"行动计划成效显著，互联网与实体经济融合空间广阔

互联网与传统行业的融合不断加深，不仅体现在各类传统行业对互联网的应用上，更体现在传统行业通过互联网逻辑进行发展模式的重塑。围绕"中国制造2025"，信息化建设与实体经济融合进一步深化，互联网对供给侧的贡献值不断加大，促进产业水平提升。通过"中国制造2025"行动计划执行细则的不断实施，不同行业间实现了信息分享与协同发展，创新型国家建设得到推进。

（2）物联网迎来发展机遇期，智能产品样态多样化

2017年初，中国电信发布"NB－IoT（窄带物联网）企业标准"，中国联通、中国移动也加快了NB－IoT外场测试部署与城市试点工作。随着三大运营商加速布局，窄带物联网商用指日可待。根据工信部、中国IMT－2020（5G）推进组的工作部署及三大运营商5G商用计划，我国将于2019年启动5G网络建设，最快将在2020年投入商用。第五代移动通信技术为丰富智能产品种类，实现万物互联提供了可能。

（3）媒体融合发展举措不断创新与升级

经过前几年的探索，媒体融合已经在组织重构、流程再造等方面取得了一定的成绩，未来工作的重点将在战略规划、人才机制、效果评价等方面。明确而统一的发展规划是媒体融合可持续发展的基础，不同层级与类型的媒体需要根据各自定位找到适合自身发展的战略指导。在用人体制机制方面，率先在中央级新闻媒体开展的人事改革已经体现出人才问题的重要性。设定绩效标准、明确上升通道等，新媒体人才培养与管理体系需要逐渐完善。媒体融合评价体系将对媒体融合工作效果进行及时跟踪与科学评价。

（4）"一带一路"倡议成为我国提升对外传播水平的新契机

在"一带一路"倡议的政策影响下，更多的中国企业有望走向世界，加快海外布局与建设，中国企业成为我国与国际沟通和交流的新桥梁。互联网企业在海外发展迎来机遇期，互联网企业的竞争市场范围将扩大到国外，海外网络市场竞争呈现激烈态势。此外，中国媒体和政府也将利用"一带一路"倡议带来的机遇探索对外传播的新方式与新手段，借机扭转现有国际舆论格局"西强我弱"的局面。

（5）微视频、网络直播深耕垂直领域发展，内容创业热度不减

随着基础网络服务的提速降价，信息获取形式的视频化将是未来网络内容发展的主流趋势，因而，视频类信息产品生产的热度将继续保持。随着大数据技术的不断发展，网络平台上的用户画像更加清晰，这使得信息产品与用户个性化需求对接的精准度进一步得到提升。

（6）人工智能技术成为热门，其应用领域的选择与布局日显重要

人工智能技术的发展将直接影响现有一些行业的生产链，甚至关乎一些行业的生死存亡。以人工智能为代表的新技术将推动社会不同领域的发展。但是，人工智能应用领域的选择是一个关键性问题，决定着人工智能发挥作用的空间和意义。2017年政府工作报告中明确，要扩大数字家庭、在线教育等信息消费。人工智能技术很有可能在家庭教育领域获得突破。

（7）网络文化发挥"硬威力"，社交功能仍是新媒体产品的核心功能

网络文化产业的发展将更加迅速，网络文化不断迸发新的生机与活力。网络文化在经济、外交、社会发展等领域中将发挥更大的作用。2017年4月，原文化部发布了《关于

推动数字文化产业创新发展的指导意见》,数字文化产业成为文化产业的重头戏。用户是网络世界的核心,因此社交功能在新媒体产品中具有重要地位,在社交功能方面进行创新是新媒体产品研发的关键点。

(8)政务新媒体体系化发展,网络扶贫有效推进精准扶贫

在信息公开、舆情应对、政务服务等功能不断完善后,政务新媒体将拓展服务领域,通过新的沟通机制更加高效地实现政府职能。政务新媒体矩阵的完成,体系化建设与社群化运营拉近了公众与政府的距离。网络扶贫工程的实施与深入将成为完成精准扶贫目标的主要手段,为贫困地区实现可持续发展提供信息资源和知识资源基础。

(9)新媒体盈利方式更加多元化,但受到规范约束,移动变现成为新发力点

《2017年中国网络广告市场年度监测报告》中的数据显示,2016年,中国整体网络广告市场规模为2902.7亿元。网络广告市场,特别是移动互联网广告市场的蓬勃发展是世界性趋势。《互联网广告管理暂行办法》的实施,将有效地抑制虚假广告,减少广告泡沫。在新媒体通过不断创新营销手段获得商业利益的同时,对新媒体商业运营的监管也将更加全面和深入。

(10)互联网治理"常态化"与"长期化",网络安全成为全球互联网治理的重点

网络发展到不同的阶段会出现不同问题,因此,互联网治理是一个长期的过程。同时,互联网治理在未来将更加"常态化",治理办法更新快、治理手段见效快。网络安全是影响国家安全的重要命题,因此,各国将携手共同解决网络安全问题,共建人类命运与利益共同体。

2. 新媒体时代新闻传播的发展趋势

(1)新闻传播大众性发展趋势凸显

社会大众是新闻信息的主要受众,新媒体时代让新闻信息的传播更具大众性。新闻信息越来越多,传播的点也越来越细致,群际化的传播方式,让大众更容易接受新闻信息。网络技术让社会大众可以通过搜索引擎了解大量的新闻信息,大众可以利用网络在最短的时间内找到自己需要或感兴趣的新闻信息,让自己的新闻获取需求得到满足。

(2)新闻资讯更及时、快捷

网络方式传播新闻可以实现新闻信息的及时更新,保持新闻信息处于涌动的更新状态。广大用户群可以通过不同的媒介对信息发表自己的看法,实现新闻信息的实时交流互动,在一定程度上可以实现新闻信息传播主体的去中心化和多元化。信息通过网络媒体、无线数字移动终端构建新的节点和链接信息,可以推动新闻信息话题向不断深入的方向延伸。这种不断延伸的信息扩展模式在诸多用户的深度交流下实现累积,并进一步推动新闻信息社会性、扩大化的传播。

(3)传播介质多样化

在新媒体视域下,新闻传播介质正在向着多样化方向发展,微信、微博等网络平台已经成为重要传播介质。当前网络平台越来越多,今后新闻传播介质将更加多样化,人们获得新闻信息将变得更加便捷。

(二)传统媒体和新兴媒体的融合发展

党的十八大以来,党中央高度重视传统媒体和新媒体的融合发展,新闻媒体在融合发展方面作了大量工作,取得了令人可喜的成绩。为了进一步推动传统媒体和新媒体的融

合发展,2014年8月18日,中央全面深化改革领导小组第四次会议审议通过了《关于推动传统媒体和新兴媒体融合发展的指导意见》(以下简称《意见》),对新形势下如何推动媒体的融合发展提出了明确要求,做出了具体部署。

《意见》指出,整合新闻媒体资源,推动传统媒体和新兴媒体的融合发展,是落实中央全面深化改革部署、推进宣传文化领域改革创新的一项重要任务,是适应媒体格局深刻变化、提升主流媒体传播力、公信力、影响力和舆论引导能力的重要举措。媒体的融合发展,使主流媒体科学运用先进传播技术,增强信息生产和服务能力,更好地传播党和政府的声音,更好地满足人民群众的信息需求。

《意见》提出,推动媒体融合发展,要遵循新闻传播规律和新兴媒体发展规律,强化互联网思维,坚持正确方向和舆论导向,坚持统筹协调,坚持创新发展,坚持一体化发展,坚持先进技术为支撑。

《意见》强调,推动媒体融合发展,要将技术建设和内容建设摆在同等重要的位置,要顺应互联网传播移动化、社交化、视频化的趋势,积极运用大数据、云计算等新技术,发展移动客户端、手机网站等新应用和新业态,不断提高技术研发水平,以新技术引领媒体的融合发展,驱动媒体转型升级。同时,要适应新兴媒体传播特点,加强内容建设,创新采编流程,优化信息服务,以内容优势赢得发展优势。

《意见》指出,推动媒体融合发展,要按照积极推进、科学发展、规范管理、确保导向的要求,推动传统媒体和新兴媒体在内容、渠道、平台、经营、管理等方面深度融合,力图打造一批形态多样、手段先进、具有竞争力的新型主流媒体,建设拥有强大实力和传播力、公信力、影响力的新型媒体集团,形成立体多样、融合发展的现代传播体系。要一手抓融合,一手抓管理,双管齐下,确保融合发展始终沿着正确的方向推进。

三、北京公交集团应用新媒体的实践

北京公交集团注重发挥新媒体服务乘客出行,传播企业文化,了解社情民意,改进服务工作的作用。目前,新媒体传播平台主要有公交集团官网、微博、微信、车载移动电视等,这些新媒体成为公交集团新闻宣传工作的重要载体和手段。

(一)北京公交集团应用的新媒体

1. 公交集团和部分二级公司官网

公交集团和部分二级公司较早地建立了企业的官方网站,在网站中设置企业介绍、产品展示、企业新闻、招聘信息、在线留言等栏目,通过网站介绍北京公交发展历史,宣传公交集团企业文化,宣传公交战线先进典型,方便公众查询公交线路。官网实时进行维护和内容更新。

2. 官方微博、微信公众号

2013年7月1日,公交集团公司官方微博、微信公众号正式上线运营。微博、微信突出为市民办实事的公益性定位,通过及时发布权威的公交线路开行、调整、延线、便民措施、重大节日和特殊天气应急保障等服务信息,为乘客提供公交资讯和出行服务。同时,把微博、微信作为舆情监测平台,广泛收集和倾听网民对公交服务的意见和建议,针对舆论热点解疑、释惑,改进工作。微博、微信在为市民出行提供有效帮助、扩大企业影响、提升企业形象的同时,为建设人民群众满意公交创造良好的网络舆论环境。公交微博以微视频、微电影、新闻特写等方式,宣传公交职工的精神风貌,获得良好的社会成效。公交微信公众号开通了线网调整、失物招领、线路查询、公交换乘、微社区等子栏目。公众号除发送公交出行提示、线路绕行信息等即时消息外,还提供微信用户在账号中自主查询线路信息、公交换乘和公交夜班线路实时到站信息的服务。

3. 公交车载移动电视

北京公交集团所属线路的公交车基本上都安装了车载电视,运用车载移动电视传播平台可以实时播放新闻、企业宣传片、公交战线先进典型人物事迹,以及传播各类广告。车载电视在消解乘客公交出行中无聊的同时,也起到了企业新闻宣传的作用。

(二)拓展公交微信的功能

1. 打造以乘客需求为导向的服务平台

把微信的功能定位于服务平台,让用户除了被动地接收推送的信息外,更能够主动在平台里获取他们所需要的有价值的信息。北京公交集团成立以集团公司党委宣传部带头,信息中心参与,腾讯公司提供相关技术支持的研发团队,根据乘客需求,利用公交现有的运营数据系统,专门开发了符合微信特点的线路查询模块。用户可以通过关注微信公众号,实时查询公交线路换乘信息。微信公众号升级为服务号后,增加夜班线路实时到站查询,并开通语音查询功能。为了让乘客通过微信在第一时间了解到公交出行的各项信息,集团公司重新调整了菜单内容,除了保留原有失物招领、查询等功能外,增加了"线网调整、微社区"等栏目,及时更新,实时维护,方便用户检索和查询。

2. 打造以改进工作为主导的交流互动平台

通过微信加强舆情监测,将微信网民反映的建议、意见和批评,进行归纳整理,每周编发一期舆情专刊,每日编写舆情日报,送达给集团公司领导和各相关专业部门,作为加强管理、改进服务的重要依据。将来自微信平台的意见、建议和批评,纳入公交服务质量考核体系,统一受理,按规定进行回复。对于一些需要说明和解释的情况,通过私信进行解释和回复。

3. 打造以普及安全知识为主导的城市公共交通安全教育平台

安全始终是公交企业首要责任。让公众更多地了解公交出行安全知识,掌握安全防范技巧,构建一个安全和谐的乘车环境,是运营者和市民的共同责任。可以在微信中增加乘车安全方面的内容,使微信成为对公众进行安全乘车教育的新阵地。

(三)健全新媒体应用运行的相关制度

北京公交集团为适应网络信息媒体发展建设和运营管理的需要,制定了网络信息媒体管理办法。对企业官方网站、官方微博、官方微信、手机短信平台、公交车辆无线接入系统实行统一管理。

1. 建立组织机构和工作体系

集团公司成立网络信息媒体领导小组。集团公司党委书记、董事长、集团公司总经理担任组长,集团公司党委副书记担任常务副组长,集团公司领导班子成员担任副组长,集团公司各部门负责人、各二级单位党政正职为组员。领导小组下设网络信息媒体办公室,办公室设在集团公司党委宣传部,主要负责网络信息媒体的运营、管理和协调工作。集团公司所属各二级单位都要建立健全相应的组织领导机构。

集团公司网络信息媒体办公室全面负责网络信息媒体的信息收集、编辑、审核、发布、舆情监测、运营管理工作。负责收集、整理来自网络信息媒体平台的建议、意见、投诉和举报,汇编为每周舆情专刊。对突出问题的有关建议、意见和投诉,及时转办相关部门。

集团公司信息中心负责网络信息媒体的软硬件系统建设、维护与更新,按照相关管理制度对软硬件安全、网络环境安全进行管理。集团公司信息中心、技术部、线网中心、安保部、安服部、客运分公司和保修分公司负责车载设备管理。

人力资源部负责短信平台职工基础信息采集更新工作。北京巴士传媒股份有限公司(以下简称"北巴传媒")负责公交车辆无线接入系统信息发布。集团公司各业务部室和各二级单位负责专业信息的提供、审核工作。相关信息提供部门的信息员定期提供信息内容。

2.建设舆情监测岗、信息员、网评员等三支队伍

(1)在各二级单位党委(党群)工作部设置兼职舆情监测岗

舆情监测岗的主要职责是对互联网媒体微博、论坛、BBS社区、平面媒体、移动电视等实施监测,收集、报送与本单位相关的舆情信息并撰写舆情分析。转办、回复集团公司网络信息媒体办公室转发的舆情信息。当突发性事件发生时,舆情监测岗为该单位指定联络员。

(2)建立一支相对稳定的信息员队伍

集团公司机关各部室、所属各二级单位指定1名专(兼)职信息员,全面负责本单位(部门)的网络媒体信息日常内容核实、信息收集、审核、报送等工作。

(3)建立一支规模适度的网评员队伍

网评员由集团公司所属各二级单位党委(党群)工作部主管副部长、办公室工作人员和信息员兼任,5000人以上单位不少于3名,其他直属单位和集团公司机关各部室1名。各二级单位团委、工会各设1名特约网评员。

3.规范信息报送、审核、发布流程

信息员负责网络信息媒体信息的采集、汇总、送审、报送工作。报送信息的主要内容如下。

(1)运营信息

包括线网优化调整、站位增减挪移、停驶绕行等临时运营措施以及重大节日、重大活动和特殊天气应急保障方案和长途客运信息等。

(2)服务信息

包括遗失物招领、公交场站建设、站台服务设施升级改造,志愿服务活动等便民服务新举措。

(3)车辆信息

包括车辆更新、车厢服务设施改造升级等。

(4)企业信息

包括集团简介、组织结构、公交大事记、先进人物、政策法规。

（5）其他信息

包括企业面向社会公开招聘信息，企业开展有影响力且有助于提升企业形象的公益活动，企业文化活动，市场化单位公众有需求的相关服务性信息等等。

网络信息媒体办公室负责对报送的信息进行收集、分类、整理，根据网络媒体的特点和要求以及不同受众的阅读习惯，编辑发布信息。集团公司网络信息实行分级审核制度。包括：

（1）一般信息

包括常规的线网优化调整，重大节日、重大活动交通保障，特殊天气应急保障等信息。一般信息由集团公司专业部室会签，网络信息媒体办公室副主任或网络信息编辑组长审核后发布。特殊天气应急保障信息发布时限原则上不超过2小时。

（2）重要信息

重要信息主要是针对社会热点或公众反映较为集中的敏感问题进行回复、解释、澄清的信息。重要信息由集团公司专业部室会签，主管领导核签，网络信息媒体办公室主任审核后发布。

（3）重大信息

重大信息是指关于交通行业发展的重要政策，集团公司重大决策，重大交通事故和重大突发事件等信息。重大信息由集团公司专业部室会签，专业部室主管领导和网络信息媒体办公室主任核签，集团公司党政主要领导审核后发布。

4. 网络信息媒体安全防范管理

网络信息媒体安全保密工作统一纳入集团公司保密管理体系。严格规定不得在网络信息媒体平台上发布违反国家法律、法规的信息；不得发布散布谣言、扰乱社会秩序、破坏社会稳定的信息；不得发布侮辱或者诽谤他人，侵害他人合法权益的信息；不得发布涉及党和国家秘密、敏感信息，涉及集团公司商业秘密的信息；不得发布不宜公开的统计数据信息；不得发布未经证实或容易引起歧义、引发争议的信息；不得发布其他不宜公开的党务信息；不得发布含有法律、法规禁止的内容等信息。

严格执行《中华人民共和国保守国家秘密法》《北京公共交通控股（集团）有限公司保密工作条例》及党和国家的其他保密规定，通过自查和监督相结合的方式，杜绝泄密事件的发生。集团公司网络信息媒体平台所有账号由网络信息媒体办公室负责管理，工作人员严格遵守"八不准"的保密制度，即不准在非指定设备上登录官方网络媒体账号、不准登录与工作无关的不安全网站、不准使用自动登录功能登录网络信息媒体账号、不准向无关人员透露官方网络媒体账号及密码、不准将配备的移动上网设备转交非工作人员使用、不准私自发布未经审核的信息、不准将官方网络媒体未发布的信息外泄、不准泄露职工个人情况信息。当发现网络媒体账号被盗用时，网络信息媒体办公室要及时与相关运营商取得联系，迅速封锁账号，修改密码。信息中心负责对网络环境进行安全测试，对于违反信息审核会签程序、私自发布信息、泄露网络媒体信息账号等违反安全防范管理的行为，按照《管理人员考核管理实施细则》的规定，对相关责任人进行严肃处理。

5. 日常管理和考核考评

网络信息媒体办公室每周编写一期《网络信息媒体舆情专刊》和《信息报送采用情况统计表》，报送相关领导。

集团公司每季度召开一次讲评会,通报网络媒体平台运行情况,对各项工作进行讲评。网络信息媒体办公室每月召开一次信息员、网评员工作例会,通报本月考核结果,讲评选题和进行业务指导。

信息报送工作作为《党建工作考核方案》的重要内容,对各二级单位进行考核评价,同时作为信息员个人年度考核的重要依据。年底,根据全年任务完成情况对单位和信息员进行评比表彰。

凡未完成报送数量或迟报、漏报重要信息且造成较大影响的,以工作简报的形式对责任单位(部门)和信息员进行通报批评。年内多次出现未完成报送数量或迟报、漏报等情况的,对责任单位(部门)和个人,依据考核规定做出未完成考核任务的相应处罚或批评。

第五节　突发事件及舆情危机的应对和管理

当发生突发事件或舆情危机时,能否及时、有效、妥善应对处置,既是对企业领导班子决策力、领导力和企业各级组织执行力、落实力的考验,也是对企业向心力、凝聚力的检验。面对突发事件和舆情危机,企业要迅速反应,上下联动,打破常规,各司其职,全力以赴地投入应对处置工作。

一、突发事件及舆情危机的概念

(一)突发事件

突发事件是指发生突然,可能造成严重社会危害,需要采取应急处置措施的紧急事件。《中华人民共和国突发事件应对法》将突发事件界定为:突然发生,造成或者可能造成严重社会危害,需要采取应急措施予以应对的自然灾害、事故灾难、公共卫生事件和社会安全事件。突发事件具有以下特征。

1. 突发性

绝大多数突发事件是在人们缺乏充分准备的情况下发生的,使人们的正常生活受到影响,使社会秩序受到干扰。一是由于事发突然,人们在心理上没有做好充分的思想准备,会产生烦躁、不安、恐惧等情绪。二是由于事发突然,社会在资源上没有做好充分的保障准备,需要临时调集各类应急资源。三是由于事发突然,管理者在措施上没有做好充分的设计准备,必须针对具体情况制定处置措施。虽然有些突发事件存在着发生征兆和预警的可能,但由于真实发生的时间和地点难以准确预见,同样具有突发性。

2. 不确定性

突发事件具有高度的不确定性。一是发生状态的不确定性,突发事件在什么时间、什么地点、以何种形式和规模暴发,通常是无法提前预知的。有些自然灾害通过科技手段和经验知识,能够减少某些不确定因素,但是很难确定是哪些不确定因素造成的结果。二是事态变化的不确定性,突发事件发生之后,由于信息不充分和时间紧迫,绝大多数情况的决策属于非程序化决策,响应人员与公众对形势的判断和具体的行动以及媒体的新闻报道,都会对事态的发展造成影响。许多不确定因素在随时发生变化,事态的发展也会随之出现变化。

3. 破坏性

突发事件的破坏性来自多方面,如对公众生命构成威胁、对公共财产造成损失、对各种环境产生破坏、对社会秩序造成紊乱及对公众心理造成障碍等。在突发事件的危害发生后,由于人们缺乏各方面的充分准备,难免出现人员伤亡和财产损失,造成自然环境、生态环境、生活环境和社会环境的破坏,打乱社会秩序的正常运行节奏,引发公众心理的不安、烦躁和恐慌情绪。有些破坏是暂时性的,随着突发事件处置的结束能逐步消除;而有些破坏产生的影响则是长期的,少则几年,多则几十年,甚至长达百年、数百年。如果对突发事件的处置不当或不及时,可能还会带来经济危机、社会危机和政治危机,造成难以预计的不良后果。

4. 衍生性

衍生性是指由原生突发事件而导致其他类型突发事件的发生。主要有两种情况:一种情况是衍生突发事件的危害程度、影响范围低于原生突发事件,社会的主要力量和精力集中于原生突发事件的处置,应急活动的主要对象不会发生改变。另一种情况是衍生突发事件的危害程度、影响范围高于原生突发事件,从本质上讲,问题的主要矛盾已经发生转移,应急活动的主要对象已经产生变化,需要重新调整社会力量和精力,解决面临的主要问题。对于第二种情况,只有少数情况是难以避免的,多数情况是由于处置时对问题考虑不周和控制失误所导致。

5. 扩散性

随着社会的进步和现代交通与通信技术的发展,地区、地域和全球一体化的进程在不断加快,相互之间的依赖性更为突出,使得突发事件造成的影响不再仅仅局限于发生地,还会通过内在联系引发跨地区的扩散和传播,波及其他地域,形成更为广泛的影响。

6. 社会性

社会性是指突发事件会对社会系统的基本价值观和行为准则构架产生影响,其影响涉及的主体是公众。在突发事件的应对过程中,整个社会会重新审视以往的群体价值观念,通过认识和思考,重新调整社会系统的行为准则和生活方式,重新塑造自身的基本价值观。

7. 周期性

突发事件类型多种多样,但都具有基本相同的生存过程,都要经历潜伏期、暴发期、影响期和结束期四个阶段,这就是突发事件的生命周期。潜伏期一般具有较长的时期,在此期间,突发事件处于质变前量的积累过程,待量积累到一定程度后,便处于一触即发的状态,一旦"导火索"被引燃,就会立即爆发出来,给社会带来危害。暴发期是突发事件发生质变后能量宣泄的过程,这一时期一般持续时间比较短而猛烈。受"导火索"的触发,潜伏期逐步积累起来的能量通过一定形式快速释放,产生巨大的破坏力,给社会带来不同程度的危害。影响期是指在突发事件爆发之后,由此造成的灾难还在持续产生作用,破坏力还在延续的阶段。突发事件的危害和影响得到控制之后进入结束期,这一时期按照不同的标准会有不同的结论。从管理的角度出发,可以以社会恢复正常运行状态为结束标志;从过程的角度出发,可以以危害和影响完全消除作为结束标志。

(二) 舆情危机

舆情是"舆论情况"的简称,是指在一定的社会空间内,围绕社会事件的发生、发展和变化,作为主体的民众对作为客体的社会管理者、企业、个人及其他各类组织及其政治、社会、道德等方面的取向产生和持有的社会态度。它是广大群众关于社会中各种现象、问题所表达的信念、态度、意见和情绪等表现的总和。

舆情危机是指面对突发事件特别是负面事件,作为主体的民众对作为客观存在的事件或现象表达自己的信念、态度、意见和情绪,当这些信念、态度、意见和情绪集聚汇总,经新闻媒体或其他媒介的传播,其舆论影响范围空前扩大,并给当事人造成危机感的现象。随着互联网的迅猛发展,网络已成为大众进行思想、文化、观点及信息交流的主要平台,在社会中的作用及影响越发显著,针对某一事件很容易形成强大的网络舆情,由此形成的舆情危机更加严重。在新媒体时代,舆情危机主要来自网络及传统媒体的助力。舆情,特别是网络舆情具有以下特点。

1. 舆情的自由性

传统媒体舆情是社会舆论通过传统媒体反映出来,本质上反映了舆情的自由性。总的来说,传统媒体舆情较好正面引导,但是,由于主流传统媒体的公信力,一旦形成传统媒体的舆情危机,其负面影响则非常大。互联网是完全开放的公共空间,给了所有人发表意见和参议政事的便利,每个人都有机会成为网络信息的发布者。由于互联网的匿名特点,多数网民会自然地表达自己的真实观点,或者反映自己的真实情绪。因此,网络舆情比较客观地反映了现实社会的矛盾,比较真实地体现了不同群体的价值观念。

2. 舆情的交互性

在互联网上,网民普遍表现出强烈的参与意识。在对某一问题或事件发表意见、进行评论的过程中,常常有许多网民参与讨论,网民之间经常形成互动场面,赞成方的观点和反对方的观点同时出现,相互探讨、争论,相互交汇、碰撞,甚至出现意见交锋。这种网民之间互动性的实时交流,使各种观点和意见能够快速地表达出来,使讨论更广泛、更深入。网络舆情能够得到更加集中的观念、情绪和心态的反映。

3. 舆情的多元性

网络舆情的主题极为宽泛,其话题的确定往往是自发、随意的。网民分布于社会各阶层和各个领域,舆情的话题涉及社会生活的各方面。网民可以在不受任何干扰的情况下预先写好言论,随时在网上发布,发表后的言论可以被任意评论和转载。

4. 舆情的偏差性

由于受各种主、客观因素的影响,无论是传统媒体舆还是网络舆情都会出现与事实的偏差,而网络的偏差性则更加突出。一些网络言论缺乏理性,比较感性和情绪化,甚至有些人把互联网作为发泄情绪的场所。通过互相感染,这些情绪化言论很可能在众人的响应下,发展成为有害的舆论。

5. 舆情的突发性

舆情同新闻一样具有突发性,新闻随时发生,随之产生舆论。而网络舆论的形成往往非常迅速,一个热点事件的存在加上一种情绪化的意见,就可以成为点燃舆论的导火索。

当某一事件发生时,网民可以立即在网络中发表意见,网民个体意见可以迅速地汇聚起来形成公共意见。同时,各种渠道的意见又可以迅速地进行互动,从而迅速形成强大的舆论声势。

二、突发事件与舆情危机的应对

做好突发事件与舆情危机应对,是新闻宣传工作的重要职责。当企业遇到突发事件与舆论危机时,新闻宣传能否沉着应对、有效处置,是对新闻宣传工作人员能力和素质的考验。做好突发事件与舆情危机应对,要始终把维护公众知情权与突发事件处置摆在同等重要的地位,按照及时准确、公开透明、有序开放、有效管理、正确引导的方针,做到应急宣传与突发事件处置同时研究、同时部署、同时启动。

(一) 做好舆情预警监测,健全应急管理机制

1. 做好舆情预警监测

舆情监测是指对互联网上公众的言论和观点进行监视和预测。舆情监测是有效应对突发事件和舆情危机的基础性工作,通过舆情监测,发现网上负面舆论的蛛丝马迹,在负面舆论形成初期及时预警,及时处置引导,把舆情危机化解在萌芽状态之中,可以大大降低负面舆情对企业的影响。

企业舆情监测的视野面要宽泛一些,不仅要关注针对企业本身的网络舆情,还要关注所在行业以及与本企业相关方面的舆情。首先,要实时监测针对本企业的舆情,发现问题后及时分析研判,及时采取应对措施。与此同时,还要关注企业所在行业或领域的舆情,以及与本企业相关方面的舆情。有的时候,所在行业或领域的其他企业发生问题,引发社会舆论,因为同属一个行业,也可能陷入舆论的漩涡。例如,2008 年发生的三鹿奶粉事件,起因是石家庄三鹿集团生产的奶粉出现问题,被媒体曝光后舆论迅速发酵,殃及我国整个乳品生产行业,守法厂家的合格产品也遭到社会舆论的质疑。该事件使得中国乳制品行业的声誉受到重创,许多国家禁止了中国乳制品进口,直到 2011 年,中央电视台《每周质量报告》调查发现,仍有七成中国民众不敢购买国产奶。

企业舆情监测要形成监测、分析、报告、研判一整套工作体系,坚持制度化、程序化、科学化,坚持问题导向,建立舆情研判会商机制,充分运用监测资料和数据,进行科学研判,真正达到预警目的。

2. 健全应急管理机制

应急管理机制是为了有效地预防和应对突发事件和舆情危机,避免、减少和减缓突发事件和舆情危机造成的危害,消除其对企业产生的负面影响而建立起来的以企业党政领导为核心,其他职能部门和员工共同参与的有机体系。

应急管理机制应坚持集中统一指挥、综合协调、分类管理、分级负责的原则。要建立应急指挥机构,实行集中统一指挥,各方面都要在应急指挥机构的领导下开展应对处置工作。要形成综合协调机制,统筹各方面力量和资源,有序地开展工作。要根据有可能发生的突发事件实施分类管理,针对不同类型的突发事件制订不同的应急响应预案。要明确责任分工,实行分级管理,严格责任追究。

(二)发挥新闻宣传作用,做到信息公开透明

企业新闻宣传部门处在应对突发事件和舆情危机的前沿,当发生突发事件或舆情危机时,要迅速启动新闻宣传应对突发事件和舆情危机的预案,通过媒体在第一时间发布权威信息,澄清事实真相,进行舆论引导,把负面舆情对企业造成的影响降到最小。

突发事件演变为舆情危机,多数时候是由于真实信息传播出现真空引起的,而信息公开透明不仅可以满足公众知情权,还可以杜绝谣言传播。在"人人麦克风"的多元开放性网络舆情环境中,要充分发挥新闻宣传工作的作用,既要利用好传统媒体进行正面引导,更要善于利用互联网微博、微信等新媒介,及时发布真实的权威信息,引导舆论的正确走向。在处置突发事件和舆情危机时,要做到抢占"第一时间",在第一时间发出声音,争取主动,掌控话语权。在处置应对的整个过程中,要注意舆情动态的收集分析和梳理,找出舆论的关切点,从而在信息公开过程中有针对性地解答公众舆论的质疑。要准确把握政策,掌握社会现实情况和社会心理,客观公开、实事求是,引导社会舆论保持正确走向。

(三)建立立体化宣传网络,挤压负面信息传播空间

在新媒体环境下,企业新闻宣传工作应顺势而为,从倚重传统媒体向借力新媒体传播转变,关注民意动态,掌握网络流行语言,积极通过新媒体和传统媒体与大众实现对话与沟通,切实加大舆论引导,提高企业新闻宣传的艺术性,为企业的和谐发展营造良好氛围。要以官方微博、微信为重要的舆情维护手段,对网民提出的意见和建议在第一时间进行妥善安排处置。针对网民提出的各类问题,官博编辑要及时通过一定的方式给予解答,从而最大限度地化解网民的焦虑心理,避免舆情升级。要高度关注那些有影响力的网站链接,高度关注传统新闻媒体的跟进,有针对性开展应对工作,形成立体化宣传网络,挤压负面信息传播空间,扩大网络舆论引导的覆盖面。

(四)谨慎处置公众监督,积极应对负面舆情

突发事件会在传播过程中,责任单位往往会遭到各种质疑、批评、追问、谣传,甚至谩骂。此时,如何面对这些质疑批评并做出合理地引导,对于化解舆情危机至关重要。这就要求在基于事件事实和公众诉求的前提下,及时做出回应;要充分考虑公众诉求,言语避免官腔官调。在与媒体和大众交流时,应降低姿态,保持平等沟通。对于确是企业失责行为要敢于认错,避免因逃责嫌疑诱发新的舆情危机。

(五)勇于直面舆论争议,寻求舆论良性互动

在舆情应对过程中,相关部门不应局限在事件发生时官方的各种权威信息发布,对于舆论中带有明显失实、非理性、发泄式的言论,要组织网评队伍以普通网民的身份,到舆论场域中和网民展开"正面辩论",通过真切的交流互动以正视听。在网络引导过程中,要善于用公众易接受的形式解读法律条文和政策方针,与公众保持良性的舆论互动,在真诚地沟通中赢得公众的理解和支持。

(六)提升危机防范意识,切实提高工作质量

网络舆论监督的走热虽然促进了企业讲诚信、提高产品质量和服务质量,但是无形中

也给一些企业造成了压力。因此,应对舆论监督,不能仅靠事后被动应对,还应提升自身危机防范意识,从现实根源入手,加强自身管理和监督。舆情危机发生后,要充分吸取教训,进行危机后的形象恢复管理。舆情危机不论处理的结果好与坏,或多或少都会对企业的形象造成一定的影响,企业不能止于就事论事、惩处相关责任人、公开致歉等补救性措施,要从制度、人员、服务等各方面反思危机形成的原因,举一反三,总结经验教训。总之,做好舆情应对,要练好"内功",从源头上减少负面舆情的发生。

三、北京公交集团应对突发事件的制度建设

北京公交集团高度重视社会舆情,未雨绸缪,不断完善机制,制定了应对突发事件与舆情危机的相应制度,实现对舆情的有效管控。

(一) 网络舆情监测

1. 舆情监测机制

北京公交集团的网络舆情监测做到人员有保证,程度分等级,办理严规范,后续有追踪。

(1) 充分发挥舆情监测岗作用

北京公交集团在各二级单位党委(群)工作部设立舆情监测岗,负责对网络舆情进行监测,收集、报送与本单位相关的舆情信息;撰写舆情分析;转办、回复网络信息媒体办公室转发的舆情信息;当突发事件发生时应为该单位指定联络员。这些人员虽然是兼职做舆情监测工作,但是他们都把舆情监测当作分内的工作,以高度的政治责任感和敏锐的洞察力紧盯网络舆情,负责任地履行网络舆情监测职责。

(2) 充分发挥网络信息媒体办公室职能

网络信息媒体办公室负责监测网络舆情,收集网络媒体上关于企业的评论、意见、建议等信息,将网络反映比较集中的、普遍的、敏感的信息归纳总结,编入每周舆情专刊。对于有路别、车号、具体问题及有联系方式的意见、建议、批评等应及时转交集团公司相关部门办理。

(3) 对网络舆情的处置形成协调联动机制

对需要通过网络媒体公开回复的热点问题,集团公司相关专业部室及时配合网络信息媒体办公室确定回复口径,经相关领导审核后及时对问题进行回复。原则上回复时间不超过 3 个工作日,时效性强的敏感问题,回复时间不超过 1 个工作日。不需要通过网络媒体公开回复的一般性问题,按照集团公司相关程序办理。

(4) 落实网络媒体信息回复会商机制

北京公交集团确定每周五为会商日,针对收集的网络舆情信息,相关单位和部室会同网络信息媒体办公室集体商榷,统一回复。集团公司网络信息媒体办公室与北京市网信办网监中心建立联络沟通和信息处置长效机制,加强合作,取得支持,促进网络舆情监测处置常态化。

2. 应急响应机制

北京公交集团新闻宣传工作针对突发事件和舆情危机,专门制定了应急响应措施,同

时作为舆情工作的应急预案。

当发生突发事件时,集团公司网络信息媒体办公室要根据领导或集团公司应急指挥部门的要求,立即启动突发事件舆情控制与信息发布工作预案。

形成突发事件舆情应急处置流程。北京公交集团形成规范化突发事件舆情应急流程,一旦发生突发事件舆情,相关部门和人员会按流程有序地开展应急响应工作预案。突发事件舆情应急流程共分为监测、报告、研判、处置、后续等五个环节。

（1）监测

舆情监测员实时关注各大主流媒体对本单位的报道,对微博、微信、论坛等网络平台进行监测收集,掌握舆情动态,争取在第一时间掌握突发事件舆情。

（2）报告

按照逐级报告原则进行舆情应急报告,严格落实每个环节的职责。监测员对发现的具有苗头性、倾向性的舆情,在第一时间逐级报告分管领导,二级单位舆情监测员同时报送集团公司网络信息媒体办公室。网络信息媒体办公室工作人员收到报告后,迅速向网络信息媒体办公室主任汇报,网络信息媒体办公室主任根据舆情内容,酌情向网络信息媒体领导小组组长进行汇报。重大舆情可以越级上报。

（3）研判

网络信息媒体办公室依据突发事件舆情内容,迅速向集团应急管理中心及相关业务部门了解情况,根据掌握的情况,对事件发展态势进行评估、研判,确定舆情级别和应对措施。

（4）处置

实行按分级处置原则,根据对事件发展态势的评估、研判确定的舆情级别启动相应的应对措施。

（5）后续

舆情处置工作结束后,集团公司组织相关部门认真进行回顾总结,查找问题,改进工作,挽回影响,重塑企业形象。

3. 舆情处置响应

根据舆情级别划分启动不同级别响应。北京公交集团按照舆情的性质、波及范围、影响程度,将舆情分为一般舆情,重要舆情与重大舆情。根据舆情级别划分启动不同级别的新闻宣传处置响应。

（1）对一般舆情的处置响应

一般舆情是指个别媒体或网友对公交运营服务保障提出的意见、批评,没有形成负面规模,对企业整体形象影响不大的舆情。一般舆情由所属单位独立处理、落实源头化解,回应稿件经网络信息媒体办公室审核后自主发布。

（2）对重要舆情的处置响应

重要舆情是指社会或公众反映较为集中的敏感问题,形成一定规模,有主流媒体报道,微博转发超过 50 次的舆情。重要舆情由所属单位会同网络信息媒体办公室共同处理,回应稿件经业务部（室）主要负责人审核,由网络信息媒体办公室统一发布。

（3）对重大舆情的处置响应

重大舆情是指集团公司较大（Ⅲ级）以上突发事件所引发的舆情,对集团整体形象有较大影响。例如被市级主流媒体曝光,被地方论坛首页曝光,或微博转发超过 100 条、微信公众号阅读量较高或朋友圈转发较多的舆情。重大舆情由业务部(室)会同网络信息媒体领导小组共同处置,相关单位落实源头化解工作。回应稿件经业务部(室)主要负责人审核、网络信息媒体领导小组审定,再由网络信息媒体办公室统一发布。

按规定时限完善响应保障。北京公交集团规定,发生重大突发事件时,启动24小时网上舆情值班制度。发现涉及本系统的重大舆情最迟30分钟内向上级报告。舆情主体部门应尽快受理网民提出的意见、建议和诉求。重大舆情在知晓发帖内容后1小时内应有初步回应;重要舆情3小时内回应;一般舆情3日内(非工作时间可以适当顺延)应有初步回应;对确须延长办理时间的,在5个工作日内(遇节假日顺延)确定答复意见,经专业部门会商审核、网络信息媒体领导小组审定,由网络信息媒体办公室按处置流程统一发布。同时开展有效的网上舆论管理和引导工作,及时了解舆情动态,加强网上评论和网上跟帖,以正面信息挤压不良信息的传播空间。

(二) 新闻舆情快速反应机制

为迅速、有序、高效应对集团公司运营生产过程中可能出现的各类突发事件,最大限度地预防和减少负面舆情对企业整体形象的不利影响,结合集团公司新闻宣传工作实际,制定了《公交集团公司突发事件新闻舆情快速反应处置工作细则(试行)》。

《公交集团公司突发事件新闻舆情快速反应处置工作细则(试行)》中所指突发事件包括:①引发各类社会媒体对集团公司各业务板块的负面报道、质疑或评价,对集团公司的企业形象、声誉和社会价值造成负面影响的舆情事件。②集团公司各层级对运营服务、政策实施、劳动用工等方面进行内、外宣传过程中发生,并可能外化为负面舆情的危机事件。③突然发生,造成或者可能造成人员伤亡、财产损失,影响运营生产秩序或道路交通秩序,以及影响城市运行、社会安全稳定等,需要集团公司各层级直接或协助采取应急处置措施予以应对的自然灾害、事故灾难、公共卫生、社会安全和其他事件。

新闻舆情快速应对的总体原则是:统一领导,协同应对;统一口径,简明高效;主动快速,分级负责。

1. 快速反应处置协同机制职责

集团公司建立突发事件新闻舆情快速反应处置协同机制。主要负责处置应对《公交集团公司突发事件信息报送管理规定》所界定的一、二、三、四级突发事件的新闻舆情。

集团公司应急管理中心负责突发事件的核实、信息收集及更新工作,确定突发事件级别,协调组织各专业部(室)研究确定突发事件(一、二、三级)的首次公众应对口径。及时提供事件后续处置信息。指定相关负责人配合宣传部门做好媒体接待工作。

集团公司宣传部负责突发事件发生后的舆情监测,根据收集掌握的突发事件舆情,第一时间报送集团公司应急管理中心及相关专业主管部门核实详情,研究决策。按照突发事件级别,研究确定首次公众应对口径发布方式,组织做好公众口径发布、媒体接待等应对工作,以及后续舆情跟进应对工作。对已知正在撰写和制作的、可能对集团公司各项工作开展产生不利影响的不实报道,加强与媒体和记者的沟通联系,力争使媒体不报道或向有利于企业的方向转化,有效引导舆论。对已经发表的严重歪曲事实,可能对企业形象产生极大负面影响的报道,迅速联系上级宣传主管部门进行应急处置。

集团公司办公室负责突发事件统筹协调上级部门应对工作口径及原则,配合应急管理中心协调专业主管领导和部门,组织研究制定应对口径及后续处置应对工作。根据需要协调相关资源,保证处置工作有序有效。

集团公司各专业部(室)负责涉及本专业突发事件首次应对口径的研究确定工作,并做好后续舆情应对口径研究制定。指定相关负责人配合宣传部门做好媒体接待工作,按要求参与新闻发布会等相关工作。

各二级单位建立相应突发事件新闻舆情快速反应处置协同机制,主要负责处置应对四级突发事件的新闻舆情。

2. 舆情预警应对分级

根据《公交集团公司突发事件分级分类标准》中关于突发事件等级分类的有关规定,结合新闻舆情的发展演变、评价特性,突发事件新闻舆情按照严重程度由高到低分别为:一级舆情、二级舆情、三级舆情、四级舆情。

一级舆情,包括:①列入《公交集团公司突发事件分级分类标准》规定的一级突发事件。②中央和全国有影响力的主流专业媒体关注报道的企业敏感信息或负面事件。③网络媒体传播或炒作企业敏感信息或负面事件,容易成为全社会普遍关注的焦点,可能上升为全国性舆情热点。企业敏感信息或负面事件,2 小时内在自媒体上转发超过 5000 次。企业敏感信息或负面事件,2 小时内在自媒体上阅读量 100000 次以上。

二级舆情,包括:①列入《公交集团公司突发事件分级分类标准》规定的二级突发事件。②市级主流专业媒体关注报道的企业敏感信息或负面事件。③网络媒体传播或炒作企业敏感信息或负面事件,容易成为全市普遍关注的焦点,可能上升为全市性舆情热点。企业敏感信息或负面事件,2 小时内在自媒体上转发超过 2000 次。企业敏感信息或负面事件,2 小时内在自媒体上阅读量 50000 次以上。

三级舆情,包括:①列入《公交集团公司突发事件分级分类标准》规定的三级突发事件。②非主流专业媒体介入关注报道的企业敏感信息或负面事件。③网络媒体传播或炒作企业敏感信息或负面事件,吸引部分专业媒体的关注,存在引发主流专业媒体关注报道舆情风险。企业敏感信息或负面事件,2 小时内在自媒体上转发超过 500 次。企业敏感信息或负面事件,2 小时内在自媒体上阅读量 10000 次以上。

四级舆情,包括:①列入《公交集团公司突发事件分级分类标准》规定的四级突发事件。②专业媒体尚未报道的企业敏感信息或负面事件,但已引起专业媒体关注。③网络媒体传播或炒作企业敏感信息或负面事件,引起部分网民关注和讨论,且增长趋势明显,但存在舆情升级风险。企业敏感信息或负面事件,2 小时内在自媒体上转发超过 100 次。企业敏感信息或负面事件,2 小时内在自媒体上阅读量 1000 次以上。

3. 分级快反应对程序

为确保舆情应对有序高效,在舆情发生的过程中,须根据预警应对原则,视舆情级别进行分级处理。不同等级新闻舆情的信息报送要求参照《公交集团公司突发事件信息管理规定》中对应等级的突发事件执行。

一、二级舆情应对程序

(1)首发舆情应对

内部报送:接相关事发信息 5 分钟内,集团公司宣传部将舆情情况报集团公司主要领导、新闻宣传工作领导小组和集团公司应急管理中心。

首发信息：接相关事发信息15分钟内，集团公司新闻宣传工作领导小组审定事件基本信息后，由集团公司宣传部第一时间对外发布。

统一口径：接相关事发信息30分钟内，集团公司应急管理中心和专业部室组织研究确定对外统一口径。

外部请示：接相关事发信息50分钟内，集团公司应急管理中心和办公室协调上级有关处置部门确定是否发布。集团公司宣传部同步分析研判做好发布程序、渠道等准备工作。

媒体协调：接相关事发信息1小时内，集团宣传部外宣工作负责人做好相关媒体沟通协调，并统筹相关信息的对外发布工作。舆情监控负责人联系相关监控单位做好实时监控工作，并按照集团公司新闻宣传工作领导小组要求，做好与上级宣传部和网信办等部门的联系沟通工作。

（2）后续舆情应对

基本信息口径（首次）发布后1小时内，集团公司应急管理中心组织研究确定事件的详情通报，研究确定后续信息发布的统一口径，第一时间提供给集团公司宣传部。

基本信息口径（首次）发布后1小时内，事件主管或处置部门做好媒体采访接待准备工作。集团公司宣传部根据舆情发展情况和上级有关要求，研究做好后续对外信息发布工作。必要时，研究制定新闻发布会等应对措施，由集团公司主要领导指定的现场负责人或集团公司新闻发言人统一对外发布。

基本信息口径（首次）发布后4小时内，集团公司宣传部及相关单位负责做好后续舆情监控，并每间隔30分钟向集团公司应急管理中心通报舆情动态。集团公司应急管理中心应同步向宣传部通报有关事件处置进展情况。

三级舆情应对程序

（1）首发舆情应对

内部报送：接相关事发信息5分钟内，集团公司宣传部将舆情情况报集团公司新闻宣传工作领导小组和集团公司应急管理中心。

首发信息：接相关事发信息后20分钟内，集团公司应急管理中心和专业部室应组织研究确定基本信息口径，集团公司宣传部根据新闻宣传工作领导小组的审定意见进行对外发布工作。

统一口径：接相关事发信息45分钟内，集团公司应急管理中心和专业部室组织研究确定对外统一口径。

外部请示：接相关事发信息1小时内，集团公司应急管理中心和办公室协调上级有关处置部门确定是否发布统一口径。集团公司宣传部同步分析研判做好发布程序、渠道等准备工作。

媒体协调：接相关事发信息1小时内，集团宣传部外宣工作负责人做好相关媒体沟通协调，并统筹相关信息的对外发布工作。舆情监控负责人联系相关监控单位做好实时监控工作，并按照集团公司新闻宣传工作领导小组要求，做好与上级宣传部和网信办等部门的联系沟通工作。

（2）后续舆情应对

统一对外口径（首次）发布后2小时内，根据舆情发展情况，集团公司应急管理中心、宣传部和各专业部室配合研究做好后续信息发布相关工作。

统一对外口径(首次)发布后,若舆情发酵升级,则按相关级别程序处置。必要时,由集团公司主管领导指定的现场负责人或主责单位的新闻发言人统一对外发布。

统一对外口径(首次)发布后 4 小时内,集团公司宣传部及相关单位负责做好后续舆情监控,并每间隔 1 小时向集团公司应急管理中心通报舆情反映动态。

四级舆情应对程序

(1)首发舆情应对

接相关事发信息后 5 分钟内,集团公司宣传部将舆情信息通报集团公司应急管理中心、相关专业部门和主管二级单位。

接相关事发信息后 1 小时内,主责二级单位研究确定统一对外口径(首次),并报集团公司应急管理中心、宣传部及专业部室核备。根据舆情实际情况,由主责二级单位采用适当方式开展对外发布工作,并做好媒体采访接待的准备工作。

(2)后续舆情应对

确定统一对外口径(首次)发布后,若舆情发酵升级,则按相关级别程序处置。必要时,经集团公司新闻宣传工作领导小组审批后,由主责单位主管领导指定的现场负责人或主责单位的新闻发言人统一对外发布。

确定统一对外口径(首次)后 4 小时内,相关单位负责做好舆情监控,并每间隔 1 小时向集团公司宣传部、相关专业主管部门上报舆情反映动态,并做好后续舆情应对信息发布工作。

突发事件新闻发布工作须严格遵循《公交集团公司新闻工作条例》《公交集团公司突发事件信息管理规定》《北京公共交通控股(集团)有限公司网络信息媒体管理办法》的相关规定,组织好信息的发布工作。任何部门、单位或个人须严格执行新闻纪律,未经授权不得对外发布信息,不得接受采访报道。

突发事件发生后,各级宣传部门应密切关注网络舆情,及时通报应急管理中心和事件处置部门负责人。事件主管或处置部门应根据事件情况,迅速统一信息口径,报请主管领导审核后,及时通报应急管理中心和宣传部门。宣传部门及时采取合理、快捷的方式对外发布突发事件信息,积极引导舆论方向。一、二级舆情口径信息须经集团公司主要领导批准后发布;三级舆情口径信息,须经集团公司应急管理专业主管领导批准后发布;四级舆情口径信息,须经集团公司应急管理中心,宣传部、事件处置部门领导批准后发布;其他相关潜在负面舆情必须及时回应,口径信息须经事件主管或处置部门核准后,根据舆情动态变化酌情发布;可能产生市级以上影响的重大交通突发事件信息,由集团公司宣传部、办公室、应急管理中心协调市委宣传部、市外宣办、市政府外事办、市应急办等单位信息发布要求。

突发事件舆情处置过程中,突发事件主管或处置部门须配合集团公司宣传部,加强舆情研判会商,做好舆情信息处置前、处置中、处置后的信息搜集和研判,提升社会舆情处置实效,共同引导社会舆情动态,掌握突发事件舆情主导权和主动权。

复习题

一、思考题

1. 如何认识新闻宣传工作的重要性?
2. 如何认识新闻宣传工作的基本方针、基本原则和职责使命?
3. 如何认识企业新闻宣传的双重作用?
4. 如何认识新媒体的特征和作用?
5. 如何应对突发事件与舆情危机?

二、简答题

1. 简要回答舆论的定义。
2. 简要回答新媒体概念。
3. 简要回答北京公交集团突发事件舆情应急处置流程。

第六章

城市公共交通企业宣传思想文化队伍建设

企业宣传思想文化队伍是党的工作的一支重要力量。加强企业专兼职宣传思想文化干部队伍和信息、网络、网站、微博、微信管理人员以及通讯报道员、网络评论员队伍建设，是全面落实新时代宣传思想文化战略任务的基础工程。加强企业宣传思想文化队伍建设，要以加强思想理论建设为根本，以配齐建强队伍为重点，以提高工作能力为核心，以改革完善激励机制为保障，努力建设一支信念坚定、结构合理、能力突出、勇于担当的高素质企业宣传思想文化工作队伍。

宣传思想干部要跟上时代节拍，努力掌握新知识，熟悉新领域，开拓新视野，不断增强"八种本领"，即习近平总书记在党的十九大报告中提出的增强学习本领、政治领导本领、改革创新本领、科学发展本领、依法执政本领、群众工作本领、狠抓落实本领、驾驭风险本领。不断提升"五种能力"，即把握正确方向导向的能力、巩固壮大主流思想文化的能力、强化意识形态阵地管理的能力、加强网上舆论宣传和斗争的能力、处理复杂问题和突发事件的能力。不断在推进"四力"能力建设上下功夫，即强脚力，就是要把实践和基层当作最好的课堂，把群众职工当作最好的老师，加强调查研究，始终走在路上，坚持实事求是，接地气，知民心，把情况问题摸清楚，把好招、实招提出来；强眼力，就是要善于观察、善于发现、善于判断、善于辨别，既见人之所见，亦见人之所未见，加强对宣传思想领域重大问题的分析研判；强脑力，就是要坚持用习近平总书记思想武装头脑，提高思考能力和解决问题的能力，让脑子动起来、活起来，解放思想，勇于突破，练就拨云见日的功夫；强笔力，就是要善于表达，少一些结论和概念，多一些事实和分析；少一些空泛说教，多一些真情实感；少一些抽象道理，多一些鲜活事例，从而吸引人、打动人、感染人、鼓舞人。坚守忠诚、担当、创新、清廉的干部标准，在干中学，在学中干，努力成为新形势下宣传思想工作的行家里手。

第一节 宣传思想文化队伍建设的意义

政治路线确定之后，干部就是决定因素。做好新形势下宣传思想文化工作，关键靠人才、靠队伍。建设一支高素质的宣传思想文化队伍，是确保宣传思想文化工作沿着正确方向发展的重要前提和组织保证。

一、提升宣传思想文化工作水平的需要

宣传思想文化队伍是企业宣传思想文化工作的骨干力量，肩负着重要的职责和使命。其政治理论素养、思想道德修养、业务工作能力会对企业宣传思想文化工作产生直接的影响。企业宣传思想文化工作强起来，关键是思想文化宣传队伍强起来。加强这支队伍建设，是提升宣传思想文化工作水平的需要。在新形势下，宣传思想文化工作面临新的机遇和挑战。面对意识形态领域长期复杂的斗争，巩固马克思主义指导地位的任务十分艰巨；面对社会环境的重大变化，创新宣传思想文化工作的任务极为艰巨；面对国有企业深化改

革的繁重任务,有大量宣传疏导、文化引领、解疑释惑工作要做;面对媒体和网络舆情,需要及时有效应对和妥善处置。适应新形势、新任务、新要求,必须加强宣传思想文化工作队伍建设,使这支队伍能够既懂政工业务,又懂专业技术;既有政治理论水平,又会做员工的思想工作;既有快速反应能力,又会妥善化解舆情危机。通过这支队伍的努力工作,不断开创企业思想宣传文化工作的新局面。

二、宣传思想文化工作自身建设的需要

宣传思想文化工作在企业中有其特殊工作对象和工作领域,有其自己的工作规律,有不同于其他部门工作的体系和基本特征,有对宣传思想文化工作岗位人员的特殊要求。加强宣传思想文化工作队伍建设,是宣传思想文化工作自身建设的需要。宣传思想文化工作强起来。宣传思想文化工作队伍必须强起来。只有建设一支高素质的宣传思想文化工作队伍,才能提高宣传思想文化工作的科学性、针对性、有效性,不断创新发展,充分发挥其应有的功能与作用。企业党委要高度重视宣传思想文化工作队伍建设,切实加强对宣传思想文化工作的领导,根据实际需要设置宣传思想文化工作岗位,强化定员定编管理,配齐配强宣传思想文化部门干部。要有针对性地做好宣传思想文化工作人员的培训工作,提高他们的理论水平和业务能力。要关心他们的工作和生活,帮助他们解决实际问题和困难。要注意选拔政治素质高、奉献精神强、热爱宣传思想文化工作的优秀青年,充实到宣传思想文化工作岗位,增加新鲜血液,优化知识结构和年龄结构,使宣传思想文化工作后继有人,薪火相传。

三、宣传思想文化工作人员成长成才的需要

宣传思想文化工作岗位的干部和工作人员,特别是年轻人都有实现自我发展的需要,加强宣传思想文化工作队伍建设,正是适应和满足他们成长成才的需要。宣传思想文化工作是党的重要工作,是崇高的事业。在《高尔基文集》中有一则寓意深刻的童话:在很久以前,有一个部落被赶入森林深处,那里一片漆黑,四面沼泽,浊气袭人,无法生存。这时候一个叫丹柯的勇士挺身而出,决心带领大家走出黑暗。在雷电交加、饥寒交迫、面临绝境的时刻,丹柯撕开自己的胸膛,高举起燃烧的心。那颗心燃烧得像太阳一样,照亮了前进的路。当人们终于走到光明的大地时,丹柯却含着微笑倒地而死,他手上的那颗心还在熊熊燃烧着。丹柯的故事寓意思想者、引领者的崇高。北京市自 1991 年起,以"丹柯杯"奖励市级优秀思想政治工作者,表彰他们在宣传思想工作领域作出的突出成绩。加强宣传思想文化工作队伍建设,要使宣传思想文化工作干部和工作人员把个人的发展同崇高的使命紧密联系起来,激励他们在这一光荣而神圣的岗位上成长成才。要引导他们增强政治意识、大局意识、核心意识、看齐意识,坚定中国特色社会主义的道路自信、理论自信、制度自信、文化自信,忠诚党的事业,热爱宣传思想文化工作。要为他们搭建增长才干、展示才华的平台,鼓励他们大胆创新,在实践中不断完善自我,成为宣传思想文化工作的行家里手和全面发展的复合型人才。

第二节　宣传思想文化队伍建设的途径

　　企业宣传思想文化工作队伍建设是企业干部队伍建设的组成部分,综合性、全员性的干部建设工作是宣传思想文化队伍建设的主渠道。在干部的政治理论建设、思想道德建设、业务能力建设、廉政建设、考察任用、政绩考核、责任追究等方面,都包括宣传思想文化工作队伍,这些方面的建设工作是加强宣传思想文化工作队伍建设的主要途径。宣传思想文化工作的特殊性还决定了宣传思想文化队伍建设的特殊要求,还要有符合其工作性质、工作规律的队伍建设途径。宣传思想文化队伍建设在整体干部队伍建设的基础上,要通过以下建设途径提高这支队伍的素质和能力。

一、学习培训

　　宣传思想文化干部是先进思想理论的倡导者、传播者、建设者,自身首先要在思想理论上强起来。加强学习培训,搞好理论武装,是宣传思想文化队伍建设的重要途径。要把以提高宣传思想文化工作队伍政治理论素质为主要内容的学习培训持之以恒地抓下去,造就一支政治坚定、作风优良、知识广博、业务精通的复合型宣传思想文化工作队伍。一是通过学习培训,坚定宣传思想文化工作干部的理想信念。理想信念是共产党人精神上的"钙",是抵御各种诱惑的"抗体"。做其他工作,理想信念是基础,是底线,是精神支柱;做宣传思想文化工作,理想信念则体现在全部工作的过程之中。宣传思想文化工作干部一定要以坚定的理想信念激励和规范自己,以体现理想信念的工作实际服务企业、服务广大员工。二是通过学习培训,使宣传思想文化干部把掌握马克思主义理论作为看家本领。用科学理论武装人,宣传思想文化干部首先要武装自己。要求别人真学、真懂、真信、真用,宣传思想文化干部首先要自己学好、学深,率先搞好自身的理论武装。要组织宣传思想文化干部认真学习习近平同志新时代中国特色社会主义思想,在理论宣传、理论阐释中做到理论联系实际,运用马克思主义立场、观点、方法分析问题,运用科学理论解决干部和员工的思想困惑问题。三是通过学习培训,帮助宣传思想文化干部掌握理论思维。宣传思想文化工作是科学理论的传播工作,科学精神和理论思维是做好工作的前提。要使宣传思想文化干部善于用历史的、比较的、辩证的方法讲道理,既讲判断和结论,又讲事实和逻辑,占据道义高度和说服力优势,展示说理基础上的坚定性。

二、实践锻炼

　　宣传思想文化工作队伍素质和能力的提高,一方面是加强学习,一方面是实践锻炼。从事宣传思想文化工作,要会写、会讲、会组织、会沟通、会协调,要具备多方面的能力。这些能力的形成,光靠从书本学习是不够的,更多的是从实践中来,在实践中丰富自己,增长才干。宣传思想文化干部撰写每一篇稿件、组织每一个宣传教育活动、进行每一次同媒体和网民的沟通,总结每一个典型经验,都是锻炼提高的过程。做完一项工作后,认真进行总结,看看是否达到了预期目标,成功的经验是什么,还有什么不足和缺憾,再做类似的工作怎样改进,感悟其中的规律性,实现自身素质和能力的提升。企业领导和宣传部门的领导要为宣传思想文化干部提供实践锻炼的平台,给他们交任务、压担子,放手让他们大胆工作。要充分理解他们的辛苦和奉献,尊重他们的劳动价值,对他们工作取得的成绩给予肯定和鼓励,对他们工作中的缺点和不足进行善意的批评帮助,保护他们的积极性和创造性。

三、自身修炼

修炼原指传统道家的修道、炼气、炼丹等活动,现指为实现某种理想信念或技术、技能目标而进行修养和锻炼的过程。加强宣传思想文化队伍建设,除了通过教育、培训、实践锻炼等外部途径,宣传思想文化干部的自身修炼也是重要的途径。唯物辩证法告诉我们,事物的发展是内因和外因共同起作用的结果。内因是事物变化发展的根据,外因是事物变化发展的条件,外因通过内因起作用。自身修炼,强调的是干部提升素质的内因作用。如宣传思想文化工作离不开一个"写"字,"写"是基本功,提高写作水平的过程实际上就是自身修炼的过程。当经过苦思冥想、挑灯夜战写出一篇稿件而不被领导认可,要求进行反复修改时,能够虚心接受意见,不怕挫折,不怕反复,甚至从头再来,以良好的心态进行修改,直到符合上级要求,这就是一种自我修炼。自我修炼不仅是一个人提高各种能力的途径,同时也是养成坚韧不拔、不惧困难、勇于担当、踏实严谨、甘于奉献等优秀品行的途径。

第三节 宣传思想文化干部素质能力要求

宣传思想文化干部素质和能力的高低与企业宣传思想文化工作的强弱息息相关。宣传思想文化干部要不断掌握新知识、熟悉新领域、开拓新视野,增强本领能力,加强调查研究,不断增强脚力、眼力、脑力、笔力,努力打造一支政治过硬、本领高强、求实创新、能打胜仗的宣传思想文化工作队伍。加强宣传思想文化队伍建设,应明确对宣传思想文化干部素质和能力的要求。

一、应具备的基本素质

素质是指一个人在政治、思想、作风、道德品质和知识、技能等方面,经过长期学习、锻炼所达到的一定水平,是由知识内化而形成的相对稳定的心理品质及其素养、修养和能力的总称。它是人的一种较为稳定的属性,能对人的各种行为起到长期的、持续的决定作用。素质也是指人从事某种工作和进行某种活动所必需的基本条件。为了便于把握宣传思想文化队伍应具备的素质内涵,我们将素质和能力分别阐述。

(一) 政治素质

政治素质是理想、信念、政治态度和政治立场在人的心理中形成的,并通过言行表现出来的内在品质。主要包括政治立场、政治品德和政治水平。意识形态工作是党的一项极端重要的工作,宣传思想文化工作处在意识形态的前沿,政治素质是宣传思想文化干部必须具备的最基本的素质。

1. 坚定理想信念

理想信念是一个人的世界观、人生观、价值观的集中体现。崇高的理想信念是人生的精神支柱和前进灯塔。确立了崇高的理想信念,就有了正确的方向和强大的精神支柱;就能抵御各种腐朽思想的侵蚀,永葆共产党人的先进性;就会坚定政治立场,在复杂环境中做到思想不动摇。坚定理想信念,重要的是坚持用马克思主义的立场、观点、方法认识世界,认识人类社会发展的客观规律。宣传思想文化干部必须努力学习和自觉运用辩证唯物主义和历史唯物主义的强大思想武器,把理想信念建立在科学基础之上,加强党性修养和世界观的改造,牢固树立正确的人生观、价值观,坚定马克思主义的信仰不动摇,坚定建设中国特色社会主义共同理想不动摇,在任何时候、任何情况下都能自觉地听党的话、跟党走。理想信念是宣传思想文化干部的立身之本,坚定理想信念就必须提高自身的马克思主义理论素养,为做好宣传思想文化工作奠定坚实的理论基础。在实际工作中要切实做到讲政治,当好党和政府的喉舌,提高驾驭复杂局面的能力,以高度的社会责任感、时代责任感、历史责任感,发出铿锵有力的"责任之声"。

2. 坚定政治立场

坚定政治立场,就是政治上要过硬。宣传思想文化干部,必须政治立场坚定,始终对共产主义理想信念坚信不疑,对中国特色社会主义的信心毫不动摇,不管社会现实如何扑朔迷离,不管遇到什么困难,都忠诚党的事业,坦荡无私、光明磊落。坚定政治立场,要不断增强政治意识、大局意识、核心意识和看齐意识。增强政治意识,就是要站在全局的高度认识问题、处理问题,在大是大非问题上头脑清醒,旗帜鲜明,态度坚决,和党中央保持高度一致,对于党的路线、方针、政策坚定地落实、无条件地落实。增强大局意识,就是要正确处理好全局和局部、整体和部分的关系,不折不扣贯彻党的路线方针政策和中央各项决策部署,不断增强工作的自觉性、前瞻性和实效性。增强核心意识,就是要做到党中央提倡的坚决响应,党中央决定的坚决照办,党中央禁止的要坚决杜绝,在任何时候、任何情况下都能做到政治立场不移、政治方向不偏,始终坚持心中有党、心中有民、心中有责、心中有戒,把党的纪律挺在前面。增强看齐意识,就是在任何情况下都要做到把党的利益和人民的利益放在第一位,主动向党章看齐、向党中央看齐、向党组织看齐、向人民看齐。这些既是一种政治责任和政治要求,也是每名党员干部应该具备的基本思想修养。

3. 坚持党性原则

党性原则是党的宣传思想文化工作的根本原则,坚持党性原则是宣传思想文化干部必备的政治素质。党性是中国共产党固有的本性,是无产阶级阶级性最高和最集中的表现。党性具有鲜明的时代特征,是千百万共产党员为了完成党在各个时期的任务,英勇奋斗,忘我牺牲,开拓进取实践的升华。宣传思想文化工作是凝聚广大群众思想共识的重要工作,宣传思想文化干部要时时把职责使命扛在肩上,巩固马克思主义在意识形态领域的指导地位,巩固全党全国人民团结奋斗的共同思想基础。宣传思想战线处于意识形态斗争的第一线,宣传思想文化干部要善于从政治上看问题,善于把政治导向、政治要求体现到工作之中。宣传思想文化干部做的是高举旗帜、引领导向的工作,理所当然要讲党性原则,把党性作为安身立命之本,始终爱党、护党、为党。无论社会环境怎么变化、社会思潮多么复杂，都要保持清醒头脑，坚定信仰信念，不忘初心，不忘根本，不忘方向。宣传思想文化干部的一言一行都事关政治方向、事关原则立场，理所当然要把讲党性作为首要要求。解决了讲党性这个根本问题，才能在大是大非面前站稳脚跟，才能在关键问题上有担当、有战斗力，做到守土有责、守土负责、守土尽责。

（二）理论素养

理论素养是党员干部保持政治上清醒坚定的基础和前提，是宣传思想文化干部必备的基本素质。一个人所具有的政治方向、政治立场、政治观点和政治纪律性、政治鉴别力、政治敏锐性，都源于理论素养。如果没有较高的理论素养，就很难有政治上的敏锐性和鉴别力，就难以透过事物的表面现象看到问题的本质，就难以把握事物的内部联系和客观规律性。提高理论素养，一是树立理论学习就是讲政治的观念。信念动摇是最危险的动摇，信念滑坡是最致命的滑坡。坚持理论学习，可以帮助我们在回顾历史中坚定信仰，在实践感悟中强化忠诚。宣传思想文化干部更要从讲政治的高度看待学习问题，切实把理论学习作为一种自觉行动，养成良好的学习习惯，掌握正确的学习方法，提高理论学习的效果。二是要树立终身学习的观念。理论学习不是一蹴而就的事情，更不能走马观花走过场，而应是一个持之以恒的艰苦过程。理论掌握得越多，思想境界自然就会越高，胸襟也会越宽广，头脑中功名利禄的东西就会越来越少。我们应该把学习作为一种生活方式，切实从事务和应酬交往中解脱出来，把有限的精力毫不吝啬地投入到理论学习上，坚持活到老，学到老，使学到的理论知识成为认知世界的"金钥匙"、成就事业的"助推器"、辨别是非的"试金石"。三是要树立学以致用、用以促学、学用相长的观念。理论学习只是引领我们迈上了理论到实践的轨道，而从实践再到理论的升华还需要自觉去践行。所以，要大力发扬理论联系实际的学风，坚持以学习上的进步促进工作上的前进，不断培养分析新矛盾、解决新问题、研究新情况、摸索新经验的学习精神，切实让理论学习成果进入思想、进入实践。

（三）思想品行

人有两种力量最有魅力，一种是思想的力量，一种是人格的力量。人格的力量主要是思想品行。品行是通过言行举止表现出来的理念、思想、认识、品质等方面的道德情操，体现着一个人的内在素养、人格魅力和道德水准。品行是修身养性之本、待人处事之道。从事宣传思想文化工作，既要有思想的力量，也要有人格的力量，只有这两种力量都很强，才能胜任宣传思想文化工作。宣传思想文化干部的思想品行，既包括政治品行，也包括生活品行；既要能折射出工作作风、学习作风和生活作风，也要能反映坚守的世界观、人生观和价值观。宣传思想文化工作的性质决定了宣传思想文化干部必须做到思想道德的"知行统一"，真正做到讲道德、有品行。宣传思想文化干部的品行如同人之身影，自身往往看不到，可周围群众却看得一清二楚，它不仅关系宣传思想文化干部的个人形象，还关系党在人民群众中的威信，关系党的宣传思想文化工作的价值与效果。宣传思想文化干部是普通群众中的一员，但在道德水准的要求上，却不能把自己等同于普通群众，对自己的道德要求应更严，道德标准和道德境界应更高。一是要讲道德，塑形象。做一个好党员、好干部、好的宣传思想文化工作者，先要做一个好人，即人们常说的"有道德的人"。要遵守公民道德规范，自觉践行社会主义核心价值观，成为崇高道德行为的引领者，以自身的道德形象增强宣传思想文化工作的说服力。二是要重公德，做表率。宣传思想文化干部在社会公德领域，要以更高的觉悟做好表率。如果我们做宣传思想文化工作，批判他人失德行为态度很积极，轮到自己反而不遵守公德规范，其负面影响是十分明显的，职工群众对我们的宣传教育工作就会产生逆反心理。三是要明大德，坚守精神高地。党的先进性最终要靠党员来体现，党的宣传思想文化干部更应该以自身的形象体现党的先进性。所以，在对自己的道德要求上，有些事普通群众能做的，党员干部却要严于律己、不可以做；有些事普通群众做不到的，党员干部要不辞辛苦，勇于奉献，努力做到。宣传思想文化干部要有更严格的行为约束、更崇高的价值追求，坚守共产党人的精神高地。

（四）工作作风

工作作风是人在工作中所体现出来的行为特点和贯穿工作过程中的一贯风格，是政治素质、思想修养、道德品行、性格及习惯在工作中的具体体现。形成良好的工作作风，是干好工作的基本条件。办事认真，一丝不苟；讲究效率，雷厉风行；谦虚谨慎，忠于职守；勤奋好学，精通业务；遵守纪律，严守机密；尊重领导，团结群众；任劳任怨，脚踏实地；勇于开拓，顾全大局；等等，都是受群众好评的党员干部的工作作风。结合宣传思想文化工作岗位要求，宣传思想文化干部还应在以下方面形成良好的工作作风。

1. 坚持工作高标准

坚持高标准，就是要确定一个高水准的目标。在多数情况下，对某一项工作很难用对和错来评判，但确有高下之别。就像两个剧团用同一个剧本演戏，人们看了只能说哪台戏演得好，哪台戏演得差，而不好说哪台戏演得对，哪台戏演得不对。有了一个高水准的目标，就会逼着我们去爬坡，不断给自己增加压力。坚持高标准，在日常工作中要主动给自己的工作结果挑毛病、找问题，不断地修正、完善，争取工作的更加完美。

2. 坚持认真严谨细致

坚持认真严谨细致，重要的是责任心。接受一项工作，尽管上面还有几层领导把关，但不要心存依赖，要把自己看成是第一责任人，对工作结果要承担主要责任，包括承担给工作造成损失的责任。坚持认真严谨细致，就要一步一个脚印、踏踏实实地去认真做事，不怕麻烦，不怕辛苦，一丝不苟。坚持认真严谨细致，要特别注意细节。忽略细节，粗枝大叶，丢三落四，就会造成工作失误。坚持认真严谨细致，要处理好质量和效率的关系。急事应急办，但急办不等于粗办，不能降低质量，越是急事，越要精心细致，越要注意关键环节，否则最容易忙中出错，降低工作质量，甚至造成不良后果。

3. 坚持了解掌握实情

只有真正了解掌握实情，才能有针对性、有深度地开展宣传思想文化工作。掌握实情包括两个方面，一是吃透上级精神，根据上级精神和要求确定自己的工作思路和工作重点，保证贯彻落实不走样。吃透上级精神的关键在于系统学习、认真领会、深入思考、掌握精髓、把握实质，真正做到了然于胸，全局在握；吃透上级精神，要认真学习党的路线、方针、政策，认真学习国家有关法律、法规，认真熟悉掌握上级有关工作的规划、计划、要求，认真理解上级有关的会议与文件精神；吃透上级精神不能只靠临时抱佛脚，平时要多留意，处处用心，不断学习，日积月累，这样才能对上级精神理解得透彻，把握得准确，运用得精熟；吃透上级精神，就要从实际出发，理论联系实际，结合本单位实际具体贯彻落实，不做表面文章,不空喊口号,不沽名钓誉,而是干实事,讲实效,见成果。二是吃透下情,了解掌握基层真实情况。宣传思想文化工作是做人的工作,而人的思想又是多元化的,人们的关注点往往各不相同。企业宣传思想文化干部虽然生活在员工中间,但不等于真正了解基层、了解员工。宣传思想文化干部要为人谦逊,待人真诚,平等交心,和员工打成一片,在密切联系群众的过程中了解社情民意,通过深入实际调查研究,占有大量的、翔实的第一手材料,提高宣传思想文化工作的针对性和有效性。

二、应具备的基本能力

作为一名宣传思想文化工作干部,除了政治可靠之外,总是需要在理论上、笔头上、口才上或其他专长上有"几把刷子"。这里讲的"几把刷子",就是做宣传思想文化工作的基本能力。

(一)讲话书写能力

口头表达能力与文字表达能力,都是人们交流思想、表达思想的工具。宣传思想工作文化从本质上说是做人的工作,特别是企业宣传思想文化干部与群众距离最近,时时刻刻都需要通过语言和文字进行沟通,更需要做到能说会写,说写俱佳。

1.要在能说上下功夫

宣传思想文化干部要努力提高讲话、演讲、论辩能力,做到理论与实际相结合,讲政治、讲真理,讲真情,以理服人、以情感人。要学会说"百姓话",不打官腔官调,力求用朴实无华、通俗易懂、生动形象的群众语言来教育群众、引导群众,使党的路线方针政策、社会主义核心价值观、科学发展观等"硬道理"变为"软文化","大理论"变为通俗"小道理",让群众在生动形象的话语中了解政策,在参与互动中解疑释惑。要讲平实朴素的大实话、通俗易懂的大白话,把复杂道理解释简单,把枯燥问题解答幽默,把抽象的事物解读生动,这样才能真正让群众喜闻乐见、易于接受。

2.要在会写上下功夫

对宣传思想文化工作干部来说,笔杆子是不可或缺的基本功,是从事宣传思想文化工作的基本技能。做宣传思想文化工作,在文字方面要会写简报、计划、讲话稿、工作报告、调研报告、经验总结等应用文体的材料,还要会写消息、通讯及微博、微信、网评等新闻稿件。文章写作总的要求是要做到"五言",即言之有时,恰如其分,主题鲜明;言之有序,条理清晰,逻辑性强;言之有物,文风朴实,实实在在;言之有理,深刻辩证,以理服人;言之有情,春风化雨,感染力强。提高书写能力,只有平时多读、多写、多练,没有其他捷径可走。依靠长期努力,厚积薄发,才能写出力透纸背、内容充实、生动活泼的好文章。

(二)策划设计能力

宣传思想文化工作需要进行策划设计,策划设计水平决定宣传思想文化工作的高度。因此,对于宣传思想文化干部来说,需要具备较强的策划能力。策划宣传教育主题活动,要深入挖掘活动主题,紧紧围绕企业党政的中心工作,抓住生产经营和改革发展需要,群众普遍关心关注的结合点和共鸣点,精心策划,把控环节,争取最佳的活动效果。策划宣传思想文化活动,要善用群众性创建活动和社会实践活动载体,把工作的亮点、闪光点做大,把活动形式搞新颖,使每一次教育活动,都在干部职工思想中留下深刻的印记。

(三) 研究总结能力

是否具备调查研究和总结经验的能力,是宣传思想文化干部成熟与否的标志。写调查报告和总结先进经验,不只是写作能力和写作技巧,更主要的是调查研究和总结经验的能力。调查报告和经验材料只不过是调查研究和经验总结的文字载体,关键在于理论思维、逻辑思维,在于从掌握的材料中提炼、加工出规律性的东西。调查研究,是对客观实际情况的调查了解和分析研究,目的是把事情的真相和全貌调查清楚,把问题的本质和规律把握准确,把解决问题的思路和对策研究透彻。这就必须深入实际、深入基层、深入群众,多层次、多方位、多渠道地调查了解情况。既要调查机关,又要调查基层;既要调查干部,又要调查群众;既要解剖典型,又要了解全局;既要到工作局面好的和先进的地方去总结经验,又要到困难较多、情况复杂、矛盾尖锐的地方去研究问题。只有这样去调查研究,才能获得在办公室难以听到、不易看到和意想不到的新情况,找出解决问题的新视角、新思路和新对策。要通过提高战略思维、创新思维、辩证思维能力来提升研究和总结的水平,在总结经验中探索规律,增强掌握规律、运用规律的本领。

(四) 沟通协调能力

在宣传思想文化工作的机制和格局中,很多工作都是宣传思想文化工作部门负责牵头和组织协调,宣传思想文化干部必须具备较强的沟通协调能力。沟通是指在组织中,部门之间、层次之间、人员之间凭借一定的媒介和通道,传递思想、观点、情感和交流情报、信息、意见,以期达到相互了解、支持与合作,从而实现组织和谐有序运转的一种管理行为或过程。协调就是用各种方法,协商、调整系统内各组织之间、人员之间、组织系统与其外部环境之间的关系,使之分工协作,互相配合,和谐有序地完成任务目标的行为。沟通协调能力就是沟通协调的技巧和才能。围绕企业党政的中心开展宣传思想文化工作,要通过部门之间信息共享机制,了解掌握企业生产经营的全面情况。让别人向你提供工作信息的过程,就是沟通协调的过程。同相关部门建立良好的关系,尊重别人,以诚相待,别人就会支持你、配合你的工作。开展宣传思想文化工作需要整合企业各方面的资源和力量,发挥各个部门和基层单位各自的职能作用。在很多情况下宣传思想文化部门扮演"导演"的角色,要让各部门和基层单位按要求去实施、去落实,解决工作开展中的不平衡问题,就要搞好协调,通过协调达到和谐有序状态,实现宣传思想文化工作的效率最高化、效能最佳化和成果最大化。

(五) 应急处理能力

所谓应急处理能力,是指面对意外事件,能迅速地做出反应,寻求合适的方法,使事件得以妥善解决的能力。随着国际国内形势的深刻变化,信息传播技术的迅猛发展,以及群众精神文化需求的不断提高,宣传思想文化工作面临对突发事件舆论引导和应急管理等诸多复杂情况和挑战,这就要求宣传思想文化干部必须下大功夫,着力提高应对复杂情况、处理突发事件的能力。提高应急处理能力,要牢固树立大局意识和全局观念。当企业发生突发事件和舆情危机时,宣传思想文化干部要以对企业高度负责的精神,想企业之所想,急企业之所急,挺身而出,迅速履行宣传思想文化部门在应急处置中的工作职责。要根据企业党政领导确定的统一口径,在第一时间通过媒体、微博、微信向社会传递事件的事实真相、企业对突发事件的态度和应急处置措施。要实时监控舆情事态的发展,采取有针对性的措施进行舆情引导,把突发事件和舆情危机对企业造成的负面影响降低到最低程度。在日常工作中,要有忧患意识和危机意识,经常温习应急预案,做到熟知、熟背,一旦发生突发事件或舆情危机,能迅速启动应急预案,紧张有序操作,避免手忙脚乱。要增强工作的预见性,时刻保持清醒头脑,提高洞察力和决断力,抓住苗头性、倾向性问题,及早应对,妥善处理。

第四节　宣传思想文化工作常用文书写作

　　企业宣传思想文化工作离不开公文写作,因此提高宣传思想文化干部的写作能力和水平尤为重要。本节简要介绍常用文书写作的基本知识,以帮助宣传思想文化干部提高文书写作水平。

一、文书写作的定义

　　文书是一个概括性的名词,指的是一种记录信息、表达意图的文字材料。文书是人们用来记录信息、交流信息和发布信息的一种工具。古往今来,人们通过书写和制作文书来记录信息,利用传递文书来彼此相互交流信息,利用公布文书对公众发布信息。在日常工作中,经常出现文书、公文、文件三个概念同时使用的情况,这三个概念的内涵既有相同之处,又有不同的所指。文书,从广义上来讲,是机关、团体、企事业单位以及个人在社会活动中,为了某种需要,按照一定的体式和要求形成的书面文字材料。也就是说,一切书面文字材料,都可以称之为文书。公文,是指公务活动中形成和使用的文书,或处理公务所使用的文书。文件,是指机关、团体、企事业单位之间,正式行使的具有统一格式和行文关系的公文,它是公文中的一部分,或者说是公文中的主要部分。综上所述,文书、公文、文件这三个词的含义基本上是相同的。但严格地说,它们之间既有含义宽窄之差,也有习惯称呼之别。三者之间的差别,不在其内涵,而在其外延。企业宣传思想文化工作的常用文书主要是两大类:一类是日常工作文书,包括工作总结、工作计划、工作方案及要点、简报、纪要、经验材料、调研报告等;另一类是新闻宣传文书,包括新闻发布稿、消息、通讯报道稿等。

　　写作,是写作者为实现写作功能和目的而运用思维操作技术和书面语言符号,对表达内容进行语境化展开的修辞性精神创造行为。凡是为一定目的,运用书面语言表达一定思想内涵的书写活动,都可以称为写作。文书写作是宣传思想文化工作的重要工具之一,也是宣传思想文化干部的一项基本技能。文书写作体现的不仅仅是简单的写作能力,而是一种综合能力。写作需要有多方面的知识积累,需要有较高的理论水平、政策眼光和较强的业务能力。写作是一项创造性的劳动,是一种创造性的思维,是超前谋划、明晰思路的过程,有助于训练思维方式,培养良好的思维能力。写作要体现观点鲜明、突出重点、逻辑清晰、行文简洁等要求。"工欲善其事,必先利其器"。搞好文书写作,需要在日常的学习、工作中做有心人，不断拓宽视野、不断积累、不断实践。

二、文书写作的主要步骤

任何文书都是由一定的内容及相适应的一定形式构成的，包括主题、材料、结构、语言和表达方式等基本要素。文书的写作就是要处理好这些要素之间的关系，使之达到和谐统一。一篇好的文书的出炉，需要把握好写作的主要步骤，抓住关键，用心感悟。

(一)把握背景、找准角度

起草文书，首先要明确所起草的文书是干什么用、在何种场合使用、要达到什么效果，即文书使用的背景和情境。不同的使用场合对文书的定位有不同的要求，如会议使用的文书，需要根据会议的内容、规模、形式、议程，以及参加会议的人员范围来确定文稿的体例、内容和语言风格。在日常工作中，文书的使用大部分需要口头表达，还有一部分仅用于书面表达。用于口头表达的文书需要关注与听众的互动交流，观点要鲜明，层次要清晰，语言要生动。文书写出来是给人讲、给人看的，在体现所要表达内容的同时，需要在文稿写作与语言表达的过程中充分考虑讲话者的身份和受众的范围、特点与需求，考虑听众是否接受、听了是否有益、反映和评价如何。仅用于书面表达的文书要突出所要表达的重点内容，体例要严谨，达意要准确，语言要精练。

(二)搜集素材、运用材料

搞好文书写作，必须把素材的积累作为一项基础性的工作。在日常工作、学习和生活中，要加强调查研究，不断增强脚力、眼力、脑力、笔力，养成多动眼、多动脑、多动手的良好习惯，不断丰富充实自己的写作素材。

一是搜集素材的渠道要广。通过参加会议，了解工作的最新动态，掌握上级和领导的指示精神；通过与相关部门的联系沟通和实地调查研究，获取相关工作的第一手资料；通过关注上级部门的内部刊物、网站等，了解上级及相关部门的工作要求和最新动态；通过依照程序申请查阅档案资料、机要文件，了解相关工作的背景和写作依据。

二是搜集材料的内容要全。没有无用的素材，关键是什么时候用。要充分考虑文书写作的各种需要，全面搜集与写作相关的各个类别、各个方面、各个层次的材料，做到客观材料与主观材料兼顾、感性材料与理性材料兼顾、正面材料与反面材料兼顾、内部材料与外部材料兼顾、直接材料与间接材料兼顾、典型材料与面上材料兼顾、历史材料与现实材料兼顾、例证材料与数字材料兼顾。有些看似一时派不上用场，或算不上与文书写作有直接关联的材料，只要有参考价值、日后可能用得着，都应当涉猎和搜集，分门别类进行积累，以便一旦有需要就能随取所需。

三是选择运用的材料要精。在搜集材料的过程中，不可能达到非常全面和完整，这就需要有所选择。文稿素材的选择要把握好三点：第一，注重权威性。对于一些政策要求、规范表达的要有出处，选择参考材料要慎重，网络搜索要看来源，报刊摘抄要看主办单位，谨慎决定材料的选择和取舍。第二，注重时效性。材料的选择注意把握工作的最新动态，特别是在事例、数据的搜集上，选择和使用最新的材料，并注意与文稿表达的主题衔接，不可图省事而照搬照抄已经过时的事例和数据。第三注重指导性。工作文稿用于推动工作,这就要求在材料的搜集、选用的过程中,注意把握工作要求,贴近工作实际,既要有理论高度,又不能是理论论述的堆砌,做到理论联系实际;既要有探索创新,又要与上级要求一致。

四是材料的挖掘要深。在日常写作实践中,很多材料往往无法直接用到文书中,还需要通过提炼概括、精深加工,才能转化为支撑文书写作的素材。

(三)巧妙构思、合理布局

当明确了文稿的起草要求和大量占有素材后,必须经过一个写什么、怎么写的酝酿过程,即对文书内容和形式的设想、构思。科学、合理的谋篇布局,是写好文书的重要前提。谋划构思要做到纲目清晰、思路贯通、层次清楚、段落完整、衔接紧密、符合逻辑、开篇明快、结尾有力。

一是统筹内容与形式。安排文书结构要注重内容与形式的有机统一,围绕主旨,从全面阐述问题、分析问题、解决问题的角度,从表现事物本质和特征的角度,从符合人们认识规律的角度来安排结构,使得通篇浑然一体。

二是材料裁剪与提炼。文书需要用材料来论证主题,对材料要精挑细选,进行有效的取舍。有人总结出选择材料的经验之谈:"选材熟悉最重要,材料真实才可靠;典型事例有意义,新颖有趣为最好。"熟悉的材料写起来才能得心应手,真实的材料写起来才能扣人心弦,典型的材料写起来才能事半功倍,新颖的材料写起来才能留有回味。

三是布局安排与构架。布局是文章的骨架,不同的结构可以使文书内容表达方式不同,不同类型的文书有不同的结构方式。有时需要采用横向展开的方式,在一个主题下并列讲几个问题;有时需要采用纵向掘进的方式,围绕一个主题,分成几个题目,逐一递进;有时需要采用一贯到底的方式,按照要表达的意思,分成若干个自然段,一层一层地讲下去。不管采用哪种架构方式,都要注意处理好层次与段落、过渡与照应、主次和详略、开头和结尾等环节,形成严密的逻辑关系,使文章主题突出、层次分明、前后呼应、脉络连贯。

(四)提炼观点、准确表达

观点是文稿的灵魂。一篇好的文书必须有观点、有内容、有层次,做到这一点,需要在掌握大量素材的基础上进行梳理,去粗取精、去伪存真,透过现象看本质,通过现状看趋势,归纳、概括、提炼出带有普遍性、规律性、科学性的观点。锤炼观点,准确表达,是文稿起草的"关键战",也是"攻坚战"。在日常工作中,一是要善于储备观点,注意把党的路线、方针、政策和一些权威声音中的观点储备到资料库中,以备写作时用。二是要善于提炼观点,利用好实地调研、座谈讨论的机会,带着问题收集素材,在倾听情况中提炼观点,在倾听领导意见中提高层次,在倾听各方面见解中"碰"出灵感、"撞"出火花。

(五)斟酌修改、总结提高

文书起草的过程是不断总结、不断反思、不断提高的过程。一篇好的文章,是写出来的,也是改出来的。文章基本完成后的推敲、修改,是提升文稿质量的重要环节。文书修改的要求是:第一,看立意是否准确。先看文章的大标题是否紧扣主题,再看各大标题下的小标题是否紧扣所属的大标题、层层围绕中心。如果没有扣紧,要通过增加过渡性语句等适当方式予以完善。第二,看结构是否合理。检查逻辑顺序是否清晰,内容安排有没有错位,文章结构是不是做到环环相扣、周密严谨。第三,看内容是否有遗漏。看阐述道理的观点准不准、全不全,道理讲得透不透;看举措讲得实不实,办法提出的够不够。第四,看重点是否突出。面面俱到的文书往往让人抓不住重点,要着眼于增强文书的针对性,把重点突出出来。一定要有忍痛割爱的气度,即使是自己苦思冥想的神来之笔,如果对主题和重点有影响,也要毫不犹豫地舍弃。第五,看文法是否准确。检查有没有错别字,有没有语病和语句不通畅的地方。

三、常用文书写作的规范要求

(一)计划

计划是为完成一定时限内的工作、生产或学习任务而制定的先导性文稿。

1.计划的特点

一是明确的目的性。计划的制订过程实际上是目标、措施、步骤调整和明确的过程,它一经制订完成,就为这项工作或任务的所有参与者指明了方向和目标。要完成什么任务,解决什么问题,取得什么样的效果,实现什么目标,是计划的主要内容。

二是科学的预见性。计划是对未来行动的预测和策划。制订计划时要在研究客观情况的基础上进行科学预想,对客观事物发展方向作出全面的预测。要从客观实际出发,充分考虑各种因素,促使目标能按期实现。

三是切实的可行性。计划制订后要付诸实施,因此,所制订的计划从目标到措施都必须切实可行,指标必须是经过测算可以实现的。

四是一定的强制性。计划一旦制订出来,就具有一定的规范性和指导性,尤其以文件形式下发的计划更具有公文的法规性,必须遵照执行。

2.计划的制订

计划的制订要主要把握好以下两点:

第一,计划制订前要准确把握所涉及工作领域的形势,认真研读党的方针、政策和国家的法律、法规,研究上级对工作的指示精神,明确任务和要求。同时,要深入实际,调查研究,掌握第一手资料,科学确定计划的目标、方针、任务和措施。

第二,计划初步制订后,要广泛征求意见,集思广益,反复修改,尽可能制订得科学完善、切实可行。在计划实施的过程中,还应根据变化了的实际情况,对计划的某些部分进行修订、调整、补充。

3.计划的写作

计划的写作主要是条文式计划,即按照一般文稿的写法,把计划全部内容分条分款地写出来。这种写法既适用于时间跨年、范围较大的计划,又适用于一般部门、单位制订的时限较短的专题性计划。计划一般由标题、正文、制发机关与日期三部分组成。

(1)标题

计划的标题通常由单位名称、期限、内容类别和文种组成。

(2)正文

正文是计划的主体部分,由前言、主体、结尾组成。

前言,是计划全文的基础,解决"为什么做"的问题。主要概括地介绍基本情况,说明制订本计划的指导思想和依据。有的计划还要在前言中交代工作现状和面临的背景与形势,以使人们了解制订计划的必要性,增强执行计划的自觉性。这部分最后常用"具体安排如下""特制订如下计划"之类的过渡语转入主体。

主体,是计划的核心部分,主要解决"做什么""怎么做""何时完成"等问题,包括三方面内容:一是目标和任务;二是措施和方法;三是步骤和安排。

结尾,是计划的收尾部分,可根据内容需要选用不同的结束语句,或对计划的重要性进行强调,或对前景进行展望。如主体内容已经很完备,结语部分也可省略。

（3）制发机关与日期

在正文下一行右侧标注制发机关全称或规范化简称,另起一行写制发日期。

(二) 会议纪要

会议纪要是记载和传达会议情况和议定事项时使用的一种法定公文。它的行文方式比较灵活,可以是上行文、下行文和平行文。会议纪要与会议记录不同,会议记录只是一种客观的纪实材料,记录每个人的发言,而会议纪要则集中、综合地反映会议的主要议定事项,起指导和规范作用。办公会议纪要主要用于记载和传达一级组织办公会议决定和决议的事项,如其中涉及有关部门的工作,可将会议纪要发给他们,并要求其执行;工作会议纪要用以传达工作会议的主要精神和议定事项,有较强的政策性和指示性;协调会议纪要用于记载协调性会议所取得的共识以及议定事项,对与会各方有一定的约束力;研讨会议纪要主要记载研究讨论或总结交流会议的情况,这类会议纪要的写作要求全面客观,除反映主流意见外,如有不同意见,也应整理进去。

1. 会议纪要的特点

（1）内容的纪实性

会议纪要必须如实反映会议内容,不能离开会议实际搞再创作,否则,就会失去内容的客观真实性。

（2）表达的提要性

会议纪要是根据会议情况综合而成的,因此,撰写会议纪要时应围绕会议主旨及主要成果来整理、提炼和概括,重点应放在介绍会议成果,而不是叙述会议的过程。

（3）称谓的特殊性

会议纪要一般采用第三人称写法。由于会议纪要反映的是与会人员的集体意志和意向,常以"会议"作为表述主体,使用"会议认为""会议指出""会议决定""会议要求""会议号召"等惯用词语。

2. 会议纪要的写法

根据会议性质、规模、议题等不同,大致可以有以下几种写法:

（1）集中概述法

这种写法是把会议的基本情况,讨论研究的主要问题,与会人员的认识、议定的有关事项(包括解决问题的措施、办法和要求等),用概括叙述的方法,进行整体的阐述和说明。这种写法多用于召开小型会议,而且讨论的问题比较集中单一,意见比较统一,容易贯彻操作,写的篇幅相对短小。如果会议的议题较多,可分条列述。

（2）分项叙述法

召开大中型会议或议题较多的会议，一般要采取分项叙述的办法，即把会议的主要内容分成几个大的问题，然后另加上标号或小标题，分项来写。这种写法侧重横向分析阐述，内容相对全面，问题也说得比较细，常常包括对目的、意义、现状的分析，以及目标、任务、政策措施等的阐述。

（3）发言提要法

这种写法是把会上具有典型性、代表性的发言加以整理，提炼出内容要点和精神实质，然后按照发言顺序或不同内容，分别加以阐述说明。这种写法能比较如实地反映与会人员的意见。某些根据上级机关布置，需要了解与会人员不同意见的会议纪要，也可采用这种写法。

3. 会议纪要的结构形式

（1）标题

会议纪要的标题有两种格式：一是会议名称加纪要，也就是在"纪要"两个字前写上会议名称，如《北京公交集团宣传思想工作会议纪要》。会议名称可以写简称，也可以用开会地点作为会议名称，如《京、津、沪、穗、汉五大城市治安座谈会纪要》。二是把会议的主要内容在标题里揭示出来，类似文件标题式，如《关于加强纪检工作座谈会纪要》。

（2）导言

会议纪要的导言也叫开头，主要是简要介绍会议概况，包括会议召开的形势和背景，会议的指导思想和目的要求，会议的名称、时间、地点、与会人员、主持者，会议的主要议题或解决什么问题，对会议的评价。

（3）正文

正文是纪要的主体部分，是对会议的主要内容、主要精神、主要原则以及基本结论和今后任务等进行具体的综合和阐述。

写好会议纪要正文部分，一是要从会议的客观实际出发，从会议的具体内容出发，抓中心，抓要点。抓中心就是抓住会议中心思想、中心问题、中心工作；抓要点就是抓住会议的主要内容。二是要是以整个会议的名义表述，概括会议的共同决定，反映会议的全貌。凡没有形成一致意见的问题，则需要分别论述并写明分歧之所在。三是要运用党的基本理论和党的方针、政策对会议进行概括与总结，这是贯穿在纪要始终的一条红线。四是为了叙述方便，眉目清楚，常用"会议认为""会议指出""会议强调""与会人员一致表示"等词语，作为段落的开头语。也有用在段落中的，起强调的作用。五是属于介绍性的文字，笔者可以灵活自由叙述，但属于引用性文字，必须忠实于发言原意，不能篡改，也不可强加于人。六是在记述小型会议内容时要侧重综合会议发言和讨论情况，并要列出决议的事项。大型会议内容较多，正文可以分几部分来写。

（4）结尾

结尾的一般写法是提出号召和希望。根据会议的内容和纪要的要求，有的是以会议名义向本系统发出号召，要求广大干部职工认真贯彻执行会议精神，夺取新的胜利；有的是突出强调贯彻落实会议精神的关键，指出核心问题；有的是对会议做出简要评价，结合提出希望要求。

(三) 简报

简报是内容比较简略的报道,是以具体的事例、简捷的文字、灵活的形式,及时、迅速地向上级反映情况、汇报工作和对下级或平级指导工作、通报状况的一种汇报性、指导性和交流性的文书。常见的简报有四种:一是会议简报,主要反映会议情况;二是情况简报,反映人们关注的问题,供上级机关领导参考;三是工作简报,报告重大问题的处理情况以及工作动态、经验或问题等;四是信息简报,在日常工作中通常称为信息,是将原始信息资料进行归纳分类、加工提炼,通过记录、改写、缩写或摘要等手段,将其转换成信息简报。简报包括按语、标题、正文三部分,每部分都有其写法和写作要领。

1. 按语

并不是每一期、每一篇简报都需要写按语,按语的主要作用在于引导读者对该篇简报的认识和理解,对简报的主要精神或有关情况作出提示或评论。写按语时应开宗明义,简洁精要,举纲目张,不应过多重复简报的内容。常见的写法有:说明性按语。主要对简报文稿来源、编发目的、价值与现实意义等作提示性说明。评议性按语。主要是对简报内容事实提出看法,作出评价,引导读者正确认识与理解。批示性按语。主要登载领导对该简报内容的看法、意见,对下级提出的某些要求等。

2. 标题

简报标题的拟制要掌握两条原则:一是凡转录、摘录有关文件、文章、资料的,应用原标题。二是由供稿人、简报编辑人自撰或辑录的,应在能概括正文的内容、主旨或点明事项的前提下,根据表达需要拟写,力求简洁、醒目、兼顾生动。

简报的标题一般采用单行标题和双行标题两种方式。单行标题有直述式、提问式和喻拟式。直述式,即用一个单句简明扼要地直接表明简报的基本内容。提问式,即以设问的方式提示简报的中心内容。喻拟式,即运用比喻、比拟的手法生动形象地表达简报的主要内容。双行标题有正副题结合式和引证题结合式。正副题结合式的正题揭示简报的主要内容或点明主旨,副题作补充。引证题结合式,引题交代背景、渲染气氛,正题反映简报的主要内容。引题在上,正题居下。

3. 正文

简报的正文是简报的主要内容,一般由导语、主体、结尾三部分组成。

(1) 导语

导语又称前言,是简报的开头部分,通常由一两句话或一段文字构成。简报导语要紧扣标题,鲜明精粹,能让读者对全篇形成一个整体印象。

(2) 主体

因简报的种类、内容、导语形式不同,主体的写法也不同。通常有四种写法:

一是介绍情况。简报的主体部分在介绍情况时,可采用时间顺序法,按工作的进程、事件发生及处理过程进行叙写;或按照空间变换列叙;或围绕一个主题介绍多个单位的情况;或将一项工作的多个方面分别介绍。也可采用事理分层法,按照事理的逻辑层次,如"情况—问题—原因—对策"或"情况—做法—体会"的思路来写。

二是分类归纳。简报主体部分重在集中介绍经验或指出问题及原因时,可以将基本情况放在导语中交代。在主体部分则可以将材料归纳为几个部分或几条,每部分提炼出一个观点做小标题或首句话,以材料说明观点,用序号进行编排。

三是情况对比。这种写法是通过对比叙述而引出结论。可以将一个单位过去与现在作纵向对比,也可以将一个单位与另一个单位进行横向对比,还可以将正面事例与负面事例作正反对比。

四是编排组合。在简报主体的写作中,可以根据编发的目的,将有一定联系的信息资料直接编排,每条信息自成一段,形成一个信息组合。

无论何种写法,简报要做到一个"简"字,叙述评议要做到既明晰具体、行文简洁,又不宜写得过长。

(3)结尾

简报的结尾写法十分灵活,关键是在于对全文做自然收束。一般是用一句话或一小段文字强调事实的意义,或指出事件的发展趋势,或简介报道对象下步打算,或对未尽事宜略做交代。需要注意的是,如果主体部分结束时全文已经收口,就不必硬加一个结尾,避免画蛇添足。

(四)工作总结

总结是在某一时期、某一项目或某些工作告一段落或者全部完成后进行的回顾检查、分析评价,从而肯定成绩,得到经验,找出差距,汲取教训和形成一些规律性认识的一种书面材料。总结是对已经做过的工作进行理性思考。总结的写作过程,既是对自身工作的回顾过程,又是思想认识提高的过程。通过总结,人们可以把零散的、肤浅的感性认识上升为系统的、深刻的理性认识,从而得出科学的结论,以便吸取经验和教训,使今后的工作少走弯路,多出成果。它还可以作为先进经验为其他单位所汲取、借鉴。撰写工作总结要用第一人称,从本单位、本部门的角度来撰写。表达方式以叙述、议论为主,说明为辅,可以夹叙夹议。写总结要抓主要矛盾,无论谈成绩或是谈存在问题,都不须面面俱到。谈成绩要写清怎么做的,为什么这样做,效果如何,经验是什么;谈存在问题要写清是什么问题,为什么会出现这种问题,其性质是什么,教训是什么。这样的总结,才能对前一段的工作有所反思,并由感性认识上升到理性认识。

1. 工作总结的特点

一是自我性。总结是对自身社会实践进行回顾的产物,它以自身工作实践为材料,采用的是第一人称写法,其中的成绩、做法、经验、教训等,都有自我性的特征。

二是回顾性。总结是回顾过去,对前一段时间里的工作进行反思,目的是为了做好下一阶段工作,所以总结和计划的关系十分密切。一方面,总结是以计划为标准和依据的;另一方面,总结也是制订下一步工作计划的重要参考。

三是客观性。总结是对前段社会实践活动进行全面回顾、检查的文种,这决定了总结有很强的客观性特征。它是以自身的实践活动为依据,所列举的事例和数据都必须完全可靠,确凿无误,任何夸大、缩小、随意杜撰、歪曲事实的做法都会使总结失去应有的价值。

四是经验性。总结需要从理论的高度概括经验教训,凡是正确的实践活动,总会产生物质和精神两个方面的成果。作为精神成果的经验教训,从某种意义上说,比物质成果更宝贵,因为它对今后的实践有着重要的指导作用。这一特性要求总结必须正确地反映客观事物的本来面目,找出正反两方面的经验,得出规律性认识,这样才能达到总结的目的。

2.总结的结构形式

（1）标题

总结的标题分为单标题和双标题两种。单标题又可分为公文式标题和文章式标题。公文式标题："单位名称"＋"时限"＋"总结内容"＋"文称"。文章式标题一般是直接标明总结的基本观点，常用于专题总结。双标题是同时使用上述两种标题，一般正题用文章式标题，副题采用公文式标题，补充说明单位、时限、内容等。

总结的标题最常见的是由单位名称、时间、主要内容、文种组成，如《××公司2017年上半年工作总结》。有的总结标题中不出现单位名称，如《创先争优活动总结》《企业文化建设工作总结》。有的总结标题只是内容的概括，并不标明"总结"字样，但一看内容就知道是总结，如《一年来宣传报道工作的实践》等。还有的总结采用双标题。正标题点明文章的主旨或重心，副标题具体说明文章的内容和文种，如《构建农民进入市场的新机制——运城麦棉产区发展农村经济的实践与总结》。

（2）正文

和其他应用文体一样，总结的正文也分为开头、主体、结尾三部分，各部分均有其特定的内容。

一是开头的写法。总结的开头主要用来概述基本情况。包括单位名称、工作性质、主要任务、时代背景、指导思想以及总结目的、主要内容提示等。作为开头部分，应以简明扼要的文字写明在本总结所包括的期限内的工作根据、指导思想以及对工作成绩的评价等内容。它是工作总结的引言，便于把下面的内容引出来，只要很短的一段文字就行了。

二是主体的写法。主体是总结的主要部分，内容包括成绩和做法、经验和教训、今后打算等方面。这部分篇幅大、内容多，要特别注意层次分明、条理清楚。工作总结主体部分常见的结构形态有三种，要根据实际需要选择好。其一，纵式结构。就是按照事物或实践活动的过程安排内容。写作时，把总结所包括的时间划分为几个阶段，按时间顺序分别叙述每个阶段的成绩、做法、经验、体会。这种写法主要以工作回顾连带谈及经验教训，基本上是按工作展开的程序和步骤，分段说明每个步骤和阶段的工作情况，夹叙夹议地引出相应的经验教训。这样写，主要着眼于工作过程的回顾。这种写法的好处是事物发展或社会活动的全过程清楚明白。其二，横式结构。按事实性质和规律的不同，分门别类地依次展开内容，使各层之间呈现相互并列的态势。这种写法的优点是各层次的内容鲜明集中。其三，纵横式结构。安排内容时，即考虑到时间的先后顺序，体现事物的发展过程，又注意内容的逻辑联系，从几个方面总结出经验教训。这种写法，多数是先采用纵式结构，写事物发展的各个阶段的情况或问题，然后用横式结构总结经验或教训，具体写法是总结经验教训为主，用工作回顾阐明经验教训，一般是先归纳和提炼出几条经验或教训，分别展开论述，把工作过程、工作办法、取得的成效等等穿插在里面写，使经验和教训看起来更加充实。

总结的内容主要由基本情况、成绩和做法、经验和教训、今后打算四部分组成。"基本情况"是对自身情况和形势背景的简略介绍；"成绩和做法"是工作的回顾，要详细叙述工作任务、完成的步骤、采取的措施和取得的成效、存在的问题，特别是对步骤和措施，要写得详细、具体，对取得的成效要表达得形象、生动。在写工作回顾的过程中，还要有意识地照应到下一部分的"经验和教训"，使之顺理成章地引出来，不至于造成前后不一的感觉；写"经验和教训"应从工作回顾中很自然地归纳提炼出来，要写得丰富、充实，并选用具体事例适当地展开议论,使总结出来的"经验和教训"有论点,有论据,有血有肉,鲜明生动,确实能给人以启发和教益。写"今后打算"主要是简要表达下一步将怎样发扬成绩、克服不足,准备取得什么样的新成效。虽不必像计划那样具体,但一般不能少了这样的表述。

三是结尾的写法。结尾是正文的收束,应在总结经验教训的基础上,提出今后的方向、任务和措施,表明决心,展望前景。这段内容要与开头相照应,篇幅不应过长。有些总结在主体部分已将这些内容表达过了,就不必再写结尾。

总结正文写完以后,应该在正文的右下方(指横行文字),写上总结单位的名称和总结的时间(年月日)。

3. 总结的表述要求

一是要善于抓重点。总结涉及本单位工作的方方面面,但不能不分主次、轻重、面面俱到,而必须抓住重点。重点就是所做的主要工作,取得的主要经验,或发现的主要问题,或探索出来的客观规律。

二是要写出特色。特色是区别他事物的属性。单位不同成绩各异,同一个单位今年的总结与往年也应该不同。总结经验是提高自己的重要方法。任何单位或个人在开展工作时都有自己一套不同于别人的方法,经验体会也各有不同。写总结时,要在充分占有材料基础上,认真分析、比较,找出重点,不要停留在一般化上。

三是观点与材料要统一。总结的经验体会是从实际工作中、大量的事实材料中提炼出来的。经验体会一旦形成,要选择必要的材料予以说明例证。只有这样经验体会才能"立"起来,具有实用价值。这就是观点与材料的统一。讲材料的时候没有观点,讲观点的时候没有材料,这样的经验体会就会让人感觉不是从自身实践中提炼出来的。

四是语言要准确、简明。"准确",是要求总结的文字必须用词准确,用例确凿,评断恰当。"简明",则是要求在阐述观点时,做到概括与具体相结合,切忌笼统或累赘,做到文字朴实,简洁明了。

五是要坚持实事求是原则。实事求是、一切从实际出发,这是总结写作的基本原则,但在总结写作实践中,违反这一原则的情况却屡见不鲜。有人认为"三分工作七分吹",在总结中夸大成绩,隐瞒缺点,报喜不报忧。这种弄虚作假、浮夸邀功的不良作风,对单位、对事业、对个人都没有任何益处,必须坚决防止。

(五)领导讲话

领导讲话稿,是指各级领导在各种会议和非会议场合上所做的带有指示或指导性意见讲话时所用的文稿。领导讲话稿是领导者从事领导管理活动的重要载体和手段,是领导者参与公务活动的一种方式,是实施领导职能的重要途径。人们常常以领导讲话稿使用的场合、对象和用途为依据,对领导讲话稿进行大致分类。如根据文稿使用的场合可以分为会议类讲话、宣传类讲话、礼仪类讲话等,根据文稿的内容可分为总结性讲话、部署性讲话、交流性讲话、表彰性讲话等,根据文稿的表达方式可分为正式讲话、即席讲话等。无论是什么类型的领导讲话,在起草写作中,关键是要针对不同讲话的表达目的,把握住他们的基本风格和个性化特点,写出符合工作要求和体现领导风格的讲话文稿。

1. 领导讲话稿的特点

一是权威性。领导者的地位、身份与职责决定了领导的讲话具有很强的权威性。所以,在起草领导讲话稿时,一定要做到科学严谨、稳妥准确,对每一个重要观点都要反复研究,对每一个新的提法都要多方论证,每一段文字都要仔细斟酌,把领导需要讲的内容恰如其分地反映出来。写作领导讲话不要随便照搬理论界的观点、社会上的看法,不讲没把握、未定性的话,不讲有争议的观点,更不能为了标新立异、语出惊人而讲过头的话。要坚持科学性与创新性有机统一,努力使每次的提法都准确鲜明、没有歧义,每段文字都要经得起推敲,如果拿不准,宁可不用。要注意把握好度,也不能一味追求准确规范,把领导讲话稿写成是"正确的废话,没用的空话,好听的套话"。

二是层次高。领导讲话一般不是针对和着眼于某些局部和具体问题的,而是站在全局的高度,用战略的眼光和广阔的视野来观察、分析和解决问题的,政治理论、思想水平和工作层次都比较高。这就要求起草领导讲话稿时,文稿起草者要不在其"位"而谋其"政""小人物敢于说大话",站在领导者应有的水平和层次上思考问题,要努力使讲话稿符合领导同志的身份,做到大气、深刻、精辟、宏观,具有较强的思想性和指导意义。

三是突出个性。讲话稿最终是要由领导来讲的,所以必须尊重和体现领导的个性。每一位领导讲话都有自己的风格、特点和要求,有的领导讲话涉及古今中外,喜欢旁征博引、引经据典;有的领导讲话立意高远、气势恢宏,喜欢讲实事;有的领导讲话生动活泼、诙谐幽默,喜欢举例子;有的领导讲话朴实无华、通俗简洁、干净利落,喜欢用群众语言;有的领导讲话注重创新,喜欢讲新观点和新语言。同一篇稿子,可能这个领导欣赏,另一位领导不认可。因此,讲话稿在体现基本要求的同时,要把领导的意图领会清楚、体现充分,掌握领导讲话风格,否则领导讲起来会很拗口,下面听起来也会很别扭。领会领导同志意图和风格,关键是平时要做有心人,培养自己的悟性,多听多记勤归纳,珍惜每一次与领导接触和沟通的机会,或者直接听取、记录领导的口头交代,或者拟出提纲或构思,以口头或书面形式向领导汇报。要注意认真领会领导总的意图,把握其总体要求,特别是体会领导点到但没有具体展开的深层次内容,而不是领导讲到什么份上,就只写到什么份上。要对领导的意图进行深化和拓展,根据工作情况的最新变化,及时把握可能影响领导思路发生变化的各种因素,有预见性、创造性地"发展"领导的讲话意图。

四是互动性。领导讲话稿是通过对受众进行讲述完成内容表达的,是台上与台下、讲话者与受众者互动融合的表达类文书。在写作中,要特别注重讲话稿的互动性,准确把握受众的需求和感受,吸引受众,深入人心,实现共鸣。

2. 领导讲话稿的格式

领导讲话稿虽没有固定的写法,但各种类型的领导讲话的基本结构和内容仍然存在着共性,有一定的规律可循。领导讲话稿一般由标题、题注、称谓、正文四个部分组成。

（1）标题

一是大标题。大标题包括交代文书使用的场合,如《在北京公交集团 2017 年工作会议上的讲话》;交代文书的主要内容,如《关于加强企业文化建设三年规划的说明》;概括文书的主题思想或基本观点,如《统一思想,振奋精神,做好企业改革中宣传思想工作——在集团公司政治工作会议上的讲话》。

二是小标题。在内容较多、篇幅较长的讲话文稿中,一般会使用小标题。小标题的作用在于便于突出重点,阐明观点,有助于听众理解和记忆;层次分明,脉络清楚,使人一听就知道全文分几个部分,每部分讲什么内容;可以减少过渡性的文字,使语言干净利索。小标题有两类表达方式:一类是用于概括本部分的核心观点,另一类是提示本部分阐述的主要问题。

（2）题注

领导讲话稿中，通常会在标题之下注明讲话时间，有时还注明讲话地点，以及领导人姓名（必要时需加职务），并居中排列。

（3）称谓

称谓是指对受众的称呼，写在正文之前顶格位置。根据参加会议、活动和各种仪式的受众不同，使用的称谓有所不同。如党的会议及有关工作会议，使用"同志们""各位同志"称谓；有上级领导参加的会议，使用"各位领导、同志们："称谓；庆功会、纪念会等各界人士参加的会议和活动，使用"各位来宾、同志们""各位来宾、各位朋友，女士们，先生们"称谓；特定群体参加的会议，使用特定的称谓，如"青年朋友们、同志们""尊敬的各位老领导、老同志，同志们"。称谓的种类很多，关键是要符合社会礼节和习惯。对象不同，称呼有别，要注意得体和周密，不要对与会者有所遗漏而失礼。

（4）正文

第一，开篇的写法。

万事开头难，写领导讲话稿开篇起笔很重要。开篇部分虽然内容不多，表达简洁，但在通篇文稿中处于特殊地位，具有引领全文、确定基调的作用。第一句话写得好不好，讲得好不好，对于整篇文稿的效果有很重要的影响。

常用的领导讲话稿的开篇，一般有以下几种：

一是开门见山式，即开篇用简明扼要的一句话或几句话直接点明讲话的议题，将讲话的主旨和盘托出，不绕圈子。这样的开篇庄重、简洁，可以很好地突出和展示讲话的内容。

二是概括提要式，即开篇用精练的语言将讲话的主要内容或基本精神进行高度浓缩，概要精当地提出来。

三是阐述意义式，即开篇就言简意赅地指出会议召开的背景和重要意义，体现较强的指导性和明确性。

四是提示说明式，即开篇把要讲的主要问题，用简单的几句话说明一下，说明讲话的缘由和要点，以引起受众的注意。这样的开篇有利于突出主题，提示讲话重点，引导受众进入状态。

五是开启作结式，即先将讲话全文的主旨或结论置于开篇，然后在正文的主体中用事实分别予以分析和说明，使主旨集中、鲜明、突出，以引起受众的重视和兴趣。一般总结性讲话常采用这种开篇形式。

六是礼貌祝福式。领导讲话稿中有很多礼仪类的文稿形式，如在表彰会、欢迎欢送仪式、节日或庆典活动上的致辞等，一般在开篇部分体现礼貌周到，激发受众情感，唤起共鸣。

第二，主体的写法。

领导讲话稿的主体是讲话稿的核心部分。正文主体部分的结构和写法主要有以下三种：

一是横向式，也称并列式，往往是把全篇讲话划分为几个大的部分，各部分内容之间在逻辑上呈横向的并列关系。

二是纵向式，也称递进式，采用这种方式的领导讲话稿，往往按照事物的内在联系和人们的思维习惯，循序渐进地安排各部分内容，层递有序，在叙述论理的过程中，不断将讲话的主旨确立、深化。

三是一贯到底式。采用这种方式的领导讲话稿,往往是全文一贯到底,中间没有序号,而是划分若干个自然段。这种写法比较适合于致辞等比较短小精悍的文稿。

第三,结尾的写法。

领导讲话的结尾主要是对全文的收束。结尾写得好,能给受众以完整的印象,使受众从即将结束的讲话中受到启发、明确方向、增强信心。根据讲话内容的需要,结尾可采取五种不同的表达方式。

一是动员号召式,主要围绕讲话主题向受众发出号召,提出要求,给人激励和鼓舞。

二是总结概括式,即在结尾部分对讲话的全文做一精要的总结和概括,突出讲话的主旨,照应前文,使讲话全文和谐统一,在高潮中结束,把思考与回味留给受众。

三是强调意旨式,即在结尾部分对讲话的主旨意义或值得注意的问题进行强调说明,以突出讲话的目的,引起受众的高度重视。

四是祝福展望式。在一些致辞类的领导讲话的结尾,常常采用这种方式。在讲话的结尾部分或表示衷心的祝愿,或表示诚挚的谢意,或表达对美好愿景的共同追求,增强讲话的感染力。

五是自然作结式,即在讲话的结尾部分不进行特别设置,一笔带过,自然收束。这种写法一般在讲话主体部分已经讲得很清楚了,不必再重复的情况下采用,多以"我的话讲完了,谢谢大家"为结束语。

(六)经验材料

经验材料是为了表彰先进、传播事迹、交流和推广各种经验所写的文字材料,是宣传思想文化工作文书写作使用频率较高的一种文体。经验材料在内容上突出经验交流,即对某个集体或个人在某项社会活动实践中的做法、效果、收获、体会等方面进行总结,从中找出经验,获得某种启示,其核心是经验。在写作时,应侧重于提炼工作经验、介绍先进事迹。经验交流稿篇幅不宜过长,语言风格要求平实、自然、得体,在语句上要实事求是、简洁明快、鲜明准确,注意留有余地。

1. 经验材料的特点

一是典型性。总结、交流、推广的经验,要体现在某一方面的先进性,具有一定的典型意义和普遍指导作用,可供同类单位、人员学习和借鉴。

二是经验性,即抓住突出特点。总结、交流、推广的经验,应是体现事物本质和规律性的成功做法,是在实践的基础上的总结提炼,而不是把一些表面的、偶然的和孤立的现象交给人们。

三是观点和材料的统一性。总结的经验、观点要正确、集中、突出,材料要生动、具体、真实,而且必须做到观点和材料高度统一。

2. 经验材料的写法

经验材料的结构一般由标题、导语、主体、结尾组成。经验材料在写法上比较灵活,没有固定模式。

(1)标题

经验材料的标题大体有两种写法。

一是公文标题法,如《北京公交集团关于服务创新的经验》。

二是文章标题。文章标题法可分为单行标题和双行标题。单行标题又可分为直接式、对称式、提问式。直接式标题直接表明主题,概括内容,如《服务好乘客是我们的职责》;对称式标题是用对称的句子标明主题、概括内容,如《岗位做奉献 真情为他人》;提问式标题用提问的形式指明主题、概括内容,如《我们是如何应用新媒体服务乘客的》。双行标题,一种是标题用两行表述,如《创建服务型基层党组织 努力做到"两好三满意"》。一种是由主标题和副标题组成,如《适应发展 构筑"同行文化"——北京公交集团企业文化建设的成功实践》。向上推荐、呈报或上报供转发的经验材料,多使用主副标题组成双行标题。

（2）导语

导语的内容一般是介绍基本情况,主要是用简短的语句对全文的精华进行浓缩,包括所要介绍的基本情况、基本做法、取得的效果和体会、认识、经验等。

（3）主体部分

主体部分具体介绍经验,是经验材料的主要部分,包括做法、成效和体会等。一般是按照"做了什么工作——为什么做这项工作——具体做法——实际效果"的基本逻辑思路进行写作。可采用两种结构方式:一是贯通式,即围绕层次标题直接开展写作,在层次标题下面不再另行分层;二是分层式,即在层次标题的基础上,再提炼几个小标题,然后围绕小标题开展写作。

（4）结尾部分

经验材料的结尾在写作上没有固定的要求,主要是概述结论和观点。可以写一些体会、启示,也可写还存在的不足之处,展望未来。不管如何写,经验材料的结尾要简短、有力。

3. 写经验材料的要求

一是深入调查,大量掌握第一手材料。掌握准确的、大量的第一手材料是写好典型经验材料的前提。搞调查时要先拟好经验材料的主题,围绕主题,挖掘和寻找出材料。也有不带主题的调查。调查前只是有一个大体的方向,比如领导交代某单位工作搞得不错,去看一看,总结总结,但是具体总结出什么样主题的经验并不明确;或事前就根本没有什么想法,总结经验的想法产生于调查之后;或者本来是去了解其他的事情,在了解中却觉得某一方面的经验很好,于是产生了一个主题。一般来说,写典型经验材料,开展调查应以有目的、有主题为好,这样有利于开展调查,可以提高调查效率。在调查了解中,要掌握有关材料的背景情况,包括单位的人员情况、环境情况等。

二是深入思考,选定好主题。不管是有主题的调查,还是无主题的调查,在调查完之后,材料写作之前,都必须认真地思考,把所写经验材料的主题定好。主题要集中鲜明,不能太大太宽泛。比如是党委、支部还是党员队伍,不能笼统地称党组织建设;是讲法纪教育,还是讲思想教育,不能笼统地称为政治教育。主题要符合当前工作需要,当前需要什么,就概括提炼什么,不应重复陈旧的主题。同样的材料、同样的做法,可以提炼出不同主题。要站在时代的高度来提炼主题,提炼出的主题对当前工作要有指导作用。主题要以实际工作为基础,必须是从实实在在的工作中提炼出来的,不能为了提炼新的主题,脱离事实,搞假大空的东西。

三是总结归纳,提炼经验。要从典型的角度去寻找经验、发现经验。经验材料必须抓住经验的可学之处、先进之处,挖掘它的典型意义。要从启发的角度梳理经验、总结经验。总结提炼经验要根据受众的需求,使人们获取到"真经",从中受到"点化",受到启迪,有"耳目一新""豁然开朗"之感。要从体会的角度去体味经验、提炼经验,使人可信、可学。一项工作、一种思路、一套措施、一分收获,艰难的探索、辛勤的努力、精彩的过程、骄人的业绩,这一切让亲历者回顾起来,必然会有几多感慨、几多回味,而亲历者的这些真切体会对于虔诚的学习者来说,本身就是一种精神财富,是"经验的经验"。

总结提炼经验,应着力抓住三个方面:其一,揭示经验的真谛。一份经验材料仅仅介绍思路、做法和效果是远远不够的,还必须画龙点睛,介绍经验的内涵,揭示经验的实质,让学习者抓住要领学,抓住本质学。其二,道出经验的根源。一个单位、一个人的成功,取决于多方面的因素,作为经验,就应该把取得成功的主要原因以及取得成功的奥秘介绍清楚,让经验真实可信,让学习者有"经"可学。其三,指明经验的意义。先进典型的经验是否值得推广,归根结底要看它对当前工作和今后发展的作用如何。它的现实意义即对推动某项工作或解决某个方面的共性问题是否具有借鉴作用;它的长远影响即对今后的发展是否有持久的促进作用和积极意义。只有把经验的现实意义和长远影响全面揭示出来,才能真正形成"一花引来百花香"的效应,全面推动工作上台阶、上水平。

四是精心设计,布局谋篇。在深入调查、掌握情况、明确主题、提炼经验的基础上,要精心设计,搭出架子,形成写作提纲。要把大题目和各个部分的题目定出来,大题目要鲜明地表达主题,各部分题目要围绕大题目列出,起到支撑大题目、分解大题目、表达主题的作用。各部分题目在多数情况下是并列关系,也就是从不同侧面对大题目、对主题进行支撑和反映。也有不是并列关系,而是递进关系或者几种关系结合的。大题目和各部分题目要新颖、别致,反映工作特点,能够给人留下印象,既通俗明了,又富有操作性和普遍指导性。

(七)调研报告

调研报告文稿的写作不同于其他文稿的最大特点,就是需要在充分调查研究的基础上完成。这类文稿的质量如何,很大程度上取决于前期的调查研究是否充分、深入、科学。调查就是通过各种途径,运用各种方式方法,有计划、有目的地了解事物的真实情况。研究则是对调查材料进行去粗取精、去伪存真、由此及彼、由表及里的思维加工,以获得对客观事物本质和规律的认识。二者既有明显区别又有紧密的联系,调查是研究的前提和基础,研究是调查的发展和深化。调研报告就是对调查研究成果加工、整理、提炼的文章。

1. 调查研究的基本特性

一是调查研究的目的性。任何一项调查研究活动,都是本着一定的目的进行的。调查研究的最终目的是将调研结果变为决策依据和实际工作的参考。在开展调查研究之前,一定要明确调查研究任务目标。

二是调查研究的客观性。调查研究的对象是客观存在的事物,这就决定了调查研究活动本身的客观性特征。脱离基层、脱离实际、脱离群众、脱离活生生的现实生活,是不可能搞好调查研究的。关起门来搞调研,凭拍脑袋搞合理想象,永远得不到生活的真谛。

三是调查研究的真实性。在调查研究中一定要做到实事求是,有一是一,有二是二,要听实话、摸实情、捞实底,有喜报喜,有忧报忧。

四是调查研究的系统性。任何一项调研活动，都是一项系统工程，都要尽可能地把事物发展的前因后果搞得清清楚楚，力求系统地占有材料，防止零零碎碎、杂乱无章。

五是调查研究的完整性。调查研究的完整性是相对于片面性而言的。从调研的对象看，要尽可能全面地接触当事人，倾听方方面面的意见和建议，防止偏听偏信；从调研的内容看，要尽可能充分地了解情况，把应该掌握的内容全部列入调查提纲，避免以偏概全，挂一漏万；从调研方法来说，要真正俯下身子一个环节一个环节、一个方面一个方面地把所需要的情况完整地掌握起来。

六是调查研究的细致性。调查研究是一项艰苦细致的工作，绝不能马马虎虎、应付了事。调研之前要周密地制订调研方案，调查之中要细致地安排每个环节，调查之后要缜密地梳理调查材料，在此基础上精心研究思考，力求写出精品调研报告。

七是调查研究的深刻性。所谓调查研究的深刻性，就是通过深入调查，掌握丰富的第一手材料，并采取科学的方法，研究事物内在的必然联系，深刻揭示事物发展变化的规律。要由浅入深、由表及里、由现象看本质，进行严密的分析、比较、综合、概括、实证、推理等，深刻挖掘事物的本质内涵，进而得到正确的结论，做出科学的判断。

八是调查研究的应用性。调查研究的目的是为了应用，所以，调研活动从一开始就必须考虑到它的实用性特点，着眼于改进和推动工作，紧紧围绕调研成果的应用性和可行性开展调研活动。要注意选择有应用价值的调研题目，提出有现实针对性、可操作性的思路和措施。

2.调查研究的方式方法

调查研究包括调查与研究两个大的环节。调查研究方法是调查方法与研究方法的有机统一。

（1）调查的方法

常用的调查方法主要有以下几种。

一是普遍调查。这种方法是对调查对象的总体包括每一个成员进行毫无遗漏的逐个调查，以达到准确无误地了解总体情况的一种基本方法。它的好处是通过调查可以全面了解和掌握情况，缺点是涉及面过大、需要的时间较长、耗费的人力物力较多。

二是个案调查。这种方法是有别于普遍调查的一种个别调查，其特点是只调查一个单位，通过对这个单位进行解剖麻雀式的具体了解，达到认识全体的目的。它的优点是深入、具体、细致，投入不大，时间和活动安排灵活；缺点是如果调查对象缺乏代表性，难以通过个案调查掌握总体情况。

三是典型调查。这种方法是指在对所要了解的社会现象或问题有了总体的初步认识之后，从中选取一些具有代表性的典型单位，进行全面、系统、周密、具体的调查，收集大量活生生的感性材料，了解调查对象的有关情况，搞清所调查现象或问题的性质、特征及发展、变化的一般规律。这种调查方法的特点是调查的单位少、内容系统、反馈快、有深度，便于领导亲自深入基层了解情况，抓点带面推动工作。

四是抽样调查。这一方法是按照随机原理，抽取研究对象中的部分代表进行调查，然后根据调查来的情况，运用科学的方法推断全体情况的调查方法。进行抽样调查需要根据研究对象的总体情况，通过科学计算，合理选定抽取样本的个数，并按预定的统计指标调查统计数值，对抽样调查数据进行抽样误差的修正。这种调查方法的特点是：可以节省大量的人力、物力、财力，时效性、科学性、可靠性比较强，但对调研人员素质的要求较高。

五是座谈调查。这种方法就是把需要调查的人员召集到一起,通过召开座谈会的方法,按照调查内容,逐项请参加座谈者谈情况、谈看法。其特点是可以当面讨论,直接交流,听取各个方面的意见,有利于优化信息,全面掌握情况。一般来说,召开座谈会之前,预先通知参加座谈的人员提前做好准备,可以取得更好的效果。

六是走访调查。这种方法又称访谈法或谈话法,是通过调查者和被调查者面对面交谈获得信息的一种方法。这种用谈话方式进行的调查活动,分为引导性调查与非引导型调查。所谓引导性调查,就是有重点地引导谈话内容;非引导性访谈,就是不带任何启示、让调查对象畅所欲言,无所顾忌地谈出自己的看法和主张。

七是问卷调查。所谓问卷是一组与研究目标有关的问题,或者说是一份为进行调查而编制的问题表格,又称调查表。它是人们在社会调查研究活动中用来收集资料的一种常用工具,是对社会事实及人们的行为和态度进行衡量的一种技术手段,是一种常用的科学而经济的传统调查手段。调研人员借助问卷这一测量工具来对社会生活的动态过程进行准确、具体的测定,并应用社会统计学方法进行量化描述,解析所获得的调查资料。

八是文献调查。这种方法就是通过查阅相关的文献资料,对调查对象和调研内容的有关情况进行了解。文献调查了解的内容都是经过加工处理的材料,属于间接调查,材料本身的真实性决定了这种调查的科学性。

（2）研究分析的方法

在深入调查充分占有资料的基础上进行研究分析,是调查研究的命脉。常用研究分析方法的有以下几种:

一是统计分析方法。这种方法是运用统计学的基本理论,对事物的数量进行研究的科学方法。在调查研究中,统计分析不仅是调研的重要的工具,而且还是调查研究过程中不可缺少的关键环节。统计分析运用科学的方法对调查得来的数据资料进行整理、加工和分析,使调研者有效地认识所研究现象的内在规律,了解各事物之间的必然联系,并预测可能的发展趋势。

二是辩证分析方法。这种方法就是将唯物辩证法的基本原理运用于研究分析社会生活现象,以正确认识事物的客观规律。唯物辩证法反映了自然界、人类社会和思维发展的最一般规律,是科学的世界观和方法论的统一,也是调查研究方法论的核心。在考察、研究调研对象时,以马克思主义唯物辩证法为指导,分析被考察对象内外因素的相互关系、相互作用及其发展方向、发展过程、发展阶段、发展动因、发展机制、发展特性等,进而提出合理化建议,对未来发展前景做出科学的预测。

三是系统分析方法。所谓系统是一种由互相联系、互相作用的若干要素有机地组成的,有一定的结构形态,并有特定功能的整体。系统方法就是运用辩证法关于客观事物具有普遍联系的思想,按照事物本身所具有的系统特性,把研究对象放在系统中加以考察,立足整体,统观全局。运用系统分析方法的特点是,分析的基础是实际调查资料,分析的结论也是源于实际调查资料,而不是纯思辨的产物。

四是因果分析方法。这种方法是指运用因果关系理论,分析原因和结果,从事物发展过程中揭示事物之间先后相继、相互制约的联系。原因是引起一定现象的因素,结果是由于原因而产生的现象。由于原因和结果之间关系密切,并带有必然性,容易认识它们之间的规律性。因果关系有一因一果、多因一果、一因多果、多因多果、互为因果等多种情况。掌握因果关系分析方法有利于在调查预测工作中,准确了解事物发展的前因后果,把握其发展趋势,提高预测的可信度。

五是对比分析方法。这一方法也叫比较分析法,是指将两个或两个以上的事物加以比较,分析其异同,求得对事物的特点、本质认识的方法。在调查研究的研究分析阶段,对比方法是运用比较多的一种。比较知长短,比较知优劣,比较得越全面,总结的片面性就越小、精确度就越高。

六是因素分析方法。因素分析法是指调研者运用科学的方法及技术手段,从纷繁复杂的调查资料中寻找出若干对事物的产生、发展、运动起作用的要素,进行系统而严谨的剖析和归纳,探寻到对事物起重要或关键作用的一个或几个要素系列,掌握影响事物发展、变化的症结,了解事物的本质及其运动规律的方法。因素分析法具有系统性、细致性、彻底性的特点,运用这种方法有助于提高我们的分析能力,增强分析结果的可信度。

3. 调研报告的写作要领

调研报告是调研情况的概括和总结,是调研成果的表现载体,是以书面形式汇报调研成果的一种形式。搞好调查是基础,研究分析是重点,写好调研报告则是关键。在撰写调研报告的具体过程中,应着重把握好以下几点:

一是明确主题。调查研究的主题是作者通过调查研究在报告中需要说明的事物、阐述的道理。一般来说,撰写调研报告的主题思想与调查研究的主导思想是一致的,但有时候也不完全相同。这是因为,调查研究的主导思想是调研人员在调查研究以前的初步观点,而调研报告的主题思想则是在调查研究之后形成的观点。这一前一后之差,前者带有一定的主观性,后者则是经过了实践检验的更具有客观性。明确主题思想,就是通过广泛深入的调查研究,形成撰写调研报告的总体观点和思路,它是统领整篇调研报告的灵魂。

二是理清思路。根据调研报告的主题思想,理出撰写调研报告的大体脉络,以做到心中有数。梳理思路的过程也是打腹稿的过程,先写什么、后写什么,怎样开头、怎样谋篇,各部分的逻辑关系如何处理,围绕论证和说明调研报告的总体观点具体分解为哪几个方面的细化观点,选用哪些方面的调查材料,哪些资料先用,哪些资料后用,怎样利用图表数据资料,采用什么样的叙述、论证、说明方法,等等,都要一一认真思考。

三是确定体裁。反映调研成果的体裁形式主要有研究报告、调查报告、工作研究、典型经验等。调研报告又可分为综合性调研报告和专题性调研报告。在撰写调研文稿之前,必须认真思考采用哪种体裁较为合适。比如,根据调研主题要求,为了反映事物发展的来龙去脉,利用调研资料概括出创新性的理论观点、得出科学的结论,应采用撰写研究报告的形式;为了弄清事物的发展基础、发展条件、发展趋势,应采用调查报告的形式。

四是撰写报告。一篇好的调研报告要做到"四有",即有情况、有问题、有分析、有对策。

有情况,就是调研报告必须对所研究的问题做出真实客观的反映。真实就是尊重客观实际,实事求是地对调查对象做出准确的反映。调研报告中涉及的人物、事件、有关情况和数据、资料都要真实可靠、准确无误。客观就是要站在客观的立场上去反映事实,凭事实说话,不主观臆断,不妄加引申,不做不切实际的渲染。

有问题,就是调研报告往往需要用较大篇幅,以大量有说服力的事实,集中阐述和剖析问题,进而得出一些结论,为解决问题打好基础。对于调研中发现的问题,要明确表述出来,旗帜鲜明地表明作者的态度和立场。

有分析,就是调研报告对于已经掌握的情况和问题,深入分析其性质、形成的原因和发展趋势,以作为下一步解决问题思路的依据。

有对策,就是调研报告中必须提出系统解决问题的意见建议。提出的意见建议应有针对性、综合性和可操作性,要有的放矢。

4.调研报告的写法

一般来说,调研报告由标题、引言、主体、结尾等部分组成。

（1）标题

标题,即调研报告的题目,应反映调研报告的主题。标题在文字上要准确、简明、新颖,概括地将主题表达出来,让读者对调研报告产生深刻的第一印象。标题可以有两种形式:一种是单式标题,由"调研单位名称＋事由＋文种"或"事由＋文种"组成。一种是复式标题,由正副标题组成。正标题主要陈述调研报告的基本结论或中心思想,副标题标明被调研的对象、范围。需要注意的是,在对"调研报告"这一文种的表述上,往往会根据文稿的内容,标题灵活地表述为"调查与思考""调查与分析""调查与建议"等,如"关于《劳动合同法》实施过程中存在问题的调查与分析"。标题还可以采用陈述式、设问式等灵活的方式。陈述式如《东北师范大学硕士毕业生就业情况调查》,提问式如《为什么大学毕业生择业倾向沿海和京津地区》。

（2）引言

引言,即调研报告的前言,又称导语。引言起到画龙点睛的作用,要精练概括,直切主题。引言应包括说明该调查研究的缘由、目的、意义、承办单位、参加人员、所探讨或解决的问题等调研的背景情况,以及该调查研究的时间、地点、对象界定、调查与研究的运行过程、运用的方式方法等基本情况。引言部分要根据调查研究的目的、种类、正文的篇幅及所用材料等情况做不同的安排。具体写法有以下几种:

一是介绍式。介绍式常用于反映社会情况或查证事实真相。如开展调查的因由、目的、时间、地点、对象、范围及调查组织的人员构成、调查的方式与方法等。

二是概括式。概括式常用于总结典型经验或揭露问题。在引言部分概述调查对象的情况,概括性地介绍调查对象在什么背景下取得的成绩或存在的问题,然后引入文稿的主体。

三是报告式。报告式常用于报送上级或本部门领导审阅。采用类似公文"报告"开头的写法,简要陈述开展调查的缘由和调查事项后,用"现将调查情况报告如下"转入文稿的主体。

四是结论式。结论式常用于研究问题和总结典型经验。在开头部分将调查研究的结论摆出来,总领全篇。

五是议论式。议论式常用于研究问题、揭露问题和总结典型经验。在开头以议论的方式揭示调研报告的中心内容,转入主体部分再做深入分析。

（3）主体

主体是调查报告最主要的部分。这部分详述调查研究的基本情况、做法、经验,以及通过调查研究得出的具体认识、观点和基本结论。主体的写作应根据调研报告的种类、内容、主旨及引言的写法,对材料、观点等做有序安排,除内容单一、篇幅较短的文稿外,应分设小标题或分成若干部分来写。调研报告的主体部分结构有三种形式:

一是纵式结构。纵式结构是行文层次朝纵向展开的结构形式,可以是直叙式,以时间为顺序,或以事物发生发展及变化过程为顺序,或以调查工作的进展过程为顺序,由始至终,分阶段写作,逐段介绍事实,说明情况,分析评价,形成夹叙夹议的行文格局。也可以是递进式,按照思维的逻辑性,提出问题、分析问题、解决问题的过程来展开,层层推进,步步深入。还可以采用因果式,按照事物的因果关系来表述,如先介绍成果,再分析成功的原因,从而提炼出经验。

二是横式结构。横式结构的调研报告按事物的逻辑关系从不同方面或不同角度进行叙述,将调查材料和研究形成的观点按性质归纳分类,每类用小标题或序号加以概括或提示,分别阐述。也可于段首设"首括句"加以区别,分层叙述而不用序号。

三是纵横结合式。纵横结合式即总体纵式、总体横式、总体纵式中部分横式、总体横式中部分纵式。纵横结合式常用于内容丰富、层次较多的调研报告。

（4）结尾

结尾的写法也比较多。可以提出解决问题的方法、对策或下一步改进工作的建议;可以总结全文的主要观点,进一步深化主题;可以提出问题,引发人们的进一步思考;可以展望前景,发出鼓舞和号召。结尾写作的基本要求是,要与引言、主体紧密衔接,承接自然,简明精练,意尽言止。

（八）消息

消息是新闻文稿中最常见的文体。企业新闻宣传工作向新闻媒体投递的稿件主要是消息稿件,企业自办内部报纸所采用的大部分稿件也是消息稿件。消息通常是指对新近发生或发现的有新闻价值和社会意义的事实进行迅速及时、简明扼要的报道。

1. 消息的特点

一是用事实说话。用事实说话是消息的一个重要特征,也是消息写作的基本方法。所谓用事实说话,就是作者在写消息时只报道事实,不直接表明自己的态度和看法,把思想观点隐藏在精心选择的基本事实中,让读者通过阅读消息来悟出某种道理,或从中获得启示,或进行评价。消息当然是要表达观点和倾向的,没有纯粹的"有闻必录",重要的是寓观点于事实之中,主要不是讲道理,而是讲事实,显示事实本身的逻辑。

二是迅速及时。新和快是消息的突出特点。消息发布如果错过时机,就会时过境迁,新闻价值马上贬值。

三是简明扼要。简要概括反映新闻事实,是消息有别于其他新闻体裁的又一显著特点。为了追求新闻的时效性,满足快节奏生活的要求,在报道消息时,人们往往只写出新闻事件的基本要素,甚至是核心要素,而对新闻事件的产生原因、背景及诸多细节均不做过高要求,因此,新闻消息自然而然就短,有的新闻消息甚至只是一句话。

2. 消息的结构

消息的结构包括标题、导语、主体、结尾四个部分。

（1）标题

消息的标题是对新闻内容加以提示的简短文字,是消息的题目。拟好标题是写新闻的大学问。所谓"题好一半文",反映了标题在新闻中的地位与价值。好的标题反映新闻报道的主旨,是消息的"眼睛",可以起到"画龙点睛"的作用。在写法上,消息的标题应比较具体、确切,把新闻事实的重要因素突出出来。在标题的结构上,有单一式标题和复合式标题两种形式。除非篇幅太短,一般都采用复合式标题。复合式标题一般由引题、主题、副题组成。

（2）导语

导语实际上就是消息的开头部分，它可以是一个自然段，也可以是一句话，要视内容而定。消息的导语要求用简洁凝练的语言表述新鲜、重要、基本的新闻事实，揭示全篇主旨，以引起受众的兴趣和注意，吸引他们进一步阅读全篇内容。所以，导语要能打动人、吸引人。

导语有多种写法，主要有直接式导语和延缓式导语。直接式导语即开门见山地把新闻要素中最主要的内容和盘托出，给人以概略、基本、明确而鲜明的印象。直接式导语写作要求是时效性强、信息量大、突出重点。延缓式导语，又叫间接式导语，它间接地表述新闻事实要点，或制造悬念，或通过描述将新闻讲生动。延缓式导语，可以不直接叙述新闻的全貌，仅仅揭开冰山一角，唤起读者的好奇心，吸引读者把全篇读完。也可以通过比喻、拟人、白描等修辞手法，描述新闻事件的场景、情节、人物，以提升消息的可读性。一般情况下，延缓式导语适用于时效较为宽松的非事件性新闻。

（3）主体

主体是消息的主干部分，主体必须紧扣导语做文章，通过主体展开导语，使导语具体化，在导语所概括的事实之外，增补新的内容，扩充新闻的信息量，扩大读者视野，提升新闻主题的高度。主体的结构主要有五种：

一是"倒金字塔"结构。"倒金字塔"结构要求把最重要的新闻事实放在最前面，然后以事实的重要性依次递减，按照"重要——次重要——次要"的顺序依次写下来，由大到小、由重到轻。

二是"金字塔"结构。"金字塔"结构按人们正常思路的渐进过程安排材料，完全按照事实发生的时间顺序来写。故事的开头就是消息的开头，故事的结局就是消息的结尾。这种结构容易为读者接受和理解，具有较强的生动性和吸引力。

三是"倒金字塔"和"金字塔"复合式结构。这种结构扬"倒金字塔"和"金字塔"二者之长，补二者之短，较能适应各种新闻内容的要求。

四是对比结构。对比结构重在通过对比揭示差异，从而突出新闻主旨。

五是自由式结构。这种结构不拘泥前几种结构方式，自由灵活，变化多样，出现了诸如随笔式、对话式、问答式、夹叙夹议等消息结构。

（4）结尾

结尾，即结束语，对拓展消息的内涵，升华消息的主旨，加深受众对消息的印象有着重要作用。消息的结尾，起到概括全文、点化主题、阐明意义、完善内容的作用。结尾要与导语相呼应，但不能重复。要注意不要用"目前他们决心……""下一步他们准备……""他们表示……"之类的套话、空话结尾。有些消息在主体部分已经把话说完，可以没有结尾。

（九）通讯

通讯是一种比较详细、深入的报道客观事实的新闻体裁。它以叙述描写为主要表达方式，迅速、具体、生动地报道有新闻意义的人物、事件和典型经验。

1. 通讯的特点

（1）新闻性

通讯和消息一样，同属于新闻报道体裁，追求真实是二者的共性。通讯虽然可以详尽地写细节,但不容许有任何的虚构,必须真实。通讯也有时效性,尽管通讯的采写周期长一点,但必须讲求时效。另外,新闻通讯报道的内容必须要有新闻价值,没有新闻价值的通讯不会受读者欢迎。

（2）文学性

通讯比消息更生动、更富感染力,二者在表现的手法上的主要区别之一,就在于通讯可以使用文学的手法。但是,通讯和一般意义上的文学作品的根本区别在于其真实性。写通讯只能从现实生活中发现形象,再现形象,而不能虚构形象、臆造形象。

（3）评论性

消息中也可以有议论,但都是极省俭的一言半语,起画龙点睛作用,而通讯中的议论则是必不可少的表达方法。无论何种类型的通讯,在对客观事物的叙述、描写中,大都融入了作者的主观意识和对事实的评价,不少通讯还富有哲理的色彩。

2. 通讯的种类

通讯按表现形式分为记事通讯、专访、特写、故事、巡礼、速写、侧记等。按内容划分,有人物通讯、事件通讯、工作通讯。

（1）人物通讯

人物通讯是以报道先进人物为主的通讯。这类通讯着重写人的精神面貌,通过报道人物的事迹写出人物的先进思想。写作时,要写出人物的灵魂之窗、思想之光;要善于通过人物自己的行动和语言来表现人物;要注意在矛盾冲突中表现人物;要正确反映党的领导和人民群众在先进人物成长过程中的作用,不要孤立、片面地强调先进人物的个人作用。

人物通讯写作要反映时代要求。人物通讯的主角是写人,但不是为了写人而写人,关键是通过塑造典型人物反映时代风貌,弘扬时代精神,唱响时代主旋律。在写作中,要努力挖掘人物身上最能体现时代特征的方面。

人物通讯写作要写好关键情节和细节。典型的情节和细节是人物的血肉,要通过对典型事例和细节的描写,使人物"站起来""活起来"。通讯的情节和细节描写常常是相对独立的几个事情,描写应简明、朴实,不应过于渲染。

人物通讯写作要写出人物的特点。人物特点越鲜明,人物形象越生动,要写出人物的个性、人物的思想基础和思想境界。要抓住人物语言、举止、气质等方面的个性特点,避免写出的人物千人一面、万人一腔。要把人物放到具体环境和具体情境之中,不回避矛盾,在矛盾冲突中揭示先进人物的精神所在。

（2）事件通讯

事件通讯是指详尽、具体而形象地报道新闻事件的通讯。事件通讯具有新闻性、典型性、完整性、形象性的特点,可以报道突发事件,也可以报道受众所关心的事件、社会生活中带倾向性和典型性的事件、具有普遍教育意义的事件等。

事件通讯不同于消息,通常要详细展示所报道事件的详细过程,有完整的故事叙述,有具体形象的情节,有当时场景的描写和事件中人物活动的描写。

写作事件通讯,叙事要清晰,把事件发生、发展的来龙去脉,事件中有关人物、地点、时间、基本情节写清楚。要抓住矛盾,在事件发生、发展过程中,总会有矛盾、有冲突,抓住矛盾冲突,所叙述的事件才生动。要在认真分析研究所报道事件的内在矛盾的基础上,紧紧抓住事件矛盾的发生、发展、变化、冲突来写作,使通讯有起有伏,曲折动人。要有详有略,突出重点,避免记流水账似的面面俱到。

（3）工作通讯

工作通讯是介绍工作经验,探讨工作中存在问题的通讯体裁。对先进典型有推广价值,用以指导工作的经验,通常用工作通讯的形式加以宣传推广。对工作中存在的难点问题,也可以用工作通讯的报道方式,进行分析和解剖,找出问题的原因,探寻解决的办法、方案。

工作通讯的写作应重点把握以下几点:

一是针对现实,契合工作需要。工作通讯无论是介绍宣传先进单位典型经验,还是对工作中问题的深入研究探讨,都要为现实工作服务,契合工作需要。

二是立足全局,选择典型事实。工作通讯要有全局观念,站在全局的高度选择事实、分析事实、把握事实,以典型事实这个"点",带动全局这个"面"上的工作,起到以点带面,指导和推动面上工作的作用。

三是运用技巧,力求表达生动。工作通讯在写作过程中,容易产生现象罗列、干涩呆板、缺乏生动性等毛病。在写作中,一方面要善于运用严密逻辑和夹叙夹议来增强说服力;另一方面要恰如其分地使用比喻、借喻等修辞手法来表达过于专业的语言和过程,以增强感染力。

3. 通讯的结构形式

（1）纵向式结构

这种结构有三种方式:一是按时间顺序,展现事实的发生、发展和结束。这种结构事实线索清晰。二是逻辑递进结构。按照事实的内在联系,以主题思想的递进顺序来有机安排层次,逐步推进,一层比一层深入。三是时间顺序与逻辑递进结合。时间与逻辑顺序交叉排列,时间线索清晰,主题递进分明,具备时间、逻辑两种结构的特点。

（2）横向式结构

横向式结构又称为并列结构。它展现的是事实的横断面,可以分为空间并列、意义并列、人物事件并列三种。

（3）纵横式结构

纵横式结构是由纵式与横式结合而成的结构形态,既注意事实的时间顺序,又注意为主题服务的材料顺序。它可分为总体上纵式与总体上横式两种。

4. 通讯写作的要求

（1）提炼主题的要求

提炼主题的要求是集中、新鲜、深刻。

集中,就是通讯的主题要明确突出。应该集中在事物的本质特点上,集中在报道的目的性、针对性上,而且要把这两个方面结合起来,反映出时代气息、时代精神。写通讯一定要有一个明确的主题思想,通讯的主题要集中,重点宣传一种思想,提出一个问题,总结一项经验,不要企图在一篇通讯中说明和解决许多问题。如写人物,既写廉洁奉公,又写开拓进取,又写助人为乐,再加上谦虚谨慎,这样的稿子多中心等于无中心,主题思想不突出,通讯就没有生命力。

新鲜,就是选择的视角要新颖。通讯要有新意。新意首先表现在主题的新鲜,有新思想、新问题、新经验,在立意上别开生面,观点鲜明。要善于抓时代前沿的东西,抓生活潮流的东西,见人之未见,言人之未言,不人云亦云。只有向读者提供新材料、新观点、新经验、新知识,才能为读者所欢迎。

深刻,就是要贴近时代。体现时代精神要深刻,不能停留于表面现象,不能就事论事,而要由此及彼、由表及里,对事物的特点和本质、事物所包含的意义深入挖掘,并能提高到党的方针政策、政治理论的高度,提高到时代精神的高度来报道。

（2）安排结构的要求

一是尊重事实。安排结构时,应以清楚、完整地表现事实为目的,而不是要事实去服从体裁、结构的需要。

二是表达主题。主题是通讯全篇的灵魂,一切都要服从它和服务它。结构安排要围绕主题来理顺全部事实材料的内在逻辑关系和层次。

三是严密多变。要做到完整、严谨、匀称、起伏。完整是指线索连贯,有头有尾,浑然一体。严谨是指段落间过渡自然紧凑,层次间组织严密。匀称主要指开头、主干、结尾和段落间搭配合适、协调。起伏是指文章要有起伏,写作时要善于设悬念、埋伏笔。

（3）语言表达的要求

通讯与一般记叙文的不同之处,在于要迅速而真实地反映现实,因此在表现手法上要综合运用多种方法。

一是叙述的直接性。通讯的叙述需要朴实无华、实事求是、晓畅明白,不拐弯抹角、松散拖沓。通讯的写作中,叙述的直接性表现为开门见山,直奔新闻事实。

二是描写的直观性。通讯写作中的描写,具有直观性的特点,不能靠虚构想象,不能靠夸大的形容和过分的修饰,要直接写出事实的本来面貌。

三是议论抒情的实在性。在通讯写作中,议论和抒情常常紧密结合在一起,有不少文字既是议论,又是抒情。通讯中的议论和抒情要缘事而发,紧密结合事实,真实抒发作者的感情。

四是对话的实录性。在通讯写作中,各种对话使用相当普遍。通讯中的对话虽然不是真实人物每一句话的罗列,但要忠实于原意,对原话进行一定的剪裁、加工,使之能够充分表现人物的个性。

复习题

一、思考题

1. 如何理解加强宣传思想文化队伍建设的意义?

2. 宣传思想文化干部应具备哪些基本素质?

3. 宣传思想文化干部应具备哪些基本能力?

二、简答题

1. 简要回答宣传思想文化队伍建设的途径。

参 考 文 献

[1] 荆惠民.思想政治工作概论[M].北京:中国人民大学出版社,2007.

[2] 郑永廷.思想政治教育学原理[M].北京:高等教育出版社,2016.

[3] 中国思想政治工作研究会.中国政研会课题研究优秀成果文集[M].北京:学习出版社,2015.

[4] 朱华东.谋事之基[M].北京:北京出版社,2015.

[5] 陈秉公.思想教育学原理[M].北京:高等教育出版社,2006.

[6] 北京公共交通控股(集团)有限公司.城市公共交通服务管理[M].北京:人民交通出版社股份有限公司,2014.

[7] 王金星,杜春海.新闻写作[M].2版.重庆:重庆大学出版社,2014.

[8] 黄丹.公务员实用写作[M].2版.北京:中国人民大学出版社,2013.

[9] 北京市国有资产监督管理委员会党建工作指南编写组.新时代北京国有企业党建工作指南[M].北京:中共中央党校出版社,2019.